V&R

Psychotherapie in Klinik und Praxis

Band 4

Die Vierzigstundenwoche für Patienten

*Konzept und Praxis
teilstationärer Psychotherapie*

Herausgegeben von
Annelise Heigl-Evers, Ursula Henneberg-Mönch,
Celal Odag, Gerhard Standke

Mit Beiträgen von

M. Aupke, W. Beck, F. H. Hempfling, K. Hoffmann,
M. Langenberg, H. Tellbüscher

Mit 15 Abbildungen

Verlag für Medizinische Psychologie
im Verlag Vandenhoeck & Ruprecht in Göttingen

CIP-Kurztitelaufnahme der Deutschen Bibliothek

Die *Vierzigstundenwoche für Patienten* : Konzept u. Praxis teilstationärer Psychotherapie hrsg. von Annelise Heigl-Evers ... Mit Beitr. von M. Aupke ... – Göttingen ; Zürich : Verlag für Med. Psychologie im Verl. Vandenhoeck u. Ruprecht, 1986.
(Psychotherapie in Klinik und Praxis ; Bd. 4)
ISBN 3-525-45703-0
NE: Heigl-Evers, Annelise [Hrsg.];
Aupke, Marianne [Mitverf.]; GT

© Verlag für Medizinische Psychologie, Göttingen 1986. – Printed in Germany – Ohne ausdrückliche Genehmigung des Verlages ist es nicht gestattet, das Buch oder Teile daraus auf foto- oder akustomechanischem Wege zu vervielfältigen.
Druck: Hubert & Co., Göttingen

Geleitwort

Ich freue mich darüber, daß Konzept und Praxis der teilstationären Psychotherapie nun in Form dieses Buches vorliegen. Zum Thema Tageskliniken möchte ich aus Sicht des Landschaftsverbandes Rheinland einige allgemeine Anmerkungen machen.

Die Einrichtung, die hier in theoretischen Überlegungen und praxisbezogenen Erfahrungsberichten vorgestellt wird, ist in zweifacher Hinsicht von gesundheitspolitischer Bedeutung: zum einen wegen der Ausrichtung auf Psychotherapie und Psychosomatik, zum anderen wegen des speziellen - teilstationären - Behandlungsansatzes.

Es läßt sich heute bereits ohne Übertreibung feststellen, daß sich die teilstationäre Behandlung in Tageskliniken - auch wenn sie noch nicht allgemein bekannt ist - seit längerem als wichtiger Bestandteil einer gemeindenahen und offenen Psychiatrie bewährt hat. Ich will dabei gar nicht so sehr auf Verhältnisse im Ausland verweisen (zum Beispiel auf die angelsächsischen Länder, in denen diese Behandlungsform eine lange Tradition besitzt); aber ich möchte in Erinnerung rufen, daß in Nordrhein-Westfalen etwa 50 psychiatrische Tageskliniken realisiert sind, wobei in der Rheinischen Landesklinik Düsseldorf bereits vor etwa 18 Jahren eine Tagesklinik eröffnet wurde. Allerdings muß hinzugefügt werden, daß es bisher nur sehr wenige psychotherapeutische Tageskliniken gibt.

Die vergleichsweise geringe Verbreitung der teilstationären Psychotherapie hat sicher mehrere Ursachen: darunter die auch heute noch, gemessen am Bedarf, geringe Zahl fachlich qualifizierter Psychotherapeuten; das noch nicht zum Allgemeingut gewordene Wissen um seelische Faktoren bei Erkrankungen; Vorurteile auf seiten der Patienten; mögliche Verunsicherungen sowohl bei Ärzten als auch bei Patienten, die durch neues Rollenverständnis in der Beziehung von Arzt und Patient im Bereich Psychosomatik und Psychotherapie hervorgerufen werden können; aber auch Schwierigkeiten, die mit institutionellen Aspekten der Tagesklinik verbunden sind. In diesem Zusammenhang möchte ich hervorheben, daß die Rheinischen Krankenkassen die Einrichtung tagesklinischer Angebote außerordentlich freundlich unterstützt haben;

nicht zuletzt auch aufgrund durchaus positiver Erfahrungen. Hierfür ist ausdrücklich zu danken.

Ich bin sicher, daß der vorliegende Band über Konzeptualisierung und Praxis der teilstationären Psychotherapie vielerlei Anregungen geben wird, diesen noch recht neuen Weg in der psychotherapeutischen Versorgung weiter zu verfolgen.

Köln, im August 1986   Rainer Kukla

Zu diesem Buch

Ich habe diesen klinischen Werkstattbericht gerne gelesen. Was hier unternommen und erprobt wurde, liegt auf der Linie adaptiver Indikation, wie sie etwa auch in der Klinik Tiefenbrunn von deren Entstehung an beachtet wurde. Ich denke dabei an die Bemühungen um Therapie-Modifikationen und um deren theoretische Begründung von Werner Schwidder, Johann Zauner, Karl König und auch von den beiden Heigls.

Die ambulante psychotherapeutische Versorgung der Bevölkerung in der BRD hat sich in den zurückliegenden zwei Jahrzehnten erheblich verbessert - durch die Einführung der Psychotherapie als Pflichtleistung der Versicherungsträger, durch eine Intensivierung der Weiterbildung in den Instituten der Deutschen Gesellschaft für Psychotherapie, Psychosomatik und Tiefenpsychologie (DGPPT) wie auch durch die Einführung der Zusatzbezeichnungen "Psychotherapie" und "Psychoanalyse", ferner durch die vermehrte Durchführung von Balintgruppen-Seminaren und schließlich auch durch die moderne Entwicklung der Verhaltenstherapie.

Die so erweiterte ambulante Versorgung war nach meiner Erfahrung zunächst vornehmlich durch die Prinzipien einer selektiven Indikation bestimmt, selektiv in Orientierung an den hier bereits verfügbaren Behandlungsmethoden. In dem Maße, in dem die Klientel in Auswirkung eines erhöhten Angebots an Zahl zunimmt, ergeben sich freilich auch Kontraindikationen für die vorhandenen ambulanten Versorgungsmöglichkeiten, so daß sich dann häufig die Weiterleitung der Patienten an solche Einrichtungen empfiehlt, die andere, vor allem auch intensivere Möglichkeiten therapeutischer Einflußnahme zur Verfügung stellen können. Das sind traditionellerweise Fachabteilungen und Fachkliniken für Psychotherapie und Psychosomatik. Diese Einrichtungen werden mit jenen Psychopathologien konfrontiert, denen die Einrichtungen der ambulanten Versorgung häufig kein angemessenes Versorgungsangebot machen können; hier stellen sich dann Fragen einer adaptiven Indikation. In Auseinandersetzung damit wurden zunächst im stationären Rahmen therapeutische Modifikationen für diese Erkrankungen entwickelt; soweit es sich dabei um eine an der Psychoanalyse orientierte Psychotherapie handelt, fühlt sich der Therapeut dann gelegentlich mit den strengen Forderungen auf Reinhaltung des klassisch-analytischen Instrumentariums, etwa des Altmeisters Charles Brenner, konfrontiert und wird unter Umständen das Bedürfnis verspüren, sich gegenüber solchen Forderungen zu legitimieren, um sich bei Anwendung seiner Modifikationen weiterhin lauteren Herzens als Psychoanalytiker fühlen zu können. Es kann sich dann nahelegen, sich auf den Gründer der Psychoanalyse selbst, auf Sigmund Freud zu berufen, der ja - wie auch im vorliegenden Band zitiert - schon früh ankündigte, daß dem 'reinen Gold' der Psychoanalyse 'Kupferlegierungen' hinzugefügt werden müßten, die freilich einen ausreichenden Gehalt an originärer Psychoanalyse enthalten sollten.

In der Weiterentwicklung der stationären Psychotherapie ergaben sich im Spannungsfeld zwischen selektiver und adaptiver Indikation dann erneute Fragestellungen; es stellte sich heraus, daß für Patientengruppen mit bestimmten Psychopathologien die stationären Rahmenbedingungen sozusagen nicht bekömmlich waren. In der Auseinandersetzung mit diesen Formen seelischen Leidens und seelischen Krankseins fühlten sich die Düsseldorfer Kollegen angeregt, die in der Psychiatrie schon länger eingeführte Form der teilstationären Behandlung unter den Aspekten einer psychoanalytisch-psychotherapeutischen Behandlung zu erproben. Der vorliegende Band ist ein Erfahrungsbericht über die bisherigen Bemühungen, die weitergeführt und schließlich auch empirisch überprüft werden sollten. Ich bin sicher, daß es so kommen wird. Es erscheint mir unnötig zu betonen, wie sehr ich mich Bemühungen dieser Art aus der eigenen Berufungserfahrung heraus verbunden fühle.

Göttingen, im August 1986   Franz S. Heigl

Inhalt

Vorwort der Herausgeber 13

Teil I

<u>Zur Geschichte der Tagesklinik</u> 15

1.1 Einleitung 17
    Annelise HEIGL-EVERS, Ursula HENNEBERG-MÖNCH,
    Celal ODAG und Gerhard STANDKE

1.2 Zur historischen Entwicklung und gegenwärtigen
    Situation der Tagesklinik als eines psychotherapeutischen Behandlungsmodells 21
    Friedhold H. HEMPFLING

1.3 Entwicklung von Rahmenbedingungen und Organisationsformen in der analytischen Psychotherapie 30
    Annelise HEIGL-EVERS

Teil II

<u>Zur Konzeptualisierung der Tagesklinik: Der individuumzentrierte, verlaufsorientierte, integrierte Gesamtbehandlungsplan</u> 39
Annelise HEIGL-EVERS

2.1 Zur Definition des Therapiezieles 41

2.2 Die Merkmale des Gesamtbehandlungsplanes 43

2.2.1 Die Individuumzentriertheit des Gesamtbehandlungsplanes 44

2.2.2 Die Verlaufsorientiertheit des Gesamtbehandlungsplanes 45

2.2.3 Die Integriertheit des Gesamtbehandlungsplanes 47

2.3 Die Realisierung des Gesamtbehandlungsplanes 50

2.4 Die Trennung in Therapieraum und Realitätsraum 53

2.5 Die eingesetzten Methoden 57

2.5.1 Im Therapieraum 57

2.5.2 Im Realitätsraum 66

2.6 Kurzcharakterisierung der Patientengruppen, die einer Tagesklinik-Behandlung bedürfen 69

2.7 Personelle Ausstattung der Tagesklinik als Voraussetzung für die Realisierung des Gesamtbehandlungsplanes 71

Teil III

Zur Praxis der Tagesklinik 75

3.1 Indikation zur teilstationären Psychotherapie 77
Celal ODAG und Ursula HENNEBERG-MÖNCH

3.2 Therapieraum 95

3.2.1 Die Rolle des Einzelpsychotherapeuten im Rahmen des Gesamtbehandlungsplanes in der Tagesklinik – ein Beispiel für die Kooperation, hier mit der Gestaltungs- und Beschäftigungstherapeutin 95
Gerhard STANDKE und Helga TELLBÜSCHER

3.2.2 Behandlung einer Patientin mit schwerer struktureller Ich-Störung. Die Möglichkeiten der psychoanalytisch-interaktionellen Technik im teilstationären Setting 121
Ursula HENNEBERG-MÖNCH

3.2.3 Therapeutischer Umgang mit primitiver Übertragungskonstellation bei der Behandlung eines schwerst gestörten Patienten 137
Wolfgang BECK

3.2.4 Die Anwendung der tiefenpsychologisch fundierten Gruppenpsychotherapie in der Tagesklinik 149
Annelise HEIGL-EVERS und Ursula HENNEBERG-MÖNCH

3.2.5 Die Anwendung der psychoanalytisch-interaktionellen Gruppenpsychotherapie in der Tagesklinik 166
Annelise HEIGL-EVERS, Ursula HENNEBERG-MÖNCH und Celal ODAG

3.2.6 Musiktherapie - Spielraum, Übergangsraum, Zwischenraum. Überlegungen zur Funktion einer künstlerischen Therapie 176
Mechtild LANGENBERG

3.2.7 Konzentrative Bewegungstherapie in der Tagesklinik 192
Gerhard STANDKE

3.3 Realitätsraum 204

3.3.1 Bedingungen und Bedeutung sozialtherapeutischer Angebote im Rahmen der psychotherapeutischen Tagesklinik 204
Klaus HOFFMANN

3.3.2 Die therapeutische Bedeutung des Stationslebens in der Tagesklinik. Zu den Aufgaben und Funktionen der Krankenschwester 220
Marianne AUPKE

Teil IV
Anhang 239

4.1 Literatur 241

4.2 Sachwortverzeichnis 258

4.3 Herausgeber und Autoren dieses Bandes 261

Vorwort der Herausgeber

Mit der Einrichtung eines Lehrstuhls zunächst für Psychotherapie, später für Psychotherapie und Psychosomatik an der Universität Düsseldorf, der im Oktober 1977 besetzt wurde, war die Notwendigkeit entstanden, Versorgungseinrichtungen zu schaffen, die der Forschung und Lehre als Basis dienen und in diesem Zusammenhang möglichst differenzierte Therapieangebote machen konnten. Im Rahmen der Medizinischen Einrichtungen der Universität Düsseldorf konnte zunächst ein ambulanter Versorgungsdienst, verbunden mit einem Konsiliardienst für das Klinikum, eingerichtet werden sowie eine Beratungsstelle für Studierende. Die Trägerschaft für die stationäre und poliklinische Versorgung lag beim Landschaftsverband Rheinland bzw. bei der Rheinischen Landesklinik Düsseldorf. Hier wurden im Herbst 1980 eine Bettenstation für zwölf Patienten sowie eine Poliklinik eingerichtet.

Im Rahmen der genannten Einrichtungen war es möglich, uns zunehmend intensiver mit Fragen der Indikation und Differentialindikation auseinanderzusetzen, speziell bei jenen Patienten, die an besonders schweren psychogenen Störungen litten. Es wurde uns in Auseinandersetzung mit solchen Fragen zunehmend deutlich, daß es eine Gruppe von Patienten gab, für die weder eine ambulante Behandlung noch ein vollstationäres Angebot eine angemessene Versorgung darstellten; wir konnten vielmehr zunehmend klarere Ausschlußkriterien hinsichtlich unserer zu jener Zeit vorhandenen Möglichkeiten formulieren. In diesem Zusammenhang wurde der Gedanke einer Tagesklinik aufgegriffen, einer Einrichtung, die für die psychiatrische Versorgung im Rahmen der Enquête zur Lage der Psychiatrie in der BRD ausführlich diskutiert worden war. Dabei war 'Psychiatrische Tagesklinik' ganz klar definiert worden als <u>eine</u> Station in einer therapeutischen Kette, in der Regel einer vollstationären Behandlung direkt nachgeschaltet. Wir hielten nach unserer Erfahrung eine <u>Psychotherapeutische</u> Tagesklinik einmal im Sinne der Weiterführung der Therapie nach vorangegangener stationärer Therapie für indiziert, daneben aber auch, und das erschien uns besonders wichtig, als <u>primäres</u> Therapieangebot für eine ganz bestimmte Gruppe von Patienten.

Naturgemäß bedurfte eine solche Neukonzeptualisierung – in der Psychiatrieenquête war von psychotherapeutischen Tageskliniken noch nicht die Rede gewesen – einer längeren Vorbereitungsphase, und es bedurfte einer gründlichen Diskussion unter anderem auch der Frage der Kostenübernahme. Für das Ergebnis dieser Diskussion ist der Betriebsleitung der Rheinischen Landesklinik Düsseldorf Dank zu sagen ebenso wie den Vertretern der Gesundheitsabteilung in der Zentralverwaltung des Landschaftsverbandes Rheinland, den regionalen Kostenträger-Vertretern und ganz besonders auch dem Vertrauensärztlichen Dienst.

Die Psychotherapeutische Tagesklinik konnte am 15.Februar 1982 ihre Arbeit beginnen und war im November 1983 in der Lage, ihre Arbeit den interessierten Fachkollegen der Stadt Düsseldorf und der zugehörigen Region auf einer sehr gut besuchten Tagung vorzustellen und zu diskutieren. Bei dieser Tagung kam die gesamte Mitarbeitergruppe der Tagesklinik zu Wort, wodurch sich eines der wichtigen Prinzipien dieser Arbeit augenfällig darstellte: die Bemühung um Integrierung aller an der Therapie beteiligten Personen und Aktivitäten. Aus einer gewissen freudigen Gestimmtheit nach dieser als gelungen erlebten Veranstaltung und aus der Resonanz, die sie fand, resultierte dann der Wunsch, das mündlich Vorgetragene auch zu Papier zu bringen.

Jeder Kundige weiß, daß die Entstehung eines solchen Textes eine ganz besondere Beanspruchung des zuständigen Sekretariats bedeutet. Aus diesem Grunde sollen hier ausdrücklich die Namen von Frau Marie-Luise Klotz und von Frau Ilse Radtke genannt werden, deren geduldig-freundliche Mitarbeit einen stabilisierenden Faktor bei der Entstehung dieses Berichts dargestellt hat. Zu danken ist natürlich auch dem Verlag Vandenhoeck & Ruprecht in Göttingen, der diesem Projekt gleichfalls ein geduldiges Interesse entgegenbrachte.

Düsseldorf, 1986
                                                       Annelise Heigl-Evers
Ursula Henneberg-Mönch
Celal Odag
Gerhard Standke

Teil I
Zur Geschichte der Tagesklinik

1.1 Einleitung

ANNELISE HEIGL-EVERS, URSULA HENNEBERG-MÖNCH,
CELAL ODAG und GERHARD STANDKE

Wie in der Medizin überhaupt, bestehen auch in der klinischen Psychotherapie und Psychosomatik Wechselwirkungen zwischen Bedarf und Versorgung. Auf der einen Seite werden Versorgungsangebote gemacht, die sich in Rahmenbedingungen und methodischen Inhalten voneinander unterscheiden, und es wird nach Patienten gesucht, für die ein solches Angebot indiziert, d.h. begründbar ist. Begründbar heißt in diesem Zusammenhang, daß das Angebot für den Betreffenden ausreichende Heilungschancen bietet. Auf der anderen Seite werden aus der Erfahrung heraus, daß die bestehenden Versorgungsangebote einem bestimmten Bedarf nicht gerecht werden können, neue Behandlungsweisen entwickelt und erprobt, neu entweder hinsichtlich der Rahmenbedingungen oder der Methoden und Techniken. Man spricht im ersten Fall von selektiver, im zweiten Fall von adaptiver Indikation (siehe dazu Zielke, 1979; Heigl, 1981).

Bei kritischer Sichtung der Erfahrungen mit dem bei uns vorhandenen Behandlungsangebot ambulanter und vollstationärer Psychotherapie (im Rahmen von Poliklinik und Nebentätigkeitspraxis sowie Bettenstation) stellten wir fest, daß es Patienten mit bestimmten Krankheitserscheinungen gab, denen wir mit den uns verfügbaren Angeboten nicht ausreichend helfen konnten, und dies trotz vielfältiger Behandlungsmöglichkeiten mit psychoanalytischer und an der Psychoanalyse orientierter, modifizierter Psychotherapie. Im einzelnen waren und sind dies neben der klassischen und eher selten angezeigten "Couchanalyse" die analytische Einzel- und Gruppenpsychotherapie, die tiefenpsychologisch fundierte und die psychoanalytisch-interaktionelle Einzel- und Gruppenpsychotherapie. Unser stationäres Behandlungsangebot wurde und wird vervollständigt durch Beschäftigungs- und Gestaltungstherapie, Musiktherapie, Konzentrative Bewegungstherapie, soziale Lerngruppe sowie Gestaltung des Stationsalltags. Das vollstationäre Therapieangebot orientiert sich an einem verlaufsorientierten, individuumzentrierten, integrierten Gesamtbehandlungsplan. Die

Bereiche der therapeutischen Einflußnahme und ihrer weiteren Verarbeitung werden in einen Therapieraum und einen Realitätsraum unterteilt (siehe dazu Zauner, 1972, 1975, 1978; Heigl, 1978, 1981).

Unsere Erfahrungen zeigten nun, daß die Patienten, denen wir mit den beschriebenen Angeboten ambulanter und vollstationärer analytischer und an der Psychoanalyse orientierter, modifizierter Psychotherapie nicht ausreichend helfen konnten, eine hochfrequente Therapie benötigten, wie sie im ambulanten Rahmen in der Regel nicht gewährleistet ist. Durch die Rahmenbedingungen einer vollstationären Therapie, die auf den ersten Blick angezeigt erschien, wurden jedoch die Toleranzgrenzen, die diese Patienten hinsichtlich sozialer Nähe haben, häufig überschritten.

In den Schilderungen dieser Kranken, von denen einige eine stationäre Behandlung nach kurzer Zeit abgebrochen hatten, wurden ihre Schwierigkeiten in den Beziehungen zu anderen deutlich. Es waren Schwierigkeiten in Zwei-Personen-Beziehungen; den Entwicklungsschritt der frühen Triangulierung mit der Fähigkeit zu Drei-Personen-Beziehungen (Abelin, 1971; Rotmann, 1978, 1985; Ermann, 1985) hatten diese präödipal gestörten Patienten noch nicht vollziehen können. Die Schwierigkeiten waren darauf zurückzuführen, daß ein größeres Maß an sozialer Nähe in diesen Patienten archaische Impulse und Affekte mobilisierte, die sie nicht ausreichend steuern konnten. Vertreter der Klinik und Mitpatienten wurden nicht als die realen Personen, die sie waren, wahrgenommen, sondern in einer qualitativ und quantitativ verzerrten Weise. So stellte sich der andere in der Wahrnehmung der Patienten als ein übermächtiges, entweder verfolgendes oder zerstörendes, rigoros bestrafendes oder total entwertendes oder aber verschlingendes, das Selbst auflösendes Wesen von äußerst vagen Konturen dar. Die voneinander unterschiedenen Personen in der Klinik konnten nicht differenziert wahrgenommen werden, sie verschmolzen in der Vorstellung der Patienten zu einem riesenhaften, übermächtigen Objekt.

In jeder an der Psychoanalyse orientierten Therapie wird der Entwicklung solcher Beziehungen in der Behandlung Raum gegeben. Bei der von uns hier beschriebenen Patientengruppe machten wir die Beobachtung, daß sich die vom Patienten erlebten Beziehungen zu vagen, konturlosen oder auch riesenhaften Objekten nicht erst allmählich entwickelten, sondern daß diese Beziehungsmuster von Anfang an das Sozialverhalten der Patienten charakterisierten. Die Art und Weise, in der die Patienten ihre Beziehungspersonen oder auch die Institution Klinik erlebten, machte verstehbar, daß sie es schwer hatten, sich auf die Therapie, auf therapeutische Beziehungen einzulassen, da sie sich den anderen ausgeliefert fühlten, den anderen nicht trauen konnten, freundliche und wohlwollende Äußerungen real nicht für möglich hielten.

Die Rahmenbedingungen einer vollstationären Therapie mit ihrem hohen Maß an sozialer Nähe können bei der hier beschriebenen Patientengruppe dazu führen, daß die Toleranzgrenze für die durch diese Nähe gesteigerte Intensität der Impulse, Affekte und Vorstellungen und damit auch für die Erträglichkeit von Nähe zu dem therapeutischen Gegenüber überschritten wird. Dies führt bei den Patienten zu starken Ängsten diffuser und oft panischer Art. Typische Patientenäußerungen in solchen Situationen sind: "Ich dreh' durch"; "ich flippe aus"; "ich werde verrückt".

Wir standen also vor der Frage, welche Art von institutionellen Rahmenbedingungen für diese Patienten geeignet ist, um die genannten unerwünschten Wirkungen weitgehend auszuschließen und Voraussetzungen zu schaffen, die dem jeweiligen Patienten ein ihm erträgliches Maß sowohl an Nähe als auch an Distanz in der Therapie ermöglichen. Wir gingen davon aus, daß diese Patienten Rahmenbedingungen brauchen, unter denen sich die in der Regel zunächst nicht vorhandene Motivation zu Krankheitseinsicht und zur therapeutischen Kooperation ohne zu starken institutionellen Druck entwickeln kann. Sie brauchen Bedingungen, unter denen ihr noch unbezogenes Sozialverhalten für sie selbst wie auch für die anderen die Erträglichkeitsgrenzen nicht allzu häufig überschreitet. Sie brauchen aber auch klare, d.h. einsehbare Absprachen, Grenzsetzungen sowie Verläßlichkeiten. Sie brauchen ferner einen ausreichenden Freiraum für die ihnen verfügbaren Formen der Selbstregulierung, was Affekt-, Impulsdruck- und Angst-Toleranz anbelangt. Bei vielen der Patienten ist diese Selbstregulierung über längere Zeit nur so möglich, daß sie unerträglich gewordene Nähe durch Fortgehen, durch räumliche Distanzierung verändern. Wir haben die Beobachtung gemacht, daß diese Patienten, die wegen unzureichender Triangulierungserfahrungen in der frühen Kindheit zu Drei- oder Mehr-Personen-Beziehungen noch nicht in der Lage sind, die Möglichkeit brauchen, sich aus der ständigen Konfrontation mit einem Gegenüber – in der stationären Psychotherapie mit der Institution Klinik, die vage als ein übergroßes Objekt erlebt wird – herauszulösen und sich einem anderen, einem Dritten zuzuwenden, der gegen diese Institution ganz klar abgegrenzt ist. Nach unseren Erfahrungen fördert diese Möglichkeit des Weggehens in eine andere, von der Klinik abgegrenzte Umgebung mit anderen, nicht zur Klinik gehörenden Personen die Fähigkeit der Patienten, die ihnen zunächst noch unerträglichen Spannungen in der Beziehung zum therapeutischen Gegenüber, also Spannungen in einer dyadischen Beziehung, allmählich zu ertragen. Es handelt sich hierbei um eine Fähigkeit, wie sie im Entwicklungsschritt der frühen Triangulierung erlangt wird. Für die Möglichkeit der Regulierung von Nähe und Distanz ist es für diese Patienten ebenso wichtig, zum therapeutischen Gegenüber, zur klinischen Institution zurückkehren zu können. Mit anderen Worten, die Patienten brauchen einen Rahmen, der ihnen Trennung und Wiederannäherung (Mahler et al., 1978), Gehen und Kommen aufgrund eigener Entscheidungen in einem gewissen Ausmaß gestattet.

Diese für die beschriebene Patientengruppe wünschenswerten Rahmenbedingungen sind nun in einer Tagesklinik gegeben, wie wir sie als eine Art Modell teilstationärer Psychotherapie eingerichtet und weiterentwickelt haben. Unsere bisherigen Erfahrungen, die wir im folgenden dargelegt werden, sprechen dafür, daß die teilstationäre Psychotherapie ein Versorgungsangebot darstellt, das durch seine Rahmenbedingungen geeignet erscheint, einer Gruppe präödipal gestörter Patienten therapeutische Hilfen anzubieten, denen mit ambulanten und vollstationären Therapieangeboten bisher nicht ausreichend geholfen werden konnte.

1.2 Zur historischen Entwicklung und gegenwärtigen Situation der Tagesklinik als eines psychotherapeutischen Behandlungsmodells

FRIEDHOLD H. HEMPFLING

Die Idee der Tagesbehandlung psychisch Kranker reicht mit verschiedenen Versuchen ihrer praktischen Verwirklichung über fünfzig Jahre zurück. Auf einer breiteren Basis durchgesetzt hat sich dieses neuartige Behandlungsinstrument nach dem Zweiten Weltkrieg zunächst vor allem in England, das aufgrund seiner besonderen psychiatrischen Versorgungsstruktur günstige Voraussetzungen für die Entwicklung und Erprobung neuer Behandlungskonzepte hatte und einigen Einfluß auf die psychiatrischen Reformversuche in anderen Ländern nahm. Von Anfang an und bis heute ist die Tagesklinik eigentlich eine psychiatrische Institution geblieben, obwohl sie – wie zunächst optimistisch vorhergesagt – auch für andere medizinische Fachbereiche eine interessante Alternative zur stationären Behandlung darstellen könnte (vgl. Degkwitz et al., 1973; Winkler, 1975; Finzen, 1977; Bosch et al., 1971; Dilling, 1970; v.Cranach, 1975).

Die in den Sechziger und Siebziger Jahren in der Bundesrepublik verstärkt geführte Diskussion über die gravierenden qualitativen und strukturellen Mängel in der Versorgung psychisch Kranker, mit den teilweise inhumanen Verhältnissen in manchen Großkrankenhäusern, führte u.a. 1971 dazu, daß vom Deutschen Bundestag eine Enquête-Kommission berufen wurde. In ihrem Bericht von 1975 legte sie eine eingehende Analyse der Lage der Psychiatrie in Deutschland vor und unterbreitete Vorschläge für eine Reform.

Es galt, die historisch bedingten Diskontinuitäten zu überwinden, die z.B. in der strengen Trennung zwischen ambulanter und stationärer Behandlung, im Unterschied Universitätspsychiatrie / Anstaltspsychiatrie und in der organisatorischen und räumlichen Ausgrenzung der Psychiatrie gegenüber der Organmedizin lagen (Hempfling, 1980). Gefordert wurden neben anderen Maßnahmen die Schaffung eines Spektrums an gemeindenah einzurichtenden teilstationären und komplementären Einrichtungen, die als "therapeutische Kette" (Loeb, 1969) ein umfassendes und kontinuierliches psychosoziales Versorgungssystem bilden. Den Prinzipien der Vorbeugung, Früherkennung, Behandlung, Rehabilitation und Nachsorge sollte dabei gleichermaßen Rechnung getragen werden (Psychiatrie-Enquête, 1975; vgl. z.B. Kisker et al., 1975; Kunze, 1977; Dörner und Plog, 1972; Keupp und Zaumseil, 1978; Heinrich, 1979; Finzen und Schädle-Deininger, 1979; Heinrich und Müller, 1977; Degkwitz, 1973; Erhardt, 1972; Ciompi et al., 1977; Bach et al., 1976).

Die Tagesklinik verkörpert in besonderer Weise diese Anliegen der praktischen Sozialpsychiatrie, die der sozialen Bedingtheit psychischer und psychogener Erkrankungen in der Behandlung stärker Rechnung tragen will und in dem Einbezogensein des Patienten in seinen sozialen Herkunftsraum einen maßgeblichen Faktor für die Prognose sieht. In dieser Perspektive ermöglicht es die teilstationäre Behandlung, Krankenhausaufenthalte zu vermeiden oder abzukürzen, sie beläßt den Patienten in seiner Primärgruppe, entschärft den schwierigen stationär-ambulanten Übergang und kann nahezu alle Mittel zu einer modernen und intensiven Klinikbehandlung bereitstellen.

Trotz solcher offensichtlichen und weitgehend anerkannten Vorzüge und einer vergleichsweise langen Tradition - die erste deutsche Tagesklinik wurde 1962 durch Bosch, Kulenkampff und Steinhart in Frankfurt eröffnet - findet die tagesklinische Behandlung in der BRD nur sehr zögernde Verbreitung. Nach einer Umfrage von Bosch und Steinhart (1983) gab es bis zum 1.7.1982 sechzig Tageskliniken mit jeweils durchschnittlich zwanzig Behandlungsplätzen, was etwa 1% der stationären Behandlungskapazität ausmachte. Nach Aussage der Autoren läßt eine solche Zahl noch nicht darauf schließen, daß Tageskliniken in Zukunft einen wesentlich größeren Anteil an der psychiatrischen Versorgung in der Bundesrepublik gewinnen werden (in der Zeit nach der Umfrage durch Bosch und Steinhart ist eine Reihe weiterer Tageskliniken eröffnet worden; wir zählen derzeit etwa 100, die zum größten Teil psychiatrisch arbeiten).

Im Vergleich mit der in der Bundesrepublik zunächst sehr langsamen und erst in jüngerer Zeit etwas zügigeren Entwicklung teilstationärer psychiatrischer Behandlung hat sich die Tagesklinik in den USA und vor allem in Großbritannien weitgehend etabliert. Grund dafür sind u.a. gesundheitspolitische Entscheidungen[1], die einen

---

[1] In England: "Mental Treatment Act" von 1930 und die Einrichtung eines zentralorganisierten nationalen Gesundheitsdienstes 1948. In den USA: "Community Mental Health Centers Act" von 1963.

Strukturwandel in der psychiatrischen Versorgung dieser Länder eingeleitet haben[2]. In Großbritannien betrug schon 1968 die Zahl der Tagesklinikpatienten 19%, bezogen auf die Gesamtzahl vollstationär behandelter Patienten (Finzen, 1974). Offiziell geplant waren schon 1972 mehr Tagesklinikplätze als Behandlungsbetten (Finzen, 1977). In den USA gab es schon 1972 fast eintausend Tageskliniken, und ebenso haben Tageskliniken in den skandinavischen Ländern, in Holland und in den meisten sozialistischen Ländern Europas mehr Anteil an der psychiatrischen Versorgung erlangt als in der BRD (vgl. Dilling, 1970, 1972; Degkwitz et al., 1973; v.Cranach, 1975; Finzen, 1974, 1977; Chu, 1974; Stern, 1977; Kommer und Sommer, 1977; Kunze, 1977; Reimann, 1972).

Einen guten Überblick über Organisationsform, Kapazität, Arbeitsweise, Patientenpopulation und Kooperation mit anderen Einrichtungen vermittelt die bereits erwähnte Umfrage in der BRD von Bosch und Steinhart (1983). Danach überwiegen Tageskliniken mit etwa 20 Behandlungsplätzen und einer durchschnittlichen Behandlungsdauer von zwei Monaten. Die Öffnungszeiten sind mit 40 Stunden an der üblichen Arbeitswoche orientiert. Die Tageskliniken arbeiten überwiegend mit stationären Einrichtungen zusammen, jedoch auch mit niedergelassenen Nervenärzten und anderen ambulanten oder komplementären Diensten. Das Selbstverständnis als Einrichtung "anstelle oder zur Abkürzung einer stationären Aufnahme" überwiegt bei weitem. Die Diagnoseverteilung zeigt schizophrene Psychosen an erster Stelle, in deutlichem Abstand folgen Neurosen, affektive Psychosen, Persönlichkeitsstörungen und psychosomatische Erkrankungen. Das therapeutische Programm besteht in erster Linie aus Gesprächsgruppen (verbalen Gruppen), etwa die Hälfte der Tageskliniken bietet auch non-verbale Gruppentherapie an. Weitere wichtige Therapieangebote sind Beschäftigungstherapie und Einzelgespräche. Im Durchschnitt stehen zwei akademische und fünf nicht-akademische Mitarbeiter zur Verfügung. Etwa 80% der Einrichtungen betreiben ambulante Nachsorge. Meist sind Tageskliniken in öffentlich-rechtlicher Hand und mit stationären Einrichtungen administrativ verbunden.

---

2 In diesem Zusammenhang muß auch die Einführung der neuroleptisch wirksamen Medikamente während der Fünfziger Jahre erwähnt werden, die es ermöglichten, daß wesentlich mehr Patienten teilstationär behandelt oder rehabilitativen Maßnahmen zugeführt werden konnten (vgl. Haase, 1977).

Dieser Abriß der wichtigsten Charakteristika bestehender psychiatrischer Tageskliniken ist durch ihre unterschiedlichen möglichen Konzeptionen zu ergänzen (vgl. Bosch und Steinhart, 1983; Bauer, 1977; Finzen, 1977). Wie bereits erwähnt, verstehen sich die meisten psychiatrischen Tageskliniken als Institutionen, die nahezu alle psychischen Störungen behandeln und die vollstationäre Behandlung – abgesehen von bestimmten Ausschlußkriterien – ersetzen können. Eine solche eher weite Indikation hatte auch die Enquête-Kommission (Psychiatrie-Enquête, 1975) übernommen. Speziellere Aufgabenstellungen haben Tageskliniken, die in der Hauptsache psychotische und postpsychotische (schizophrene) Patienten behandeln, oder die überwiegend kurzzeitige Kriseninterventionen bei neurotischen und psychotischen Patienten durchführen. Daneben gibt es Einrichtungen, die für die Behandlung von neurotischen Patienten, narzißtischen Neurosen und Borderline-Zuständen konzipiert sind, und schließlich Tageskliniken für spezielle Patientengruppen, wie z.B. psychogeriatrische Patienten (Irle, 1974), Kinder und Jugendliche oder auch für Suchtkranke[3].

Die in der Literatur übereinstimmend immer wieder hervorgehobenen Vorteile der psychiatrischen Tagesbehandlung gegenüber der vollstationären seien im folgenden noch einmal stichpunktartig zusammengefaßt (Bauer, 1977; Daniels, 1977; Finzen, 1977; Lorenzen und Reimer, 1977; vgl. Dörner und Plog, 1978; Hempfling, 1980):

- Die sozialen Beziehungen des Patienten werden nicht unterbrochen,
- die Gefährdung durch Hospitalismus und Regression ist herabgesetzt,
- der Übergang von der Krankenhausbehandlung zur ambulanten Behandlung bzw. zur sozialen Wiedereingliederung des Patienten in die Gemeinde wird durch einen Zwischenschritt erleichtert,
- die oft negativen Konnotationen eines psychiatrischen Krankenhauses sind abgemildert,
- eine vollstationäre Behandlung wird verkürzt oder vermieden,
- die Konflikte und Probleme des Patienten aus seinen gewohnten sozialen Beziehungen werden stärker in die Behandlung einbezogen,
- ein Bettenabbau im stationären Bereich ermöglicht dort eine Konzentration auf die Behandlung akut und schwer kranker Patienten,
- und schließlich sind auch die günstigen ökonomischen Aspekte dieser Behandlungsform gegenüber der vollstationären zu nennen.

---

3 Die teilstationäre Suchtbehandlung wird vor allem im angloamerikanischen Sprachraum angewandt (vgl. z.B. Fox und Lowe, 1968; McLachlan und Stein, 1982).

Die Erfahrungen aus der Arbeit in psychiatrischen Tageskliniken haben gezeigt, daß hinsichtlich der Indikation einige Gesichtspunkte besonders berücksichtigt werden müssen (vgl. v.Cranach, 1975; Finzen, 1977; Dörner und Plog, 1978; Hempfling, 1980):

1. Die Patienten sind insgesamt nur etwa 1/4 der Wochenzeit in der Tagesklinik anwesend, wodurch sich die Behandlung stärker suizidaler Kranker ausschließt und - in weniger akuten Fällen - nur unter der Voraussetzung der Verfügbarkeit einer Wochenend- oder Nachtklinik bzw. der Zusammenarbeit mit einer stationären Einrichtung möglich ist.
2. Ein Mindestmaß an Motivation und Krankheitseinsicht seitens des Patienten ist notwendige Bedingung der Behandlung.
3. Eine stationäre Aufnahme wird dann zu erwägen sein, wenn sich die Belastungen des Patienten durch die Familie oder der Familie durch den Patienten als zu groß erweisen.
4. Das morgendliche Kommen und abendliche Gehen wird von akut Kranken oft wie eine sich täglich wiederholende "Aufnahme" und "Entlassung" erlebt (Bennett, 1968), was eine ständige Motivationsarbeit mit sich bringt, die sowohl den Patienten als auch das Personal erheblich belasten - auch überbelasten - kann.
5. Die tägliche Fahrstrecke des Patienten von seiner Wohnung zur Tagesklinik sollte nach den in der Literatur mitgeteilten Erfahrungen 25 km nicht wesentlich überschreiten.

Im wesentlichen stimmen unsere eigenen Erfahrungen mit den im vorstehend wiedergegebenen überein; die unter 2. und 4. genannten Kriterien erhalten in unserem psychoanalytisch orientierten Konzept einer psychotherapeutischen Tagesklinik jedoch eine andere Wertung. Wie in Abschnitt 3.1 noch eingehender erörtert wird, sind fehlende Motivation und mangelnde Krankheitseinsicht nicht unbedingt ein Ausschlußkriterium. Häufig ist das Herstellen einer tragfähigeren Arbeitsbeziehung das primäre Behandlungsziel in der Arbeit mit schwer gestörten Patienten, deren Motivation, dennoch - und anfangs oft unregelmäßig - in die Tagesklinik zu kommen, durch eine spezifische Art der psychotherapeutischen Beziehungsaufnahme und die Handhabung dieser Problematik gefördert werden kann. Darüber hinaus scheint uns das tagesklinische Behandlungsarrangement gerade für solche Patienten besonders geeignet zu sein, hinter deren Problemen mit täglicher Aufnahme und Entlassung sich eine Trennungsproblematik bzw. eine gravierende Nähe-Distanz-Intoleranz verbirgt (vgl. Abschnitt 3.2).

Die psychiatrische Tagesklinik hat sich in der BRD trotz einer anfangs optimistischen Einschätzung der Möglichkeiten eines solchen Behandlungskonzeptes bisher eher zögernd und in eingeschränktem Maße durchgesetzt. Das scheint vor allem daran zu liegen, daß sie mehr als andere sozialpsychiatrische Einrichtungen mit dem Anspruch verbunden ist, die duale Struktur der medizinischen Versorgung zu relativieren. Hieraus erwachsen ihr neben versicherungsrechtlichen Problemen vor allem auch standespolitische Widerstände, wie z.B. Finzen (1977) sowie Bosch und Steinhart (1983) ausführen. Vor allem letztere weisen darauf hin, daß die Abhängigkeit von der Compliance des Patienten und die notwendige enge Zusammenarbeit aller Therapeuten in einer solchen Einrichtung die streng hierarchische Struktur klinischer Institutionen in Frage stellen. In Begriffen wie "Therapeutische Gemeinschaft" und "Team" drücke sich - über ihre Mißverständlichkeit hinaus - ein verändertes Selbstverständnis therapeutischer Arbeit aus, das von den Leitern klinischer Institutionen eine "Zurücknahme, zumindest einen vorsichtigen Gebrauch ihrer Befugnisse" (S. 36) verlange (vgl. auch Lange und Voßberg, 1984). Ein Bettenabbau im vollstationären Bereich zugunsten von mehr Tagesklinik-Plätzen sei zudem mit einem "Prestige- und Machtverlust" (S. 35) für die Repräsentanten bestehender Institutionen verbunden, die ohnehin unter einem Auslastungsdruck stünden. Demgegenüber trifft die Überlegung von Bauer (1973), daß "niedergelassene Nervenärzte und ihre standespolitischen Funktionäre auch deswegen den Wert tagesklinischer Behandlung gering einschätzen, weil sie befürchten, hierdurch ginge ihnen ein Teil ihrer ambulanten Klientel verloren" (S. 33), nicht uneingeschränkt zu - wie Kappos und Mitarbeiter 1981 zeigen konnten.

Auch mit Einschränkung sind solche kritischen Überlegungen jedoch sicherlich nicht irrelevant angesichts der Widerstände gegen die Einführung dieses modernen Behandlungskonzeptes in der Psychiatrie - aber auch in der nicht-psychiatrischen Medizin -, dessen emanzipatorische Impulse bei den Betroffenen gleichermaßen Zustimmung wie Ablehnung hervorrufen.

Ein weiterer Gesichtspunkt ist schließlich in diesem Zusammenhang von Bedeutung. Tageskliniken nehmen überwiegend für sich in Anspruch, in erster Linie psychotherapeutisch ausgerichtet zu sein. Die oben zitierte Umfrage macht über die Art der zur Anwendung gelangenden Psychotherapie freilich keine dezidierten Aussagen. Einen Schwerpunkt scheinen solche therapeutischen Methoden zu bilden, die unter dem Begriff der "Milieutherapie" einzuordnen wären. Ein nicht spannungsfreies Verhältnis der Tagesklinik zur herkömmlichen Psychiatrie deutet sich jedoch an, wenn 93% der befragten Tageskliniken verbale Gruppen, 59% averbale Gruppen und 55% Einzelgespräche als besonders wichtige therapeutische Angebote nennen, während eine medikamentöse Behandlung nur von 10% so gewertet wird. Ein solches Selbstverständnis berührt somit auch das problematische Verhältnis der Psychiatrie zu psychotherapeutischen Methoden, insbesondere aber zur Psychoanalyse[4]. Eine ausreichende Diskussion der Beziehung zwischen den psychoanalytischen und psychiatrischen Krankheitslehren hat hierzulande - anders als beispielsweise in den USA - noch nicht stattgefunden (vgl. Dührssen, 1982). Es wird sich in der Zukunft zeigen, ob die Tagesklinik hierzu einen fördernden Beitrag leisten kann.

Die Entwicklung der Tagesklinik als psychotherapeutische Behandlungseinrichtung im engeren Sinn erfolgte erst in jüngster Vergangenheit. Als die Düsseldorfer Tagesklinik für Psychotherapie und Psychosomatik Anfang 1982 eröffnet wurde, war sie eine der wenigen Einrichtungen dieser Art in der Bundesrepublik. Es ging bei der Nutzbarmachung des von seiner Geschichte her zunächst psychiatrischen Behandlungsarrangements für die an der Psychoanalyse orientierte Psychotherapie nicht in erster Linie um die Suche nach Alternativen und neuen Möglichkeiten angesichts der Unzufriedenheit mit den bestehenden Verhältnissen, wie dies im Zuge der Entwicklung psychiatrischer Tageskliniken der Fall war[5] (v.Cranach, 1975). Es ging hier primär um die Schaffung von psychotherapeutischen Rahmenbedingungen, unter denen eine Gruppe von Patienten behandelbar zu sein schien, die nach unseren Erfahrungen bisher nur mit unbefriedigenden Ergebnissen ambulant oder vollstationär behandelt werden konnte (siehe dazu 1.1).

Die Psychoanalyse war in ihrer Indikation ursprünglich begrenzt auf psychische Störungen mit einem wenigstens annähernden "Normal-Ich" (Freud, 1937, S.80) und beschränkte sich auf das ambulante Behandlungssetting in der Zweiersituation. Um über den engen Bereich der neurotischen Störungen hinaus auch für Patienten mit

---

[4] Das Ausmaß dieser Problematik wird deutlich, wenn Betroffene von paranoiden Projektionen zwischen Psychiatrie und Psychoanalyse sprechen (Deutsches Ärzteblatt 3, 1980, S.127).
[5] Obwohl auch die psychotherapeutische Versorgung Anlaß zu solcher Unzufriedenheit bietet (vgl. z.B. Psychiatrie-Enquête, 1975; Katschnik, 1975; Bauer, 1975; Cooper und Bichel, 1984).

narzißtischen, süchtigen, psychotischen, Borderline- und psychosomatischen Störungen nutzbar - und damit zu einer therapeutischen Methode von größerer Relevanz für die psychotherapeutische Versorgung zu werden - waren Erweiterungen der psychoanalytischen Theorie und Praxis erforderlich (vgl. z.B. Fürstenau, 1977). Neben Modifikationen in der Technik wurden - wie bereits früher in der Entwicklung stationärer psychotherapeutischer Methoden - nun durch die teilstationäre Psychotherapie veränderte Rahmenbedingungen eingeführt (siehe dazu 1.3). Es zeigte sich in der Folge bald, daß sich das teilstationäre Setting in der Behandlung von Patienten mit schwerer Nähe-Distanz-Problematik (siehe Abschnitt 3.1) günstig auswirkte.

Das tagesklinische Behandlungsarrangement erlaubt eine weitergehende Variation des Ausmaßes therapeutischer Einflußnahme und des Behandlungsrahmens, als dies im stationären sowie ambulanten Setting möglich ist. Diese können der Nähe-Distanz-Toleranz des Patienten jeweils besser angepaßt werden. Vereinfacht gesagt, hat hier der Patient die Möglichkeit, anstelle einer "Zerstörung des therapeutischen Raumes" (Trimborn, 1983) sich diesem aus seiner gewohnten Lebensumwelt heraus nur so weit anzunähern, wie er es gerade noch tolerieren kann. Dies ist vor allem durch die zeitliche Variierbarkeit der Anwesenheit des Patienten in der Tagesklinik möglich, andererseits - wie im stationären Setting auch - durch ein flexibles Anpassen der zur Anwendung gelangenden Methodenkombination. So ist es nach unserer Erfahrung in der Anfangsphase der Behandlung manchmal erforderlich, die tägliche Anwesenheit des Patienten auf wenige Stunden zu reduzieren und die Therapie beispielsweise auf tägliche kurze Gespräche mit dem Einzelpsychotherapeuten, neben der Teilnahme an einer nonverbalen Therapiegruppe (z.B. Beschäftigungstherapie), zu beschränken. Zu bedenken ist jedoch immer, daß die Tagesklinik nur in begrenztem Maße "Schutz- und Schonfunktion" (Heigl, 1978) gewährleisten kann, da sie dem Patienten nur für die begrenzte Zeit einer 40-Stunden-Woche zur Verfügung steht. Dies setzt seitens des Patienten ein Mindestmaß an Ich-Stärke zur Aufrechterhaltung des therapeutischen Bündnisses auch in krisenhaften Phasen des Behandlungsprozesses voraus. Patienten mit manifester Sucht, akut suizidale Patienten, präpsychotische und psychotische Patienten, Patienten mit ausgeprägteren dissozialen oder Verwahrlosungs-Tendenzen sowie schwerere Formen der Perversion lassen sich teilstationär nur unter besonders günstigen Vorbedingungen behandeln: Zusammenarbeit mit einer psychotherapeutischen Station;

stationäre oder ambulante Vorbehandlung; ein Mindestanteil an weniger schwer gestörten Patienten hinsichtlich der Zusammensetzung der Klientel der Tagesklinik (vgl. Hoffmann et al., 1981).

Die bisher von uns gemachten Erfahrungen mit der psychotherapeutischen Tagesklinik als Behandlungsmodell lassen unseres Erachtens schon heute ein positives Werturteil zu. Sie scheint für einen wichtigen Indikationsbereich, der - zunächst stark vereinfacht und verkürzt gesagt - im Bereich zwischen Psychose und Neurose liegt, eine effektive Behandlungsform zu sein. Sie könnte so ein wesentlicher Teil der psychotherapeutischen Versorgung werden.

1.3 Entwicklung von Rahmenbedingungen und Organisationsformen in der analytischen Psychotherapie

ANNELISE HEIGL-EVERS

Jede Therapie, so auch die an der Psychoanalyse orientierte Psychotherapie, bedarf einer Organisation, eines Rahmens, einer Struktur, sie bedarf der Institutionalisierung. In ihren Anfängen und in ihrer "klassisch" genannnten Anwendungsform wurde die Psychoanalyse im Rahmen einer ärztlichen Privatpraxis eingerichtet: Im Jahre 1891 bezog der damalige Privatdozent Dr. Sigmund Freud in der Berggasse 19 im 9.Distrikt der Stadt Wien in einem Mietshaus gutbürgerlichen Zuschnitts eine Anzahl von Räumen, in denen er Wohnung und Ordinationszimmer miteinander verband und in denen dann auch jene Couch aufgestellt wurde (ein Möbel, das man damals Chaiselongue nannte), auf die sich niederzulegen Dr.Freud seine Patienten aufforderte, um sie zu behandeln, vielleicht auch zu heilen, vor allem aber um die Verborgenheiten ihres Inneren zu erforschen, wobei der Prozeß der - gemeinsamen - Erforschung mit dem Heilungsprozeß identisch war.

Diese Praxis eines freiberuflich tätigen Arztes, als Privatpraxis einer zahlungsfähigen Klientel vorbehalten, Teil medizinisch-ärztlicher Versorgung im nervenärztlichen Bereich und zugleich Forschungsstätte, bedeutete eine Ausrichtung der klinischen Beobachtung und Heilmaßnahmen auf <u>einen</u> Patienten in einer <u>Zwei-Personen-Beziehung</u>, einer Dyade, wobei der Patient durch die Selektion einer privatärztlichen Praxis in der Regel der bürgerlichen, d.h. wirtschaftlich abgesicherten und gebildeten Schicht des damaligen Wien angehörte, der Hauptstadt der durch die habsburgische Monarchie gebündelten Teilstaaten mit ihren vielfältigen Nationalitäten und ethnisch-religiösen Gruppen, darunter auch einer größeren jüdischen.

Die Praxis des Nervenarztes und Forschers in der Berggasse 19 erfuhr bald, dank der hier angesiedelten Genialität und deren zunehmender Ausstrahlung, eine institutionelle Erweiterung - besonders im Bereich von Wissenschaft und Forschung, wie aber auch von Aus- und Weiterbildung in der von Freud kreierten Behandlungsmöglichkeit, ihrer Methode und ihrer Theorie. Auch hierbei handelte es sich um "freie" Institutionen, weit vor den Toren der akademischen Medizin, insbesondere der Psychiatrie, gelegen, so um die "Psychologische Mittwochsgesellschaft", die sich im Jahre 1902 zum ersten Male traf, um die Wiener Psychoanalytische Vereinigung (gegründet 1908), um Zeitschriften wie das "Jahrbuch der Psychoanalyse " (1909), das "Zentralblatt für Psychoanalyse" (1910), um die "Imago" (1912), um die "Zeitschrift für Psychoanalyse" (1913) (siehe dazu Jones, 1962, S. 539ff).

Die therapeutische Praxis blieb dabei in klarer Folgerichtigkeit des Freudschen Forschungsansatzes auf den einzelnen Patienten oder den einzelnen Ausbildungskandidaten beschränkt; sie blieb eingegrenzt auf eine dyadische Beziehung und auf die Bedingungen ambulanter Anwendung. Die Einführung eines stationären Rahmens für den Einsatz der neuen Methode wurde damals unseres Wissens nicht erwogen, und auch die gleichzeitige Anwendung der Psychoanalyse bei einer Gruppe von Patienten, einer Pluralität, kam noch nicht in Betracht; gleichwohl hatte Freud angefangen, sich mit Phänomenen wie der Psychologie der "Massen" zu befassen, ein Interesse, das 1921 in einem Aufsatz über "Massenpsychologie und Ich-Analyse" seinen Niederschlag fand (GW 13, S. 73-161, 1921). Freilich waren diese Auseinandersetzungen rein theoretischer Art; Konsequenzen für die psychoanalytische Praxis wurden nicht gezogen. Immerhin räumte Freud hier der Bedeutung des anderen in der Psychoanalyse einen besonderen Platz ein; so komme im Seelenleben des einzelnen ganz regelmäßig der andere als Vorbild, als Objekt, als Helfer und als Gegner in Betracht, und die Individualpsychologie sei daher von Anfang an auch gleichzeitig Sozialpsychologie in diesem erweiterten, aber durchaus berechtigten Sinne (Freud GW 13, S.73, 1921).

Die Ausarbeitung der analytischen Therapie in der Dyade, der heute nach Ferenczi (Freud, 1965, S. 321f) gern "klassisch" genannten Psychoanalyse, ihrer Theorie als einer Theorie des Erlebens und Verhaltens des Individuums, speziell von deren unbewußten Anteilen (siehe dazu Rapaport, 1973, S.43), ihrer Anwendung in einer speziellen Zweierbeziehung, ging in folgende Richtung: Durch eine besondere Strukturierung der therapeutischen Beziehung (Handhabung von Übertragung und Gegenübertragung, gezielte (interpretierte) Beobachtung und Bearbeitung von Widerständen) wurden regressive Prozesse gefördert; damit sollte eine gemeinsame Erforschung des verborgenen Inneren auch des Analysierenden ermöglicht werden, die zunächst in strikter Einhaltung der ursprünglich gesetzten Rahmenbedingungen erfolgte. Über die Einbeziehung der Gegenübertragung war im ersten Ansatz der Schritt von einer Ein-Personen-Psychologie (Balint, 1968, S.199) zu einer Interaktionstheorie vollzogen, wenngleich die Person des Therapeuten in dieser Beziehung durch die von ihm geforderte Einhaltung der Grundsätze von Abstinenz und Neutralität dennoch weitgehend ausgegrenzt blieb und sich dem Patienten vornehmlich über dessen Übertragung, dessen Widerstand und über deren Deutung vermittelte.

Daß die Einführung der Psychoanalyse in einen stationären Rahmen und ihre gleichzeitige Anwendung bei mehreren Patienten (Gruppe) damals noch nicht erwogen wurde, lag sicher u.a. an dem betont privaten Charakter der primären Institutionalisierung der Psychoanalyse in einer privatärztlichen Praxis, die aus persönlichen Initiativen hilfesuchender Patienten bzw. auf Veranlassung durch bestimmte, gleichfalls privatärztlich tätige Mediziner aufgesucht wurde, bei einer im übrigen auch privaten Finanzierung, häufig wahrscheinlich einer Barzahlung im "reinen Gold" der europäischen Währungen der Zeit vor dem Ersten Weltkrieg. Gleichwohl prognostizierte Freud damals bereits eine "Massenanwendung" der psychoanalytischen Therapie, die dazu nötigen werde, "das reine Gold der Analyse reichlich mit dem Kupfer der direkten Suggestion zu legieren". Er bemerkte bei dieser Gelegenheit, daß solche Behandlungen unentgeltlich sein würden, und er setzte hinzu, daß, wie immer sich diese Therapie für das Volk auch gestalten, aus welchen Elementen sie sich zusammensetzen möge, ihre wirksamsten und wichtigsten Bestandteile gewiß die bleiben würden, die von der strengen, der tendenzlosen Psychoanalyse entlehnt worden wären (GW 12, S.183-194, 1917-1920).

Ein erster Schritt in Richtung der von Freud vorhergesagten "Massenanwendung" erfolgte, als Max Eitingon 1920 das Berliner Psychoanalytische Institut gründete, eine Poliklinik, die ihr Gründer und Leiter ohne staatliche oder universitäre Hilfe aus eigenen Mitteln geschaffen hatte, sie seitdem erhielt und mit eigener Mühe leitete (Freud, GW 14, S.572, 1930) und bei der es darum ging, "unsere Therapie jener großen Menge von Menschen zugänglich zu machen, die unter ihren Neurosen nicht weniger leiden als Reiche, aber nicht imstande sind, die Kosten ihrer Behandlung aufzubringen". Zweitens sollte mit diesem Institut eine Stätte errichtet werden, an der die Analyse theoretisch gelehrt und die Erfahrung älterer Analytiker auf lernbegierige Schüler übertragen werden konnte. Endlich sollte noch die Kenntnis der neurotischen Erkrankungen und die therapeutische Technik durch Anwendung und Erprobung unter neuen Verhältnissen vervollkommnet werden; so hieß es in dem von Freud verfaßten Vorwort der 1930 erschienenen Broschüre "10 Jahre Berliner Psychoanalytisches Institut" (GW 14, S. 572, 1930).

Die Anwendung der Psychoanalyse in klinisch-stationären Einrichtungen war erst ein späterer Schritt; so gründete Ernst Simmel 1927 in Berlin-Tegel die psychoanalytische Klinik "Sanatorium Schloß Tegel", in der Patienten mit chronifizierten Neurosen, Suchtkrankheiten, Charakterfehlentwicklungen und hartnäckigen organischen Störungen behandelt wurden (siehe Brecht et al., 1985). In den USA ist diese Entwicklung vor allem mit dem Namen von Karl Menninger verknüpft, der 1925 in Topeka im Rahmen einer Stiftung eine wissenschaftlich außerordentlich fruchtbar gewordene klinische Institution schuf, sowie mit dem Namen Franz Alexander, der zunächst in Chikago ein psychoanalytisches Institut nach dem Berliner Muster gegründet hatte und der ab 1956 nach einjährigem Forschungsaufenthalt am Center for Advanced Studies in Behavioral Science in Palo Alto als Direktor der neu geschaffenen Forschungsabteilung für Psychiatrie und Psychoanalyse am Mt. Sinai-Hospital in Los Angeles tätig war (siehe Grotjahn, 1977). In der BRD wurde im Niedersächsischen Landeskrankenhaus Tiefenbrunn im Jahre 1949 durch die Initiative von Gottfried Kühnel eine Neurosenklinik gegründet, und in Heidelberg entstand, gleichfalls 1949, die von Alexander Mitscherlich geleitete erste unter dem theoretischen und methodischen Primat der Psychoanalyse stehende Psychosomatische Universitätsabteilung, eingerichtet an der von V. v. Weizsäcker geleiteten Klinik (Meyers, 16, S. 323, 1976).

In den seitdem vergangenen Jahrzehnten ist in der BRD eine größere Anzahl von psychotherapeutisch-psychosomatischen universitären und außeruniversitär angesiedelten Fachkliniken und -abteilungen sowie auch Ambulanzen entstanden, in denen, orientiert an der Krankheitslehre der Psychoanalyse und unter Verwendung der aus ihr entwickelten Methoden, behandelt wird. Der Versuch, analytische Psychotherapie auch in einem teilstationären Organisationsrahmen zu betreiben, wurde interessanterweise erst spät unternommen. Er ist aus unserer Sicht vor allem ein Resultat der Auseinandersetzungen, die im Rahmen der Enquête zur Lage der Psychiatrie in der Bundesrepublik (Psychiatrie-Enquête, 1975) angeregt wurden, Auseinandersetzungen, die in wohltuender Weise alte Vorurteilsschranken und Austauschbarrieren, z.B. zwischen den Vertretern der Psychiatrie einerseits und denen der Psychotherapie/Psychosomatik andererseits, abgebaut haben; vermindert wurden auch Einschränkungen des Austauschs und der wechselseitigen Einflußnahme, wie sie in der BRD trotz der schul- und gesellschaftsübergreifenden Fachgesellschaft der DGPPT zwischen den Vertretern verschiedener psychoanalytisch-psychotherapeutischer Arbeitsrichtungen immer noch bestanden. Hier lösten sich verkrustete Strukturen auf; die Interaktionsdichte und die Kommunikationsintensität in den Arbeitsgruppen zur Erstellung der Enquête hatten eine entschieden belebende Wirkung und führten zumindest zu Anfängen einer Auflösung z.T. sehr alter reservationes mentales in Bezug auf die Vertreter je anderer wissenschaftlicher Annahmen, Leitsätze und Theorien und den damit zumeist verknüpften ausdrücklichen oder unausdrücklichen Ideologien.

Die Veränderungen der Rahmenbedingungen und Organisationsformen im Verlauf der Entwicklung der Psychoanalyse und der an ihr orientierten Psychotherapie hatten sowohl Veränderungen der Patienten- und Krankheitsgruppen als auch Modifikationen der therapeutischen Methoden zur Folge. So bedeuteten die poliklinischen Institutionen eine breitere Einbeziehung sozialer Gruppen in die analytische Psychotherapie, seit Einführung der analytischen Psychotherapie als Kassenleistung in der BRD im Jahre 1967 (angestrebt vor allem durch A.Dührssen, R.Haarstrick, W.Schwidder), sogar aller sozialen Schichten. In diesem Zusammenhang erwiesen sich Modifikationen der klassischen Behandlungstechnik - u.a. wegen der begrenzten Leistungsfähigkeit der Kostenträger und der wechselseitigen Verpflichtung der Angehörigen einer Solidargemeinschaft wie der Krankenkassen -, die insbesondere den Zeitfaktor (Frequenz und Gesamtdauer der Therapie) berücksichtigen, als erforderlich. Diese Modifikationen waren daher gekennzeichnet durch eine Verkürzung der Gesamtbehandlungsdauer (z.B. auf 150 Stunden im Zentralinstitut für Psychogene Erkrankungen der AOK Berlin), die von seiten des Trägers aus wirtschaftlichen Gründen gefordert wurde. Neben der Verkürzung der Gesamtbehandlungsdauer kam es zu einer flexibleren Handhabung sowohl der Behandlungsfrequenz als auch der Dauer der Behandlungssitzung und zur Entwicklung neuer Interventionsformen, die unter dem Namen Dynamische Psychotherapie von A.Dührssen (1972) in dem genannten Berliner Institut entwickelt und erprobt wurden. Zuvor war bereits die analytische Kurz- und Fokaltherapie eingeführt worden (Malan, 1967; Beck, 1965, 1968, 1974).

Die Weiterentwicklung der Methoden führte auch zur Adaptation der Psychoanalyse an die Pluralität einer Patienten-Gruppe (Kleingruppe), an die Paar-Konstellation und an die Familie. So bemühte sich A.Heigl-Evers seit 1958 aufgrund von Anregungen W.Schwidders, die dieser von W.Schindler erhalten hatte, um die analytische Gruppenpsychotherapie als ein wichtiges Element in der stationären Psychotherapie der Klinik Tiefenbrunn. Die frühe Entwicklung einer analytischen Gruppenpsychotherapie ist an Namen wie Bion (1961), Ezriel (1950 a,b; 1960/61), W.Schindler (1951, 1955) und Foulkes (1948, 1964) geknüpft. Um die weitere Differenzierung dieser Methode haben sich Autoren wie Argelander (1963/64, 1968, 1972), Grinberg et al. (1960), Stock-Whitaker und Lieberman (1965), R.Schindler (1957/58, 1968), Kutter (1973, 1978), Ohlmeier (1975), Heigl-Evers und Heigl (1973, 1975, 1978), König (1974, 1976, 1977) verdient gemacht, um nur einige zu nennen. Zusammen mit anderen (vor allem mit H.Enke, A.M.Däumling. G.Schwöbel, D.Fuchs-Kamp) entstand durch eine Initiative von A.Heigl-Evers mit der Gründung des DAGG im Jahre 1967 die Grundlage für die Einführung und breitere Anwendung der analytischen Gruppenpsychotherapie in der BRD; bei dieser Gründung war ein interdisziplinärer Austausch mit anderen Schulen gruppentherapeutischer und gruppendynamischer Anwendung und Theorie von vornherein angestrebt (siehe Heigl-Evers und Enke, 1968).

Die stationären Anwendungen der Psychoanalyse erlaubten zusätzliche Indikationen und die Einbeziehung weiterer Patientengruppen; so wurden infolge dieser institutionellen Innovationen vor allem psychosomatische Erkrankungen zum Gegenstand einer psychoanalytisch orientierten Therapie (siehe dazu die Untersuchungen von F.Alexander, 1943, 1946, 1950; W.Schwidder, 1957, 1959; Thomae, 1958/59, 1961, 1961/62; de Boor, 1958/59, 1961/62; de Boor und Künzler, 1963). Neben psychosomatischen Erkrankungen wurden auch präödipale Störungen anderer Art berücksichtigt. Ferner kam es in diesem Rahmen zur Einbeziehung anderer Altersgruppen und, ebenso wie schon in den Polikliniken, anderer sozialer Gruppen. Es wurde eine stationäre analytische Psychotherapie für Kinder und Jugendliche entwickelt (siehe dazu Schwidder, 1954, 1957; Zauner, 1971, 1972, 1973), wie auch eine psychoanalytisch-psychotherapeutische Rehabilitation, die, ebenso wie die eben genannte stationäre Kinder- und Jugendlichenpsychotherapie, schon früh im Niedersächsischen Landeskrankenhaus Tiefenbrunn eingerichtet wurde.

Neben der stationären hat sich inzwischen eine spezielle Indikation zu einer teilstationären Behandlung für eine Gruppe von Patienten herausgestellt, die zunehmend psychotherapeutische Hilfe suchen. Es handelt sich um die Gruppe der präödipal gestörten Kranken, die zunächst als Gegenstand von Forschungsbemühungen im Rahmen stationärer Psychotherapie (siehe dazu Kernberg, 1978, 1981) therapeutisches Interesse fanden. In diesem Zusammenhang ist die Entwicklung von therapeutischen Modifikationen zu erwähnen, wie sie in der BRD z.B. als tiefenpsychologisch fundierte und als psychoanalytisch-interaktionelle Einzel- und Gruppenpsychotherapie von Heigl-Evers und Heigl (1979, 1982, 1983a,b) beschrieben wurden.

Die Veränderung institutioneller Rahmenbedingungen sollte nach der Vorhersage Freuds zur Entwicklung von "Kupferlegierungen" des "reinen Goldes" der Psychoanalyse führen. Wenn man den Wert einer Therapie an ihrem Nutzen für den Patienten mißt (siehe dazu Heinrich, 1986), so handelt es sich bei vielen modernen Modifikationen oder Anwendungsweisen der Psychoanalyse nicht um Legierungen, auch nicht so sehr um die Einführung von Elementen direkter Suggestion, wie Freud es sich vorgestellt hatte, sondern um Angebote, die aufgrund differentialindikatorischer Entscheidungen für bestimmte Patientengruppen "reines Gold" darstellen, so für viele Patienten mit den genannten präödipalen Störungen.

Die inzwischen eingeführte teilstationäre Therapie, die den zentralen Gegenstand dieses Buches darstellt, ist gegen eine ambulante Behandlung einerseits und gegen eine vollstationäre, eine Krankenhausbehandlung andererseits abzugrenzen. Die ambulante Psychotherapie begleitet den Patienten in dem ihm gewohnten Alltagsleben, in der ihm vertraut gewordenen sozialen Umwelt und kann u.U. darin eine Art Enklave, eine Nische (ein Analysand sprach einmal von einer holy chapel) darstellen; das gilt besonders für die klassische Einzelanalyse. Eine ambulante Therapie setzt in der Regel voraus, daß der Patient arbeits- und berufsfähig ist, daß er sein Alltagsleben ausreichend bewältigen kann und sich in der Lage fühlt, den Therapeuten regelmäßig aufzusuchen. Der Patient steht während der Therapie voll unter dem Einfluß der ihm gewohnten sozialen Beziehungen, die seine Neurose stabilisierende wie destabilisierende Faktoren einschließen. Diese Einflußnahme von seiten des sozialen Umfeldes, in der Regel eines auch pathogenen Feldes (siehe dazu Heigl-Evers und Heigl, 1982, 1983), ist also, schon rein zeitlich, viel intensiver als die durch die ambulante Therapie, die freilich speziell bei der analytischen Behandlung wegen deren Ausrichtung auf die unbewußten Anteile des Erlebens und Verhaltens des Patienten in besonderer Weise wirksam ist.

Anders als in der ambulanten Therapie wird der Patient bei einer vollstationären Behandlung aus seiner gewohnten sozialen Umwelt weitgehend herausgenommen, er lebt während dieser Zeit 'rund um die Uhr' in einem anderen Umfeld, in dem der Institution 'Klinik', die vornehmlich unter therapeutischen Aspekten strukturiert ist. Der Einfluß des Klinikambiente ist entsprechend intensiv, was bei den sozialen Bezugspersonen des Patienten stärkere Affekte der Beunruhigung oder aber der Erleichterung auslösen kann, je nachdem, welche Tendenzen bei ihnen überwiegen: ob sie beim Patienten, über die Symptomminderung oder -aufhebung hinaus, speziell hinsichtlich seiner Wertorientierung und seines interpersonellen Verhaltens keine Veränderung wünschen oder vielmehr auf eine solche hoffen.

Die Tagesklinik als halbstationäre Therapiestätte enthält Elemente der ambulanten wie der vollstationären Behandlung. Der Patient verbleibt hier teilweise in den ihm gewohnten und vertrauten Lebensbezügen; anstatt jedoch während der fünftägigen Arbeitswoche täglich acht Stunden an einem Arbeitsplatz zu verbringen, hält er sich für diese Zeit in einer therapeutischen Institution auf. Ausgeschaltet wird für die Zeit der Behandlung der Einfluß der Bereiche Beruf und Arbeit, erhalten bleibt der Einflußbereich der Familie oder ihrer sozialen Substitute. Freilich steht diesem Einfluß jetzt ein Arrangement gegenüber, das, anders als in der Regel Berufs- und Arbeitsfeld, eine ähnlich intensive Kommunikation und interaktionelle Dichte anbietet wie die Familie oder ihre Substitute, z.B. Wohngemeinschaften; hier erscheint freilich das Draußen und Drinnen eindeutiger definiert; das Element des Abschließenden gegenüber der Außenwelt ist ausgeprägter; die Station kann für manche Patienten den Charakter von etwas Unausweichlichem haben, das 'Trennung' und 'Wiederannäherung' erschwert. Der Tagesklinikpatient pendelt zwischen einer therapiezentrierten Situation und seinen üblichen außerberuflichen sozialen Beziehungen. Er hat also einerseits den ihm vertrauten Austausch und die ihm gewohnten Auseinandersetzungen mit ihm nahen

Bezugspersonen; es verbleibt ihm die Gestaltung des gewohnten Alltagslebens im Freizeitbereich. An die Stelle des Arbeitsplatzes, der Berufs- oder Diensttätigkeit tritt dagegen die Mitarbeit an einer achtstündigen, mehrdimensionalen und intensiven Psychotherapie.

Ein wesentliches Charakteristikum der Tagesklinik besteht sicher darin, daß die Patienten außerhalb des beruflichen Bereiches den regelmäßigen Kontakt mit ihren sozialen Bezugspersonen uneingeschränkt beibehalten können; der Tagesklinikpatient verbringt, ebenso wie der berufstätige Mensch, acht Stunden seiner Tageszeit außerhalb des privaten Lebensrahmens. Die sozialen Bezugspersonen werden im Fall dieser Therapie, weniger als es bei einer vollstationären Behandlung geschehen kann, unvorhergesehen mit Wandlungen und Veränderungen des Patienten konfrontiert, Konfrontationen, die unter Umständen zu Kommunikationsstörungen führen können. Da Tagesklinik-Patienten in der Regel aus der Region kommen, ist es hier sehr viel einfacher als im Fall von Fachkliniken mit überregionalem Einzugsbereich, die sozialen Bezugspersonen passager in die Therapie einzubeziehen.

Teil II

Zur Konzeptualisierung der Tagesklinik: Der individuumzentrierte, verlaufsorientierte, integrierte Gesamtbehandlungsplan

von
Annelise Heigl-Evers

2.1 Zur Definition des Therapiezieles

In der von uns eingerichteten Psychotherapeutischen Tagesklinik orientieren wir uns an dem Modell des sogenannten individuumzentrierten, verlaufsorientierten, integrierten Gesamtbehandlungsplanes. Diese therapeutische Konzeption wurde von Zauner (1972, 1975, 1978) und später von Heigl (1978, 1981) im Rahmen der stationären Therapie in Auseinandersetzung mit der Frage entwickelt: Welche therapeutischen Angebote braucht <u>dieser</u> Patient zu <u>dieser</u> Zeit der Therapie, damit <u>ein Prozeß in Gang gebracht und gehalten</u> wird, der es ermöglicht, sich selbst – vor allem <u>auch in den Beziehungen zu anderen – zunehmend</u> genauer zu empfinden, zu spüren, zu fühlen, zu verstehen. Unter klinischem Aspekt im konventionellen Sinne geht es dabei auch um Minderung oder Aufhebung von Krankheitssymptomen als klinisch auffälligen psychischen, physischen oder sozialkommunikativen Signalen einer zugrundeliegenden Psychopathologie (siehe dazu Strotzka, 1978, S. 3-6).

Die Klärung des Therapiezieles ist in der Regel bereits Teil eines solchen Prozesses; zu Beginn einer Behandlung ist es für den Patienten zumeist schwer zu formulieren; es erscheint zunächst fraglich, ob der Patient seelische Heilung überhaupt will und was er darunter versteht; ist ihm doch mit dem, was sich dem klinischen Beobachter als Psychopathologie (werde sie nun als neurotisch, psychotisch oder als strukturelle Ich-Störung bezeichnet) darstellt, eine Kompensation, eine Ersatzbildung, eine Art Selbstheilung, mehr oder weniger gelungen, deren Ansätze bis in die Pubertät und frühe Kindheit zurückreichen und die ihm oft zu etwas Selbstverständlich-Vertrautem, mit anderen Worten, die seinem Ich synton geworden ist. Mit dieser in der Subjektivität des Patienten liegenden Unsicherheit, wenn es darum geht zu bestimmen, was für ihn 'gesund' und was 'krank' heißen soll und was als 'Heilung' wünschenswert sein könnte, korrespondiert die generelle Schwierigkeit, seelische Gesundheit psychologisch zu definieren.

Wollte man 'seelische Gesundheit' mit Hilfe deskriptiver Normen als Erlebensweisen und Verhaltensformen der mittleren Häufigkeit innerhalb einer Population beschreiben, so gewönne man allenfalls Informationen darüber, was in einer gegebenen Sozietät aufgrund mehrheitlicher Übereinkunft als mittelgesundes Erleben und Verhalten und damit als mittelgut gelungene auto- und alloplastische Anpassung (Hartmann, 1939) gilt. Solche Normen sagen nichts darüber aus, unter welchen inneren und interpersonellen sowie situativen Voraussetzungen sich ein menschliches Individuum als 'heil' erleben könnte und wieweit ein solches Heil-Sein überhaupt erreichbar ist. Vielleicht ist psychische Heilung als die Entwicklung der Fähigkeit zu verstehen, unvermeidbar immer wieder entstehendes Nicht-heil-Sein jeweils aufs neue selbst zu mindern oder gar aufzuheben. Anders ausgedrückt: Vielleicht ist unter psychischer Heilung eine Befindlichkeit zu verstehen, die es dem betreffenden Menschen erlaubt, mit seinem Nicht-heil-Sein verstehend umzugehen.

Im Vergleich zu somatischer Pathologie ergibt sich noch folgende Schwierigkeit: Von angeborenen krankhaften körperlichen Veränderungen abgesehen, kennt ein aus körperlicher Gesundheit heraus erkrankter Mensch die leibliche Erfahrung eines ausreichend störungsfrei funktionierenden Organismus. Diese Befindlichkeit wieder herzustellen oder sich ihr zumindest anzunähern, legt sich als Behandlungsziel, als wünschenswerte Heilung nahe. "Ich kann wieder genauso gut gehen, sehen, hören, essen, verdauen wie zuvor", ist eine von körperlich geheilten Patienten mit Freude gegebene Versicherung. Im Falle psychischer Erkrankung, die im Zusammenhang subjektiven Erlebens eine Anpassungsbemühung im Sinne eines Selbstheilungsversuches bedeutet, ist - insbesondere bei der Entwicklungspathologie präödipaler Störungen, aber auch im Falle von Konfliktpathologie - das, was sich aus der Sicht des Therapeuten als gesund darstellt, eine dem Patienten unbekannte Qualität, eine Neuerfahrung (Alexander sprach 1949 von emotionaler Neuerfahrung), mit der er sich erst vertraut machen muß - ähnlich etwa wie ein Kind, dessen starke Kurzsichtigkeit relativ spät entdeckt wurde und dem sich nach Gläserkorrektur eine neue Weise des Sehens eröffnet, eine ihm bis dahin unbekannte optische Welterschließung.

Es ist bei der Einleitung einer Therapie nicht ohne weiteres davon auszugehen, daß der Patient es für lohnend hält, dem zuzustreben, was der Therapeut als Heilung erachtet, so wünschenswert diesem ein Streben dahin auch erscheinen mag. Der Auftrag des Patienten - insbesondere des präödipal gestörten - an die Therapie hat zumeist anderes zum Inhalt. Zwar wird häufig Minderung oder Beseitigung von Symptomen gewünscht, falls diese als etwas Störendes erlebt werden, was für viele Symptome, so für Sucht und Abhängigkeit, nicht ohne weiteres gilt; dennoch ist Symptom-Beseitigung oder jedenfalls -minderung eine an klinische Institutionen häufig gerichtete Erwartung. Doch sind insbesondere die latenten Wünsche, die einen Patienten bewegen, wenn er eine solche Einrichtung aufsucht, anders beschaffen: Es sind Sehnsüchte oft sehr vager Art nach unauffälligem Gehalten-, Geschützt-, Gewärmt-Werden, nach Geborgenheit, nach situativ verbürgtem Wohlbefinden, nach der Umwelt-Mutter (siehe Winnicott, 1963, 1974, S.96), wie ein Kleinkind sie braucht; daneben sind es als selbstverständlich erwartete Bedürfnis-Befriedigungen, wie die Objekt-Mutter (siehe dazu Winnicott, 1974) sie dem Kleinkind gewährleistet.

Die unterschiedlichen Vorstellungen von Heilungserwartungen beim Patienten und von Therapiezielen bei den Therapeuten gehören zum Feld dialektischer Spannungen, das den Gesamtbehandlungsplan in seiner Entwicklung bestimmt. Die dabei immer wieder zu stellende Frage: Welche therapeutischen Angebote braucht dieser Patient zu diesem Zeitpunkt des Prozesses - fordert von den Therapeuten der Tagesklinik, daß sie regelmäßig klären, wie die als jeweils geeignet befundenen Angebote in ein ganztägiges Programm integriert werden können, anstatt sie einfach nur aneinander zu reihen.

2.2 Die Merkmale des Gesamtbehandlungsplanes

Die Planung der Gesamtbehandlung wird auf Überlegungen darüber zentriert, welche pathologischen Anteile der Ich-Organisation und speziell der Objektbeziehung des Patienten von verschiedenen Seiten therapeutisch so angesprochen werden können, daß der von den Therapeuten intendierte nächste Heilungsschritt, der vom Patienten interaktionell quasi überprüft, akzeptiert und internalisiert werden muß (jeder faktisch vollzogene Heilungsschritt ist eine Kompromißbildung zwischen den Intentionen der Beteiligten), realisiert wird und so das therapeutische Gesamtziel allmählich näherrückt. Dabei wird jede therapeutische Einzelmaßnahme in den Gesamtplan so eingegliedert, daß sie in ihrer angestrebten Wirkung an eine andere therapeutische Maßnahme anschließt bzw. diese ergänzt oder verstärkt. Auch die verschiedenen Beobachtungsebenen und Wahrnehmungseinstellungen der beteiligten Therapeuten werden einander zugeordnet, aufeinander bezogen, zu einem Ganzen zusammengefügt, um so die für die weitere Entwicklung des Gesamtbehandlungsplans notwendigen Kriterien zu gewinnen. Dabei ist auch darauf zu achten, ob und in welcher Weise sich die pathogenen Konflikte eines Patienten in den Therapeuten und ihren wechselseitigen Beziehungen quasi widerspiegeln und wieweit umgekehrt innere Konflikte des Therapeuten auf die Beziehung zu seinen Patienten einwirken. Dabei hat das theoretische Verständnis von Psychopathologie und der dafür vorgesehenen Therapie einen besonderen Stellenwert. Die jeweils angestrebten therapeutischen Wirkmechanismen sollten unter Verwendung der Begriffe und Konzepte der psychoanalytischen Methode begründbar und anhand von klinischen Indikatoren oder phänomenalen Kriterien überprüfbar sein.

Bei der Therapieplanung für präödipal gestörte Kranke ist daran zu denken, daß pathologische Objekte und pathogene Objektbeziehungen sich bei ihnen in den sozialen Beziehungen unmittelbar manifestieren und nicht, wie bei Kranken mit Symptomneurosen, vom bewußten Erleben abgewehrt, mit Hilfe von Regression und Übertragung erst zur Erscheinung gebracht werden müssen. Ferner ist zu beachten, daß pathogene Konflikte bei diesen Patienten gleichfalls nicht ausreichend verinnerlicht und daher als solche auch nicht abgewehrt wurden; sie sind deswegen auch nicht als innere dialektische Spannungen erlebbar und erst bewußt zu machen; eine der Konfliktkomponenten wird vielmehr in der Außenwelt konstituiert. Das aber hat zur Folge, daß sich nach einer Formulierung von Rohde-Dachser (1983, S.124) die Abwehr bei präödipal gestörten Patienten über äußere Objekte und deren verzerrte Wahrnehmung abwickelt (vgl. den Begriff der 'Externalisierung' bei A.Freud, 1965, S.2162).

2.2.1 Die Individuumzentriertheit des Gesamtbehandlungsplanes

Der Gesamtbehandlungsplan ist individuumzentriert. Er ist somit abgegrenzt gegen pauschale Behandlungsangebote, wie sie in stationären therapeutischen Institutionen gelegentlich bereitgehalten werden: jeder Patient bekommt dann die gleiche Therapie.

Die Zentrierung auf das Individuelle als etwas Einmaliges und Unwiederholbares gehört zur Essenz der Psychoanalyse. Freud sah im Zusammenwirken von 'Daimon kai Tyche', dem Dämon und dem Zufälligen, von Konstitution und Umwelt, von Gen-Ausstattung und den Bedingungen kindlicher Entwicklung, insbesondere der Entwicklung der Triebbewältigung, die entscheidenden Determinanten für die Entstehung einer Neurose. Da Gen-Ausstattungen nur im Falle eineiiger Zwillinge gleich und die frühkindlichen Entwicklungsbedingungen, die sich vornehmlich in den Interaktionsangeboten primär der Mutter und sekundär anderer familiärer Bezugspersonen darstellen, nicht einmal für eineiige Zwillinge identisch sind, ist das Resultat des Zusammenwirkens beider Faktorengruppen notwendigerweise auch etwas Einmaliges (siehe dazu Heigl-Evers, 1982, S.512-618; Heigl-Evers und Standke, 1982, S.404-438).

Die psychoanalytische Erforschung frühkindlicher Entwicklung durch Direktbeobachtung von Säuglingen und Kleinkindern (siehe dazu Spitz, 1973, 1985; Mahler et al., 1978; A.Freud, 1980, S. 1701) hat die Bedeutung der Mutter-Kind-Interaktion für die Entfaltung des Ichs und seiner Strukturen zutage gefördert - Ergebnisse, die bei M.Mahler einmünden in die lapidare Feststellung: Jede Mutter schafft sich ihr Kind (1979), und sie schafft sich nicht zweimal das gleiche, auch nicht im Falle eineiiger Zwillinge, die - was nicht überrascht - bei getrenntem Aufwachsen mehr Übereinstimmungen aufweisen als bei gemeinsamem (Shields, 1962).

An der weiteren Ausgestaltung des Individuell-Einmaligen hat die Pubertät mit dem Zusammenwirken von primär biologisch-organismischen und sekundär-sozialen Faktoren einen großen Anteil. Dazu kommen spätere Einwirkungen der Umwelt, die vom Individuum mittels seiner aus Konstitution und Umwelt resultierenden inneren Strukturen zum Teil hergestellt, zum Teil beeinflußt werden (z.B. bei der Berufs- und Partnerwahl); solche Umwelteinwirkungen stellen sich aber auch in überindividuellen kollektiven Adaptationszwängen dar, unter die der Einzelmensch infolge drastischer Veränderungen sozioökonomischer und soziokultureller Verhältnisse geraten kann (siehe dazu Horney-Eckardt, 1986; Elias, 1969).

Die Einstellung auf die so entstandene Einmaligkeit des einzelnen Kranken in den tagesklinischen Interaktionen und deren methodisch-technische Beeinflussung ist eines der Merkmale unseres Therapie-Konzeptes. Die volle Erkenntnis bedeutet hier die Wahrnehmung des Einmaligen (siehe Eco, 1982, S. 40). Orientierung an dem Modell unseres Behandlungsplanes heißt Abstimmung des Therapieangebotes auf individuelle Einmaligkeit.

2.2.2 Die Verlaufsorientiertheit des Gesamtbehandlungsplanes

Was heißt 'Verlauf' und was heißt 'Verlaufsorientiertheit' bzw. 'Orientierung am Verlauf'? Die Behandlung in unserer Tagesklinik wird in Interaktionsprozessen vielfältiger Art vollzogen, in

Zweierbeziehungen, z.B. in der psychoanalytisch-interaktionellen und der tiefenpsychologisch-fundierten Einzeltherapie, in der Musiktherapie, in der Konzentrativen Bewegungstherapie; in den Pluralitäten der Gruppenpsychotherapie sowie der Beschäftigungs- und Gestaltungstherapie, der sozialtherapeutischen Lerngruppe und vor allem auch in den wechselnden Gruppierungen des Stationsalltags.

Die Aufmerksamkeit aller an der Therapie Beteiligten wird unter einem möglichst weitgehenden Austausch aller wichtigen Informationen, die den Patienten betreffen, auf diese Abläufe gerichtet. Das bedeutet eine intensive Beanspruchung für alle Therapeuten wie Nicht-Therapeuten.

Die Verlaufsrichtung der Therapieprozesse bzw. des Therapieprozesses kann regressiv, progressiv oder zirkulär sein, und es ist wichtig zu verstehen, wodurch die jeweils vorherrschende Tendenz bestimmt wird. Dabei kann passagere Rückläufigkeit eine notwendige Voraussetzung für eine Progression sein; Rückläufigkeit kann aber auch maligne Regression im Sinne Balints (1970, S.179) bedeuten, ein Verharren im Archaisch-Infantilen, vielleicht um auf diese Weise vor Reizüberflutungen, Angstmobilisierung und unerträglicher Konfliktspannung leidlich geschützt zu sein. Ein zirkulärer Verlauf kann anhaltendes Leid beinhalten, aber daneben oder vornehmlich auch die Erhaltung eines inneren oder interpersonellen Gleichgewichts, eines in diesem Sinne wirksamen Kompromisses bedeuten. Das alles sollte immer wieder verstanden werden – vom einzelnen Therapeuten, von der Gruppe aller Beteiligten, vor allem aber vom Patienten selbst.

Besonders wichtig ist dabei die Verlaufskomponente, die nach einem Vorschlag Freuds 'Widerstand' genannt wird – Widerstand gegen die Aufdeckung, Freilegung von mühsam Verdrängtem, oder – bei präödipal gestörten Patienten – Widerstreben gegen progressive Entwicklungsschritte aus Unverständnis für bislang nicht ausgeschöpfte eigene Möglichkeiten (i.e. Ich-Funktionsdefizite; siehe dazu Heigl-Evers und Heigl, o.J.). Gegenüber dem Widerstand ist einerseits Respekt geboten, wie Freud ihn 1912 (GW 8, S.363-374 bzw. 368) forderte, andererseits die Bemühung, den Patienten für diese Phänomene zu interessieren, ihn zur Beschäftigung damit anzuregen. Die Entscheidung über die Verlaufsrichtung im therapeutischen Prozeß liegt letztlich beim Patienten; die Therapeuten können und sollen hier versuchen, in der Weise Einfluß zu nehmen, daß sie dem Patienten zeigen, aus welchen interaktionellen Zusammenhängen er seine Entscheidungen trifft, wie deren ihm unbewußten Anteile aussehen und welche Folgen daraus resultieren können.

2.2.3 Die Integriertheit des Gesamtbehandlungsplanes

Die verschiedenen therapeutischen Prozesse und Interaktionen des Gesamtbehandlungsplanes bedürfen der Integration. Sie sollen nach diesem Konzept nicht ohne Bezug zueinander ablaufen, dürfen nicht wie Bausteine, additiv, zusammengestellt werden, sondern es muß ermöglicht werden, daß Prozesse stattfinden, die die einzelnen therapeutischen Abläufe übergreifen als Supervision, Team-Besprechung, kollegialer Austausch, in denen Informationen abgerufen und vermittelt, Anregungen, Stimulierungen gegeben, kritische Überprüfungen und Korrekturen vorgenommen, Spannungen diagnostiziert und kompromißhaft aufgehoben, aufgelöst werden können. Das alles sollte auf der Basis bzw. Grundlage theoriegeleiteten Verstehens geschehen.

Die integrativen Abläufe vollziehen sich zwischen den an der Therapie Beteiligten, sowohl zwischen den Therapeuten wie zwischen diesen und dem Patienten, wobei dem Einzeltherapeuten eine zentrale Vermittlerfunktion zufällt. Bei allen Beteiligten wird so eine Ich-Funktion gefordert, die von Nunberg (1930, S.303) synthetisch-integrativ genannt und die Hartmann (1972, S.94) als organisierende Fähigkeit des Ichs bezeichnet hat. Sie ist sozusagen eine der Spitzenfunktionen des Ichs, von deren Verfügbarkeit und Ausprägung die Lebendigkeit und die Lebensleistung des betreffenden Individuums wesentlich abhängen. Bei Patienten, die einer psychoanalytischen Behandlung bedürfen, sind bestimmte Gedächtnisinhalte, Erinnerungsspuren ihres Inneren aufgrund von konflikthafter Verarbeitung nicht integriert und/oder es sind die Fähigkeiten zur Synthese, zum Ausgleich innerer wie äußerer dialektischer Spannungen nicht ausreichend ausgebildet, sind defizitär.

Mit Hilfe dieser Ich-Funktion wird schwer vereinbar Erscheinendes zueinander in Beziehung gesetzt und miteinander in Verbindung gebracht, werden Konfliktspannungen kompromißhaft ausgeglichen, werden Phänomene, die zunächst unzusammenhängend erschienen, in einen sinngebenden Zusammenhang gebracht und zu einer Gestalt zusammengefügt. Bei präödipal gestörten Patienten ist diese wichtige Funktion in der Regel nicht ausreichend entwickelt, bei

Borderline-Strukturen fehlt sie wegen der hier bestehenden Spaltungsmechanismen fast völlig; beim Neurosekranken mit ödipaler Konfliktpathologie ist sie zwar verfügbar, für bestimmte Bereiche unbewußt-konflikthafter Art jedoch außer Kraft gesetzt. Ihre Beanspruchung, ihre Einübung oder immer wieder erneute Übung ist für alle am Gesamtbehandlungsplan Beteiligten, Therapeuten wie Patienten, daher nicht zu überschätzen.

Vielleicht ist die integrative Ich-Funktion, ihre Verbesserung und Stärkung für jede auf heilende Veränderung ausgerichtete Therapie etwas Zentrales; vielleicht ist es mit anderen Worten die integrative Funktion, die Veränderung bewirkt, das Ich-Niveau anhebt, indem sie eingesetzt und verbessert wird. Die einmal engrammierten Inhalte des individuellen Inneren lassen sich als solche nicht verändern. Einmal entstandene Strukturen, Repräsentanzen, Konflikte bleiben bestehen. Veränderungen, die zu denken sind, mögen die folgenden sein: Engrammierungen neuer Erfahrungen, darunter der von Alexander so genannten emotionalen Neu-Erfahrungen (1946), Erfahrungen neuer Objekte und neuer Objektbeziehungen, Einübung bislang wenig differenzierter Funktionen und 'Etablierung' differenzierterer Strukturen, Minderung oder immer wieder aufs Neue erfolgende Aufhebung dialektischer Spannungen durch Kompromißbildungen, Einfügung des neu Gewonnenen in die eigene Identität. - Diese Veränderungen bedürfen jeweils der organisierenden, der synthetisch-integrativen Funktion des Ichs auf seiten des Patienten.

Es ist nun zu fragen, um welche integrativen Vollzüge es bei der Entwicklung und Realisierung eines Behandlungsplanes in den Interaktionen der Beteiligten geht. Die Behandlung vollzieht sich in Beziehungen, in Interaktionen
- zwischen dem Patienten und seinem Einzeltherapeuten;
- zwischen dem Patienten und seinem Gruppentherapeuten und den anderen Gruppentheilnehmern;
- zwischen dem Patienten und den Nicht-Therapeuten;
- zwischen dem Einzeltherapeuten und den anderen Therapeuten, die an der Behandlung eines Patienten beteiligt sind;
- zwischen Psychotherapeuten und nicht-therapeutischen Mitarbeitern;
- zwischen den Mitgliedern der Mitarbeiter-Gesamtgruppe, dem sogenannten Team.

In diesen Interaktionen soll theoriegeleitetes Verstehen (geleitet durch die Theorie der Persönlichkeit, der Entwicklungspsychologie und des therapeutischen Prozesses der Psychoanalyse) stattfinden; Verstehen insbesondere von Widerstand, der gegen die Einbeziehung unbewußter Konflikte in das bewußt Erlebbare gerichtet ist, wie auch von Widerstreben aus Unverständnis gegen das Begreifen der eigenen Erlebens- und Verhaltensmängel und gegen die Entfaltung des bislang Mangelhaften in Richtung zunehmender Befähigung bzw. Fähigkeit.

Integrieren heißt bekanntlich Zusammenschließen in ein übergeordnetes Ganzes. Verbunden werden bei Einsatz des Gesamtbehandlungsplanes therapeutische Handlungen, wird therapeutisches Handeln einer Vielzahl von Personen, die dem sogenannten Team der Tagesklinik angehören, dem Ensemble der therapeutischen Akteure; dabei ist der Einzeltherapeut in gewisser Weise der Koordinator, derjenige, der vornehmlich steuert. Zu den Mithandelnden gehört unter allen Umständen der Patient selbst; denn der entscheidende integrative Vollzug findet im Inneren des Patienten statt, der unter Einsatz und Einübung seiner synthetisch-integrativen Fähigkeiten, die verschiedenen therapeutischen Einflüsse, denen er ausgesetzt ist, seinem Inneren angleichen oder umgekehrt dieses Innere in Verarbeitung solcher Einflüsse verändern muß.

Aufeinander bezogen wird therapeutisches Handeln. Dieses Handeln ist einmal bestimmt durch eine theoretisch begründete therapeutische Methode und die ihr zugehörigen Techniken, im wesentlichen sprachliche Interventionen. Es ist ferner bestimmt durch die Persönlichkeit des Handelnden, des Therapeuten, also durch seine inneren Strukturen, die seine Erlebnisverarbeitung über auto- und alloplastische Anpassungsvollzüge bestimmen und die sein Verhalten steuern. Bei diesen Steuerungsabläufen ist wiederum die synthetisch-integrative Funktion des Ichs - hier des Therapeuten - von großer Bedeutung.

Das Miteinander-Verknüpfen, Aufeinander-Beziehen verschiedener Therapiemaßnahmen geschieht in Ausrichtung auf ein therapeutisches Ziel - letztlich die Heilung des Patienten; wir haben zuvor erörtert, wie schwierig es sich erweist, in der analytischen Psychotherapie zu bestimmen, was 'Heilung' bedeutet; wir wollen unter klinischen Aspekten darunter die Minderung oder bestenfalls Beseitigung von Symptomen und Störungen verstehen, stabilisiert durch Veränderungen der inneren Strukturen des Patienten, sei es durch die Wiederherstellung von zerrissenen Zusammenhängen (A.Freud, 1946, S.19), sei es durch die Entwicklung von bislang Fehlendem. Im gelungenen Fall wird das therapeutische Ziel im Ablauf des therapeutischen Prozesses in Teilziele gegliedert; letztlich ist jede Intervention in einem solchen Prozeß auf ein Teilziel ausgerichtet.

2.3 Die Realisierung des Gesamtbehandlungsplanes

Bei der initialen Therapieplanung werden verschiedene Behandlungsmethoden aufgrund von Überlegungen zu den folgenden Fragen miteinander kombiniert:

- Wie ist die Gesamtbefindlichkeit des Patienten diagnostisch zu beschreiben oder zu verstehen?
- welche Konfliktdynamik und welche strukturellen Defizite des Ichs sind erkennbar und in welchen lebensgeschichtlichen Zusammenhängen sind sie entstanden; in welchen aktualgeschichtlichen Zusammenhängen sind die dem Patienten verfügbaren Kompromißbildungen bzw. Konfliktlösungsmuster und Kompensationen insuffizient geworden bzw. zum Erliegen gekommen?
- welche inneren, interpersonellen (psychosozialen) und sozialen Veränderungen erscheinen geeignet, dem Patienten zu einer neuen Stabilisierung zu verhelfen?
- mit Hilfe welcher therapeutischen Methoden können solche Veränderungen bewirkt werden?
- welche Therapeuten sind, bei nachgewiesener Kompetenz für die in Frage stehenden Methoden, speziell motiviert, gerade diesen Patienten zusammen mit diesen weiteren Therapeuten zu behandeln?

Selbstverständlich ist hier die konkrete Wahlmöglichkeit bei den finanziell bedingt knappen Stellenplänen sehr gering; außerdem entspräche eine willkürliche Patientenselektion nicht der sozialen Verantwortung des Psychotherapeuten. Es geht hier jedoch weniger um eine konkrete als um eine psychologische Wahl: Der Therapeut sollte sich darum bemühen, sich für die Behandlung gerade dieses Patienten selbst zu entscheiden, auch wenn ihm, real gesehen, keine Wahl bleibt; es ist ihm zu wünschen, daß er sich hier nicht nur einem äußeren Zwang fügt, sondern diesen in Richtung Autonomie relativiert. Das gleiche gilt für die Zusammenarbeit mit Kollegen, die er sich in der Regel auch nicht aussuchen kann. Entscheiden heißt hier, die eigenen Handlungsmöglichkeiten für die konkret gestellte Aufgabe zu überprüfen und sie auf den konkreten Patienten und die konkreten Kollegen hin zu ordnen und daraus Handlungsbereitschaften (Motivationen) zu entwickeln. Dazu ist es häufig, wenn nicht immer wieder, erforderlich, eigenes Widerstreben (Gegenübertragung) gegen einen bestimmten Patienten oder gegen die Zusammenarbeit mit einem bestimmten Kollegen - generell oder bei der Behandlung gerade dieses Patienten - zu untersuchen und zu klären.

Der erste Entwurf des Gesamtbehandlungsplanes erfolgt in Zusammenarbeit des Erst-Diagnostikers und des zweitsichtenden besonders erfahrenen Experten, indem die beiden ihre Gesprächserfahrungen mit dem Patienten und den darüber hinaus zwischen ihnen erfolgten Austausch zu einem klinischen Urteil (Diagnose) und einer Indikation und Differentialindikation unter Abwägung der Prognose formulieren; in diesem Zusammenhang wird auch der Behandlungsplan entworfen und begründet. Die Umsetzung des initial entworfenen Therapieplans, des Gesamtbehandlungsplanes, erfolgt über vielfältige integrative Akte. Für diese Vollzüge wurden die folgenden Organisationsformen entwickelt:

- Die patientenzentrierte Team-Konferenz;
- die sogenannte Zwischenbilanz als verlaufsorientierte Erfolgskontrolle,
- die fallzentrierte Supervision;
- das Epikrisengespräch und der Abschlußbericht;
- der informelle kollegiale Austausch.

Die unter diesen Rahmenbedingungen vornehmlich koordinativ und integrativ Tätigen sind die primär versorgenden Therapeuten, speziell der Einzeltherapeut des Patienten, bei dem die Fäden der Gesamtbehandlung zusammenlaufen, ferner der Supervisor, der als besonders erfahrener Experte in der Regel als Oberarzt oder in Oberarztfunktion tätig ist.

Während, wie gesagt, in der Zweitsicht der Gesamtbehandlungsplan in einer ersten Fassung entworfen wird, werden in patienten-zentrierten, verlaufsorientierten Supervisionssitzungen und Team-Konferenzen die aktuellen Erfahrungen mit einem Patienten von den verschiedenen an seiner Behandlung beteiligten Therapeuten und auch Nicht-Therapeuten unter den Aspekten der von diesen speziell verwendeten Methoden ausgetauscht. In der Zwischenbilanz wird die jeweils abgelaufene Behandlungsphase vom zuständigen Oberarzt zusammen mit dem Einzeltherapeuten beurteilt und wird die nächste Behandlungsphase, verlaufsorientiert, entworfen und sodann in der nächsten Team-Konferenz besprochen; dabei ist allen Beteiligten bewußt, daß es sich hier immer nur um kurzfristige Prognosen handeln kann. Epikrise und Schlußbericht schließlich vermitteln zwischen der Tagesklinikbehandlung und einer anschließenden ambulanten Weiterbehandlung, die in der Regel notwendig ist.

Zweifellos ist es auch die Funktion des Oberarztes, der als Zweitsichter sowie in den Zwischenbilanzen, in den Supervisionen und bei der Epikrise tätig ist, hinsichtlich der Aktivitäten in einer Tagesklinik zu integrieren. In diesen Gesprächen wird der Verlauf in der jeweils zurückliegenden Phase besonders gründlich überprüft, werden Korrekturen angebracht und werden Veränderungen des weiteren therapeutischen Vorgehens vorgeschlagen. Wegen einer vergleichsweise größeren Distanz zum Patienten sieht der Therapeut, der Zweitsicht und Zwischenbilanzen durchführt, kleine Veränderungen beim Patienten, seien diese nun prognostisch positiv oder negativ zu bewerten, deutlicher und kann diese Beobachtungen dazu benutzen, den Behandlungsplan zu modifizieren. Es gehört zur Methode der Zwischenbilanz, daß der Supervisor dem Behandler, dem Einzeltherapeuten die beiden folgenden Fragen stellt:

- Welche Veränderungen zeigt der Patient als Resultat der bisherigen Behandlung?
- In welcher Weise tun Sie sich schwer mit dem Patienten?

Es ist unschwer zu erkennen, daß die erste Frage auf eine verlaufsorientierte Diagnostik abzielt, die zweite auf die Gegenübertragung des Therapeuten. Vor einer Zwischenbilanz pflegt der Supervisor die von ihm zu Beginn der Behandlung durchgeführte Zweitsicht-Dokumentation noch einmal gründlich zu lesen, um daraus eine Reihe von Fragen abzuleiten, die er dem zuständigen Einzeltherapeuten vorlegt. Die Erörterung dieser Fragen wird dem gemeinsamen Gespräch mit dem Patienten vorgeschaltet.

Methodisch stellt sich hinsichtlich der Zwischenbilanzen die Frage, ob diese im Sinne eines psychoanalytisch-interaktionellen Vorgehens gestaltet werden könnten, soweit es das Gespräch mit dem Patienten betrifft. Ein solches Vorgehen wird sich speziell bei Patienten mit schweren Kommunikationsstörungen oder Defiziten der Funktion der Objektbeziehung empfehlen.

Vor dem Epikrisengespräch studiert der Oberarzt nochmals die Zwischenbilanz-Texte und versucht dann, mit dem Patienten zu einer gemeinsamen Klärung hinsichtlich des Behandlungsergebnisses und der Schlüsse zu kommen, die daraus zu ziehen sind. Dabei stellt er dem Patienten in der Regel die beiden folgenden Fragen:

- Wie kann es weitergehen? (Es handelt sich dabei um die Frage nach der in der Regel notwendigen weiteren ambulanten Therapie, die dem Patienten natürlich auch schon in der vorangegangenen Zeit während der teilstationären Behandlung gestellt worden sein sollte.)
- Was meinen Sie, wird jetzt, nach der Entlassung aus der Tagesklinik, schwierig für Sie werden?

2.4 Die Trennung in Therapieraum und Realitätsraum

Der Gesamtbehandlungsplan wird innerhalb der Tagesklinik in zwei verschiedenen Bereichen unter zwei verschiedenen Kombinationen institutioneller Bedingungen konkretisiert, die von Zauner (1972, 1975, 1978) primär in die stationäre Psychotherapie von Kindern und Jugendlichen eingeführt und von ihm als 'Therapieraum' und als 'Realitätsraum' bezeichnet worden sind (siehe dazu auch Heigl, 1978, 1981).

Der Entfaltungsraum, der in einer psychoanalytisch orientierten Psychotherapie zwecks Erkennung und Veränderung pathogener innerer Strukturen angeboten wird, sollte folgendes ermöglichen: Er sollte dem Patienten einen breiteren Zugang zu jenen Anteilen dieser Strukturen eröffnen, die entweder durch Abwehrbarrieren dem bewußten Erleben entzogen sind und/oder die der Selbstreflexion hinsichtlich ihrer Bedeutung durch Unverständnis und daraus resultierendes Widerstreben versperrt werden. Diese Barrieren dienen dazu, infantil-archaische Erlebnisinhalte (Phantasien) und die damit verbundenen Angst- und sonstigen Unlust-Affekte dem Erleben fernzuhalten; das gilt speziell für die Konfliktpathologie der Patienten. Die an der psychischen Oberfläche sich darstellenden, niemals bewußt gewesenen entwicklungspathologischen Phänomene benötigen gleichfalls begünstigende Bedingungen für ihre möglichst unbehinderte Entfaltung, damit sie - in ihrer inneren und interpersonellen Bedeutung - verstanden und auf dieser Basis verändert werden können.

Die Situation, die diese Bedingungen bietet, ist einmal durch eine besondere Abschirmung gegen die übliche soziale Realität gekennzeichnet, eine Abschirmung, die Schutz vor den üblichen sozialen Konsequenzen infantil-archaischer Erlebens- und Verhaltensweisen verbürgt. Archaische, d.h. nicht ins Ich integrierte und daher vom Ich auch nicht gesteuerte Phantasien und Affekte und die dadurch motivierten Verhaltensweisen führen in sozialen Beziehungen häufig nicht nur zu ablehnenden Reaktionen von seiten der Bezugspersonen, sondern zu Entwertung, Beziehungsverweigerung und damit schlimmstenfalls zum sozialen Tod. Im 'Therapieraum', das wird dem Patienten vermittelt, sind solche Konsequenzen nicht zu fürchten; der Therapeut garantiert hier für seine Person wertneutrales Wohlwollen gegenüber den konflikthaften Verstrickungen des Patienten und Mitfühlen gegenüber den tragischen Verwicklungen seines frühkindlichen Schicksals. Diese Schutzgarantie soll es dem Patienten ermöglichen, das Angebot der Dispensierung oder der eingeschränkten Gültigkeit üblicher sozialer Konventionen und Normen für die Dauer der jeweiligen Therapiesitzung zu akzeptieren, eine Dispensierung oder eingeschränkte Gültigkeit, die sich freilich in der Regel auf den Bereich sprachlicher Mitteilung beschränkt und nicht auf ein darüber hinausgreifendes Handeln, sofern es nicht durch therapeutische Regeln eingegrenzt ist, wie z.B. in der Musik-, der Gestaltungs- und Beschäftigungstherapie.

Während also in der therapeutischen Situation jedwedem Verhalten, sofern es sich über die Sprache oder über die sonstigen speziellen Ausdrucksformen der jeweiligen Therapie vermittelt, gewährend Raum geboten wird, um mehr Selbstwahrnehmung und mehr Selbstverstehen zu ermöglichen, insbesondere von konflikthaften und defizitären Anteilen der eigenen Innenwelt, werden dem Patienten mit dem Realitätsraum andere Bedingungen angeboten: Mit dem institutionellen Rahmen der Tagesklinik und den darin installierten Möglichkeiten sozialer Erfahrung und sozialen Lernens - in den speziell dafür eingerichteten Gruppen, im Stationsalltag, auch in den von hier gestarteten Ausbildungsbemühungen und Arbeitsversuchen - werden dem Patienten Bedingungen angeboten, die durch die sozial üblichen Regeln, Konventionen und Normen sowie durch den speziellen Normenkatalog der Hausordnung gekennzeichnet sind, zu deren Beachtung der Patient aufgefordert wird. Hier hat der Patient die Möglichkeit, sich mit den von ihm in der Therapie gewonnenen Er-

fahrungen - inneren Konflikten und Defiziten innerer Strukturen -
in der unmittelbar gegebenen Situation der Institution 'Tagesklinik'
auseinanderzusetzen und neue Verhaltensweisen zu erproben; die
dabei auftauchenden Widerstände und Schwierigkeiten werden wiederum Gegenstand der speziellen Psychotherapie; der Patient hat
ferner die Möglichkeit, Defizite sozialen Lernens aufzufüllen, bis
dahin fehlende Kenntnisse zu erwerben sowie Fertigkeiten einzuüben, die für die Organisation und Gestaltung des Alltagslebens
erforderlich sind.

'Therapieraum' und 'Realitätsraum' können als Institutionalisierungen der 'therapeutischen Ich-Spaltung', wie Sterba sie 1934 für die
Psychoanalyse beschrieben hat, aufgefaßt werden: Anteile der inneren Welt des Patienten, der "Welt der Repräsentanzen" (Sandler und
Rosenblatt, 1962), die im lebensgeschichtlichen Ablauf auto- und alloplastischer Anpassung abgewehrt oder nicht ausreichend entwickelt wurden, sollten im 'Therapieraum', vom Angebot des Therapeuten her gesehen, wieder oder erstmalig uneingeschränkt kommunizierbar werden. Ihre Umsetzung in Sozialverhalten erfolgt unter
den Bedingungen der sozialen Realität, die in der Tagesklinik den
Patienten auf zwei Organisationsstufen angeboten wird: Die erste
Stufe bildet die Tagesklinik selbst, in der die üblichen Regeln sozialen Verhaltens Gültigkeit haben, z.T. ausformuliert im Normen-
und Sanktionen-Katalog der Hausordnung. Diese Normen sind für
den Patienten verbindlich; die Auseinandersetzung mit ihnen geschieht von seiten des Teams der therapeutischen und nicht-therapeutischen Mitarbeiter jedoch auf dem Hintergrund eines an der
Psychoanalyse orientierten Verstehens. Hier muß übrigens von seiten der Therapeuten für die Verständigung mit den Nicht-Therapeuten eine ständige Übersetzungsarbeit geleistet werden: Das
Alltagsverhalten des Patienten, von den Nicht-Therapeuten mit Begriffen der Alltagssprache erfaßt, muß von den Therapeuten mit
Hilfe der Begriffe der psychoanalytischen Persönlichkeits- und
Krankheitslehre sowie der Lehre vom therapeutischen Prozeß übersetzt und sodann durch Rückübersetzung in Alltagssprache den
Nicht-Therapeuten verstehbar und handhabbar gemacht werden. -
Die zweite Organisationsstufe der Realität stellt sich dem Patienten
in seiner üblichen Alltagswelt, außerhalb der Tagesklinik, dar, die
durch seine sozialen Bezugspersonen bestimmt ist. Auch hier kann
eine Übersetzungsarbeit der beschriebenen Art von seiten der Therapeuten gefordert werden, wenn es darum geht, etwa im Zuge
passagerer Einbeziehung der Bezugspersonen in die Therapie (siehe dazu Heigl-Evers und Neuzner, 1983) oder im Zuge von deren

Aufklärung, diesen das Erleben und Verhalten der Patienten verständlich zu machen.

Therapieraum und Realitätsraum scheinen uns unerläßliche Rahmenbedingungen für die Durchführung des Gesamtbehandlungsplanes zu sein. Diese Bedingungen müssen von den beteiligten Therapeuten ständig im Auge behalten und immer wieder neu konstituiert werden. Es handelt sich dabei um eine spezielle therapeutische Aufgabe in voll- oder teilstationären Institutionen, da hier der Therapeut in beiden Räumen - in der Therapie als der um uneingeschränktes Akzeptieren und Verstehen Bemühte und dabei Vertreter der Realität bei all dem, was das Arbeitsbündnis betrifft, in der Realität 'Tagesklinik' als Vertreter der hier gültigen Regeln und Normen - als eine Art Doppelagent gefordert ist. Die Gefahr, sich in Widersprüche zu verwickeln, ist dabei ständig gegeben (siehe dazu Heigl-Evers, Heigl und Münch, 1976).

Diese Aufgabe stellt sich dem ambulant tätigen Therapeuten nicht in solcher dezidierten Form; die Präsenz und Einflußnahme des Therapeuten ist hier vielmehr auf den Therapieraum begrenzt; er tritt in der sozialen Realität des Patienten nicht in Erscheinung. Gleichwohl ist er auch hier eine Art Doppelagent, Agent des Individuums, das in Auswirkung von Einflüssen erkrankt ist und leidet, die in der Regel der Außenwelt entstammen, und Agent der Gesellschaft, zu der der Patient sich immer wieder neu in Beziehung setzen muß. Beide, Individuum und Gesellschaft, sind nicht voneinander getrennt zu denken. Rapaport schreibt dazu: "Die sozialen Einrichtungen sind Vorbedingungen der individuellen Entwicklung, und das Verhalten des sich entwickelnden Individuums wiederum ruft die Hilfe hervor, die die Gesellschaft durch ihre erwachsenen Mitglieder erteilt, gelenkt durch die Einrichtungen und Traditionen dieser Gesellschaft. Die Gesellschaft ist nicht ein bloßer Verbieter oder Versorger; sie ist die notwendige Matrix der Entwicklung allen Verhaltens. Tatsächlich hängt die Entwicklung und das Fortbestehen des Ichs, des Überichs und vielleicht aller Strukturen von der sozialen Matrix ab: Verhalten wird von ihr bestimmt und ist nur innerhalb ihrer möglich" (1960, S.69).

Es ist Aufgabe der Therapie, speziell des Einzeltherapeuten, die im Therapieraum und im Realitätsraum von einem Patienten jeweils gewonnenen Informationen und Daten in den Gesamtbehandlungsplan einzubeziehen. Anders gewendet: Den im Therapieraum tätigen Mitarbeitern sollte bekannt sein, welche Konflikte, Schwierigkeiten und realen Nöte sich im Realitätsraum darstellen; die im Realitätsraum Tätigen, vor allem die Krankenschwester und der Sozialarbeiter, sollten regelmäßig darüber informiert werden, auf dem Hintergrund welcher therapeutisch wahrgenommenen und verstandenen inneren Konflikte und strukturellen Defizite das Sozialverhalten des Patienten im Stationsalltag gewichtet und beurteilt werden könnte.

2.5 Die eingesetzten Methoden

2.5.1 Im Therapieraum

In der Düsseldorfer Tagesklinik werden jene Modifikationen der Psychoanalyse eingesetzt, die im sogenannten Göttinger Modell (Heigl-Evers und Heigl, 1973, 1975, 1979, S. 802-811, 850-858; Heigl-Evers und Streeck, 1985) zunächst für die Anwendung in Gruppen beschrieben wurden. Es handelt sich dabei um die analytische, die tiefenpsychologisch fundierte und die psychoanalytisch-interaktionelle Methode. Diesen Gruppenanwendungen entsprechen als einzeltherapeutische Behandlungsformen die Psychoanalyse, die tiefenpsychologisch fundierte und die psychoanalytisch-interaktionelle Einzeltherapie. Dabei ist die klassische Psychoanalyse und die analytische Gruppenpsychotherapie in der Tagesklinik nach unserer Erfahrung kaum indiziert.

Die Entwicklung der als tiefenpsychologisch fundiert und als psychoanalytisch-interaktionell bezeichneten Modifikationen der Psychoanalyse erfolgte in Auseinandersetzung mit Fragen der Differentialindikation bei Patienten, die wir in den zurückliegenden Zeiten stationär, in den letzten Jahren (seit 1982) auch teilstationär behandelt haben.

Wir unterscheiden, basierend auf den aus der psychoanalytischen Ich-Psychologie hervorgegangenen klinischen Forschungen und Konzeptualisierungen (siehe dazu A. Freud, 1963; Kohut, 1973, 1975, 1979; Kernberg, 1978; Volkan, 1978; Fürstenau, 1977, 1983a, 1983b; Blanck und Blanck, 1980; Rohde-Dachser, 1983), zwei psychopathologische Kategorien im diagnostischen und therapeutischen Umgang mit den Erscheinungsformen seelischen oder seelisch bedingten Krankseins, die uns bei den Patienten in unserer Tagesklinik beschäftigen. Diese Kategorien sind die einer Konfliktpathologie und die einer Entwicklungspathologie (A.Freud, 1974, 1980, S.2692).

Pathogene Konflikte werden hier im Zusammenhang der psychoanalytischen Strukturtheorie als Strukturkonflikte jeweils zwischen zwei Strukturen oder Instanzen oder Funktionsgruppen im Inneren des Individuums oder, anders ausgedrückt, als intersystemische Konflikte verstanden: Primäre Motivationen, zum Handeln antreibende Kräfte, die entweder aus Triebwünschen oder aus angeborenen primären Affekten, wie Krause (1983) sie annimmt, und mit ihnen verknüpften Vorstellungen und Vorstellungsgruppen stammen und dem Ich unbekannt sind, denen gegenüber das Ich überdies aversiv, ablehnend eingestellt ist und daher quasi nicht wünscht, mit ihnen Bekanntschaft zu schließen, werden im Inneren abgewehrt; das geschieht auf eine dem Ich zur - ihm gleichfalls unbekannten - Gewohnheit gewordenen Art und Weise. Das Ich entwickelt Gegenmotivationen, die seinen frühen Interaktionserfahrungen (Erfahrungen mit Primärobjekten, d.h. mit frühesten Bezugspersonen) entstammen und mit den aufgrund dieser Erfahrungen entwickelten Repräsentanzen vom eigenen Selbst und von den Objekten sowie von den zwischen Selbst und Objekt entstandenen Beziehungsmustern (Objektbeziehungen) zusammenspielen. Diese Gegenmotivationen dienen der Sicherung des Selbst wie der Sicherung der inneren Beziehungen; von der Sicherung des Selbst (Selbstwertgefühls) hängt ganz wesentlich das Wohlbefinden des Organismus ab, innerhalb dessen das Ich eine für die - seelische - Steuerung und Organisation innerer und äußerer Anpassung wichtige Gruppe von Funktionen bildet bzw. darstellt ('Seele' kann als Erleben und Verhalten und als deren innere Steuerung operationalisiert werden). Von der Sicherung der (inneren) Objektbeziehungen, der inneren Subjekt/Objekt- oder Selbst/Nicht-Selbst-Beziehung hängt einerseits die Erhaltung eines ausreichenden Maßes an Bekanntheit und Vertrautheit mit sich selbst und der Welt der Objekte ab (Aufsuchen von Wahrnehmungs- und Denkidentität; siehe dazu Freud, GW 2-3, S.324ff, 571, 572, 607-608); andererseits wird dadurch ein ausreichendes Maß an Triebbefriedigung und an Entfaltung von primären Affekten gewährleistet. Dieses Erleben ist gefährdet durch Unlustaffekte wie Angst und/oder Depression, Schuld und Scham, die mit Trieb- oder anderen primären Affekten verbunden werden und die dem Ich als inneres Signal für die Auslösung oder Entwicklung von sogenannter Abwehr gelten.

Solange die Abwehr funktioniert, bleiben solche Konflikte dem bewußten Erleben entzogen. Das Ich braucht sich damit nicht auseinanderzusetzen. Sein bewußtes Erleben vollzieht sich innerhalb verläßlich schützender Schranken, infolge der Konfliktabwehr zwar eingeengt, aber ohne Verunsicherung durch Angst, Depression, Schuld- oder Schamgefühl. Die Abwehr ist in der Regel so organisiert, daß die Befriedigung libidinöser und aggressiver Triebbedürfnisse, wenngleich in entstellter oder verzerrter Form. in gewissen Grenzen möglich bleibt.

Bei dieser Abwehr spielen auch die individuell erworbenen Toleranzen, Erträglichkeitsgrenzen für Angst-, Schuld-, Scham-Gefühl und Depression sowie Aggression (vor allem Destruktion) eine Rolle. Die 'abwehrende' Gegenbewegung gegen primäre unbewußte Motivationen konflikthafter Art bezieht ihre Wirksamkeit aus dem Überich, aus den hier entstehenden Bestrafungsängsten sowie Ängsten vor Entziehung von Bestätigung oder auch direkt bzw. indirekt aus der Realität, aus den hier drohenden Schädigungen, Verlusten, Einbußen.

Diese Konfliktabwehr, die, einer ihrer Aufgaben oder Funktionen entsprechend, Kompromisse, Kompromißbildungen zwischen den beiden Konfliktkomponenten darstellt, ist hinsichtlich der Verläßlichkeit oder Stabilität ihrer Funktion aktuell unterschiedlichen Belastungen ausgesetzt. Lebensgeschichtliche Vertikale und aktualgeschichtliche Horizontale können sich in der Weise gleichsam kreuzen, daß die Aktualität Frühgeschichtliches mobilisiert und somit die Abwehr bedrängt, die primären Motivationen wachruft, ja wachrüttelt. Hier kann die Abwehr schwach werden bis zum drohenden Erliegen (siehe dazu Heigl-Evers und Heigl, 1982, 1983). Zur Wahrung bzw. zum Schutz der individuellen Toleranzgrenzen müssen dann neue - unbewußte - Kompromisse gefunden werden, die als Notbehelfe wirken, die der Organismus jedoch braucht und die das organisierende Ich daher bereitstellen, entwickeln muß. Diese Notbehelfe stellen sich klinisch dann häufig als Pathologie, als Symptom dar, bedeuten für das Individuum eine Belastung, die subjektiv als mehr oder weniger leidvoll erlebt wird und die - subjektiv - auf jeden Fall eine Entscheidung für das kleinere Übel darstellt[1].

In einer auf die Aufhebung von Kompromißbildungen mit Notbehelfsfunktion ausgerichteten Therapie wird es darauf ankommen, die

---

1 In Auswirkung solcher Konflikte kann es geschehen, daß das Individuum über bestimmte Funktionen des Ichs, die es als solche entwickelt hat, in bestimmten Zusammenhängen nicht verfügen kann.

krankmachenden inneren Konflikte dem betreffenden Menschen erlebbar werden zu lassen; das geschieht durch Wiederbelebung ihrer interpersonellen Entstehungssituationen und -konstellationen und der damit verbundenen Verhaltensmuster dadurch, daß Erfahrungen mit solchen frühen Beziehungen auf den Therapeuten 'übertragen' werden. Dieser wird somit zum aktuellen Kontrahenten im Konflikt; in der Auseinandersetzung mit ihm können neue Lösungsmöglichkeiten gefunden werden, die mit einem Mehr an Verfügung über die eigenen inneren Ressourcen - Triebe, Affekte, Phantasien, Funktionen des Ichs und des Überichs - verbunden sind. Innere Konfliktspannungen werden also durch Herstellung von Übertragung in einen interpersonell erlebten Konflikt in der Beziehung Patient - Therapeut umgesetzt. Wir werden sehen, daß es sich beim therapeutischen Umgang mit Entwicklungspathologien umgekehrt verhält.

Entwicklungspathologische Phänomene werden als Defizite der Struktur des Ichs und des Überichs wahrnehmbar. Es handelt sich um Störungen in der frühen Entwicklung des Individuums, die gesunderweise über bestimmte Schritte der Separation und Individuation in der Beziehung zum Primärobjekt (Mutter) verläuft. Diese Schritte können im Einzelfall wenig oder nur teilweise gelingen; damit kommt es zu Störungen insbesondere der Objektbeziehungen. Das Objekt ist bei diesen Patienten, ebenso wie das Selbst, nicht als Resultat einer gelungenen Fusion aus 'nur bösen' und 'nur guten' Wahrnehmungsaspekten zu einer personalen Ganzheit geworden, die mit libidinösen und aggressiven Affekten in wechselnden Mischungsverhältnissen besetzbar wäre. Es ist, ebenso wie das Selbst, in seinen inneren Repräsentanzen nur in Teilaspekten entwickelt, in 'nur guten' und 'nur bösen'; es wird entweder idealisierend aufgewertet oder abschätzig bis vernichtend entwertet. Es ist Adressat entweder einer von aggressiven Zusätzen entmischten quasi reinen Libido oder Adressat entmischter, d.h. von libidinösen Zusätzen befreiter oder getrennter Aggression, in jedem Fall potentieller Auslöser von panikartiger Angst. Das Partial- oder Teilobjekt kann auch als verschmolzen mit dem Selbst phantasiert werden (Symbiose); Aspekte des Selbst, unerwünschte oder auch erwünschte aber gefährdete und daher zu schützende, können in das Objekt verlagert werden (projektive Identifikation bzw. Identifizierung).

Zusammen mit den Objektbeziehungen oder in Auswirkung von deren Störungen ist das Ich, wie wir annehmen, auch in anderen Funktionen mehr oder weniger beeinträchtigt - so in der Funktion, differenzierte Affekte als Signale und als Handlungsorganisatoren zu erleben, in der Fähigkeit zur Realitätsprüfung, so der Fähigkeit, zwischen Innen- und Außenwahrnehmungen wie auch zwischen Gegenwart und Vergangenheit (siehe Volkan, 1978) ausreichend verläßlich zu unterscheiden, in der Fähigkeit zur Urteilsbildung und deren Subfunktionen, in der Funktion, Nähe und Distanz den eigenen Bedürfnissen und Toleranzen gemäß zu regulieren, in der Fähigkeit zur Entwicklung ausreichender Toleranz für Affekte, speziell für Angst, ferner der Toleranz für den Aufschub von Bedürfnisbefriedigungen.

Um mit den genannten primitiven Bildern vom Subjekt und von den Objekten so umgehen zu können, daß innere und interpersonelle Sicherheit in einem Minimalausmaß gewährleistet sind, werden in der Frühzeit von den betroffenen Individuen Abwehrmechanismen wenig differenzierter Art entwickelt; zu diesen Mechanismen gehört die Einbeziehung äußerer Objekte, d.h. konkret sozialer Bezugspersonen. Anders als bei den Patienten mit Konflikt- oder Symptom-Neurosen werden Konflikte hier nicht ausreichend verinnerlicht und damit grundsätzlich verdrängbar, sondern sie werden in Teilaspekten oder Teilkomponenten auf Außenobjekte verschoben. Die Fähigkeit zum Ertragen innerer dialektischer Spannungen ist dementsprechend gering ausgebildet (siehe dazu A.Freud, 1965, 1980, S.2162; Rohde-Dachser, 1983, S.124).

Im Zusammenhang mit therapeutisch geförderten differenzierten Objektbeziehungen (mit Hilfe des Interventionsprinzips 'Antwort') entstehen zunächst interpersonelle Konfliktspannungen, die über die Bildung von 'ausreichend guten' inneren Objekten verinnerlicht werden können. So können innere dialektische Spannungen entstehen, an deren Regulierung in Auswertung von aktuellen Neuerfahrungen, im Lichte verinnerlichter und erinnerter Neuerfahrungen, ständig gearbeitet werden kann - an Spannungen etwa zwischen Intimität und Autonomie, zwischen Libido und Aggression/Destruktion, zwischen Nähe und Distanz, zwischen Aversion und Attraktion, zwischen Abhängigkeit und Freiheit, zwischen Regression und Progression u.ä. Die Fähigkeit zur Verarbeitung solcher Spannungen ist das Ziel langer therapeutischer Bemühung.

Natürlich handelt es sich bei der differentialdiagnostischen Abgrenzung von Konflikt- und von Entwicklungspathologie um idealtypische Zuordnungen; im konkreten Fall dominiert lediglich die eine oder die andere psychopathologische Kategorie. Im übrigen läßt sich auch die Entwicklungspathologie als eine Pathologie primitiv verarbeiteter

Konflikte verstehen. Bei der Behandlung von Konfliktpathologien setzen wir in unserer Tagesklinik vornehmlich die tiefenpsychologisch fundierte Einzel- oder Gruppentherapie ein. Die tiefenpsychologisch fundierte Therapie ist eine Modifikation, eine Abwandlung der psychoanalytischen Standardtechnik. Bei der Psychoanalyse geht es darum, unbekannte, genauer: unverstandene Bedeutungen des Erlebens und Verhaltens einer Person aufzufinden, aufzuspüren und sie ihr erlebbar und einsichtig werden zu lassen. Das geschieht anhand der Bearbeitung und von (kontrollierten) Deutungen von Widerstand. Übertragung, Gegenübertragung und Wunsch.

Bewußtwerden, die Qualität des Bewußten, ist geknüpft an die Wahrnehmungen, die unsere Sinnesorgane von der Außenwelt gewinnen, jedoch nicht nur von der Außenwelt, sondern auch aus dem Körperinneren. Für die Endorgane der Empfindungen und Gefühle ersetzt der Körper selbst die Außenwelt. Freud (1938) ging davon aus, daß die Gefühle als bewußte Nachrichten aus dem Körperinneren "unser Seelenleben gebieterischer beeinflussen als die äußere Wahrnehmung" (GW 17, 1938, S.83/84). Nach Erwerb der Sprachfunktion kann die Peripherie der Rindenschicht des Gehirns, die das Bewußtwerden ermöglicht, in weit größerem Umfang auch von innen her erregt werden. "Innere Vorgänge und Vorstellungsabläufe und Denkvorgänge können bewußt werden, nachdem die Sprachfunktion Inhalte des Ichs mit Erinnerungsresten der visuellen, besonders aber der akustischen Wahrnehmungen in feste Verbindungen bringt" (Freud, GW 17, 1938; siehe dazu auch Lorenzer, 1970).

Das Bewußtwerden verinnerlichter und abgewehrter, der Erinnerbarkeit entzogener Konflikte geschieht in der tiefenpsychologisch fundierten Psychotherapie durch Herstellung von Übertragungen in der therapeutischen Beziehung - in der Einzeltherapie zum Therapeuten, in der Gruppentherapie durch gemeinsame Herstellung einer multilateralen Übertragung zum Therapeuten wie zu den jeweils anderen Mitpatienten. Ferner ist die Bearbeitung von Übertragungen möglich, die sich zu sozialen Bezugspersonen, insbesondere im Zusammenhang mit symptom-auslösenden oder symptomverstärkenden interpersonellen Konstellationen, hergestellt haben und über die in der Therapie berichtet wird.

Hier ist vor allem die Technik der Affekt-Klarifizierung von Bedeutung: Affekte, seien es Triebaffekte, seien es andere primäre Affekte angeborener Art, wie Krause (1983) sie annimmt, die, ihrem Träger nicht oder wenig bewußt, sich zunächst vor allem nichtsprachlich äußern, so in bestimmten Mustern mimischer Innervation (siehe dazu die facies gastrica), der Gestikulation und Körperhaltung (Expression per Muskulatur) sowie in bestimmten Tönungen des Tonfalls (Tonhöhe, Lautstärke), aber auch im Sprechtempo, in der Stimm-Modulation, ausdrücken.

Bei der therapeutisch erfolgenden Klarifizierung von Affekten, d.h. der Herausarbeitung ihrer Entstehenszusammenhänge, werden in der Regel die dazugehörigen inneren Konflikte allmählich registrierbar, hinsichtlich ihrer Frühgenese erinnerbar, hinsichtlich ihrer Spannungen dem steuernden Ich zugänglich (siehe dazu Heigl-Evers und Heigl, 1983, 1984). Hier ist wichtig zu bedenken: therapeutisches Ziel kann es nicht sein, Spannungen ein für allemal aufzuheben; einmal Erinnertes, bewußtes oder unbewußt gewordenes Verinnerlichtes ist ohnehin nicht zu beseitigen, es sei denn durch Elektrokoagulation, durch Schock oder andere 'gewaltsame' Eingriffe in die Gehirnsubstanz oder durch deren Abbau. Dieses Verinnerlichte macht im übrigen das aus, was Charakter, Persönlichkeit genannt wird. Anzustreben, zu ermöglichen ist vielmehr folgendes: Den Menschen zu befähigen, solche Konfliktspannungen auszuhalten, sie in ihrer Dialektik jeweils neu zu begreifen und sie kompromißhaft so zu verarbeiten, wie es der Person und ihrer Umwelt jeweils leidlich entspricht. Die Art der Kompromißbildungen, die Elemente wie Triebneutralisierung, Deaggressivierung, Sublimierung, Reaktionsbildungen einschließt, ist zum Teil habitualisiert, geht in die Identitätsbildung und -ausformung ein, wird zu einem Charakteristikum der Persönlichkeit.

Wird das klinische Bild durch <u>entwicklungspathologische Elemente</u> bestimmt, dann setzen wir die <u>psychoanalytisch-interaktionelle Therapie</u> ein, die hinsichtlich ihrer Interventionsform, hinsichtlich der Art der therapeutischen Einflußnahme durch das Prinzip 'Antwort' charakterisiert ist. Hier geht es nicht um die 'Deutung' von verborgenen Sinnzusammenhängen im Inneren des Patienten, die sich mit Hilfe regressionsfördernder Techniken im Hin- und Wider-Spiel von Übertragung und Gegenübertragung abbilden; es geht daher auch nicht darum, die für das Wirksamwerden von Deutungen erforderlichen Einstellungen auf seiten des Analytikers - instrumentelle Abstinenz und Neutralität - einzuhalten, sondern es geht darum, dem Patienten emotional authentische Antworten zu geben. Es geht ferner darum, auf das in der Regel primitive und apersonale Beziehungsangebot des Patienten einerseits so einzugehen, daß es ihm registrierbar und voll erlebbar wird, andererseits Angebote einer personalen Beziehungsgestaltung zu machen, wie sie dem Therapeuten wünschenswert erscheint.

Um eine emotional-authentische Intervention im Sinne dessen gestalten zu können, was wir unter 'Antwort' verstehen, muß der Therapeut über das eigene innere Potential von Libido und Aggression weitgehend verfügen können. Diese Triebqualitäten sollten ihm deswegen möglichst umfassend erlebbar sein, damit er auf die primitiven Übertragungen so gestörter Patienten mit entsprechenden eigenen aggressiven und aversiven Affekten innerlich antworten kann, damit er z.B. auf die archaischen Aversionen und Aggressionen, die solche Patienten für den Interaktionspartner oft 'unerträglich' werden lassen, innerlich reagieren kann. Die Binnenwahrnehmung des Therapeuten hinsichtlich solcher Affektspektren und damit die Wahrnehmung eigener entsprechender Gegenübertragungs-Reaktionen sollte also möglichst wenig eingeschränkt sein.

Um eine therapeutisch wirksame emotionale Antwort geben zu können, ist es ferner erforderlich, daß der Therapeut zur libidinös-aggressiven Triebmischung fähig ist; es muß sichergestellt sein, daß er auch dem 'unerträglichen' Patienten gegenüber ein ausreichendes Maß an libidinöser Zuwendung entwickeln kann. Diese Libido ist im Therapeuten in der Regel dadurch mobilisierbar, daß er sich die tragischen Verwicklungen im Schicksal des Patienten klarmacht, die Entwicklungskonstellationen und Sozialisationsbedingungen, denen das Kind schuldlos ausgesetzt war, und die es ihm nicht ermöglichten, eine ausreichend differenzierte Ich-Struktur zu entwickeln. Die spontane Antwort der Menschen mittlerer Breite auf eine solche Tragik hat eine libidinöse Qualität, die mit Mitleiden, Mitfühlen, Erbarmen einigermaßen zutreffend zu bezeichnen und als Ausdruck unbewußter Identifizierung zu verstehen ist (siehe dazu Freud, GW 13, 1921, S.115-121). Auf diese Weise kann es zu jener Mischung von libidinösen und aggressiven Emotionen kommen, die Aristoteles bei dem Zuschauer und Zuhörer der antiken Tragödie erwartet: Furcht und Mitleid, Schauer und Rührung.

Damit die authentischen Emotionen zu 'Antworten' entsprechend der psychoanalytisch-interaktionellen Therapie ausgeformt werden können, bedarf es einmal der Fähigkeit, mit Hilfe theoriegeleiteter Schlußbildungen zu vermitteln, auf welches Ich-Funktions-Defizit des Patienten der Therapeut die registrierte Binnen-Antwort gibt. Der Therapeut muß ferner in der Lage sein, bestimmte Toleranzen, Toleranzgrenzen beim Patienten einschätzen zu können, speziell die für Nähe und Distanz, ferner für Affekte, speziell für Angst, Scham, Schuldgefühl, Aggression und deren archaischen Vorformen, für Aversion, für libidinöse Erregung und Übererregung. Die Beachtung dieser Toleranzen, erkennbar an bestimmten klinischen Kriterien, ist auch als Übernahme der Hilfs-Ich-Funktion des Reizschutzes zu verstehen und damit eine Funktion, die in der Beziehung zum Kleinkind die von Winnicott sogenannte Umwelt-Mutter übernimmt (1974).

Emotionale Authentizität soll bei dieser Therapie im Sinne selektiver Expressivität dem Patienten vermittelt und damit das Angebot eines Objekts im Sinne der Umwelt-Mutter gemacht werden, die auf mittlere und längere Sicht die Fähigkeiten zur Wiedergutmachung, zur Versöhnung, zur Reparation, zur Besorgnis und zur Empathie beim Patienten ermöglichen kann. Diese Entwicklung vollzieht sich beim Patienten über Vorgänge der Introjektion und Identifizierung (Schafer, 1968) unter Einwirkung der Interaktion mit seinem Therapeuten (siehe dazu Strachey, 1934; Thomä, 1981).

Diese Identifizierungsprozesse werden gefördert durch passagere Übernahme von Hilfs-Ich-Funktionen von seiten des Therapeuten, nicht nur, wie gesagt, für die Funktion des Reizschutzes, sondern u.a. für die Funktion der Affektdifferenzierung, der Urteilsbildung und hier besonders der Vorwegnahme der Wirkung des eigenen Verhaltens auf andere, ferner der verläßlichen Trennung von Innen- und Außenwahrnehmung, von Repräsentanzen des Objekts, von Gegenwart und Vergangenheit und, im Zusammenhang damit, der Verinnerlichung von Konflikten (z.B. durch Zurücknahme von Projektionen und projektiven Identifizierungen) und der Entwicklung von Toleranz für innere dialektische Spannungen und deren Verarbeitung zu auto- und alloplastisch wirksamen Kompromißbildungen.

Neben der tiefenpsychologisch fundierten und der psychoanalytisch-interaktionellen Einzel- und Gruppentherapie werden Gestaltungstherapie, Musiktherapie und Konzentrative Bewegungstherapie als weitere Methoden im Therapieraum der Tagesklinik angeboten. Die Kombination der eingesetzten therapeutischen Methoden wird anhand von Überlegungen zur individuumzentrierten und verlaufsorientierten Indikationsstellung bestimmt.

2.5.2 Im Realitätsraum

Um das methodische Vorgehen im Realitätsraum zu verdeutlichen, möchten wir zunächst einige konzeptuelle Überlegungen anstellen. Die in der psychoanalytisch orientierten stationären Psychotherapie beachtete Trennung zwischen Therapieraum und Realitätsraum (siehe dazu Zauner, 1972, 1975, 1978; Heigl, 1978, 1981; Heigl und Nerenz, 1975) gilt auch für die teilstationäre psychotherapeutische Arbeit. Wenn Zauner (1978, S.43) als Realitätsraum "den Alltag im Krankenhaus" bezeichnet, der den "Behandlungs-Setting's" der analytischen Einzel- und Gruppen-Psychotherapie gegenübergestellt wird, so weit er damit auf eine institutionelle Realität hin.

Werden speziell an der Psychoanalyse orientierte psychotherapeutische Aktivitäten, aber nicht nur diese, unter institutionellen Rahmenbedingungen, wie sie eine Klinik oder auch eine Tagesklinik darstellt, durchgeführt, dann sind immer zwei Normensysteme mit unterschiedlichen Gültigkeitsbereichen gegeben (siehe dazu Heigl-Evers, Heigl, Münch, 1976); diese gegeneinander abgegrenzten Bereiche vorgegebener normativer Regulierung werden als "Realitätsraum" und als "Therapieraum" bezeichnet. Andererseits gilt als Primat für beide Bereiche effektives therapeutisches Handeln. Auch darauf hat Zauner hingewiesen, als er forderte, daß der Umgang mit der Realität "Krankenhaus" an dem Prinzip des therapeutischen Durcharbeitens orientiert sein müsse. Die Trennung in Realitätsraum und Therapieraum ist als eine gegebene Realität in voll- und teilstationärer psychotherapeutischer Behandlung nicht selbst ein Konzept, bedarf aber eines solchen, um therapeutisch fruchtbar zu werden. Ein solches Konzept wäre mit Janssen dann als "dualistisch und bipolar" zu bezeichnen, wenn der Informationsfluß in der Klinik einseitig vom Realitätsraum zum Therapieraum gehen würde, und beide Bereiche lediglich informatorisch miteinander verknüpft wären. Unter diesen Voraussetzungen wäre Janssen zuzustimmen, wenn er meint, daß Abspaltungsprozesse von Übertragungen bei strukturell ichgestörten Patienten dann schwer zu bearbeiten wären (siehe Janssen, 1985, S.296).

Wir verstehen deshalb unsere Arbeitsweise vor dem Hintergrund der institutionell gegebenen Trennung zwischen Realitätsraum und Therapieraum ausdrücklich als ein integriertes Behandlungsangebot. In unserer Vorgehensweise wird durch die integrativsteuernde Funktion des Einzelpsychotherapeuten im Rahmen des

Gesamtbehandlungsplans (siehe dazu Abschnitt 3.2.1) u.a. der Aufspaltung von Übertragungsanteilen besondere Aufmerksamkeit geschenkt, um sie in das therapeutische Handeln einzubeziehen. Ganz konkret sieht das so aus, daß jeder Mitarbeiter über sein Erleben in der Beziehung zum Patienten berichtet. Dabei ist es für die Funktionsfähigkeit dieses Konzeptes unumgänglich, daß diese Berichte so freimütig wie möglich und weitgehend unabhängig von Ängsten vor Dienstvorgesetzten und deren disziplinarischer Funktion erfolgen können. Vor allem in den vom Einzelpsychotherapeuten geleiteten Fallkonferenzen werden diese unterschiedlichen Erfahrungen aus der Beziehung zum Patienten zusammengetragen, und es werden integrativ und verlaufsorientiert Behandlungsstrategien und Zwischenziele entwickelt. Um den Patienten die Integration gespaltener Teil-Objekt- und Selbst-Repräsentanzen letztendlich zu ermöglichen, ist es unseres Erachtens notwendig, daß zunächst eine Integrationsleistung, ein Verarbeiten der unterschiedlichen Aspekte der Beziehung zum Patienten innerhalb des Teams vollzogen wird. Das kann so aussehen, daß sich beispielsweise eine vom Patienten hoch idealisierte Mitarbeiterin des Teams auch mit jenem Kollegen identifiziert, der von eben diesem Patienten völlig entwertet wird. Für die Therapeutin ist wichtig, daß sie diese Identifizierung emotional-authentisch im eigenen Innern vollzieht und in die Interaktion mit dem Patienten einbringt, auch wenn sie sie sprachlich nicht oder nur selektiv zum Ausdruck bringt. Durch dieses Vorgehen kann das - in Grenzen allerdings unvermeidbare - Mitagieren gering gehalten werden.

Durch die Trennung in Therapieraum und Realitätsraum ist nicht ein Auseinanderhalten zweier Beziehungsangebote intendiert, es geht vielmehr um die gleichzeitige Vermittlung zweier unterschiedlicher Beziehungsmodi: die so entstehenden unterschiedlichen Aspekte des Erlebens in der unmittelbaren Interaktion mit dem Patienten werden mit Hilfe des patienten-zentrierten Durcharbeitens in der Gruppe aller an der Therapie Beteiligten integriert und für die Behandlung des Patienten und den Umgang mit ihm fruchtbar gemacht. Dies schließt ein, daß die psychoanalytisch-therapeutische Kompetenz auf den Therapieraum begrenzt bleibt und wohl auch weitgehend begrenzt bleiben muß, da nur der analytisch vorgebildete Psychotherapeut durch seine Ausbildung jene Theorie und Praxis mitbringt, die für die Einleitung und Aufrechterhaltung eines psychotherapeutischen Prozesses erforderlich ist. Dies heißt aber eben auch, daß dem sozialpsychologischen Aspekt - in unserem Konzept vertreten durch Sozialarbeiter und Krankenschwestern - ein eigenständiger Stellenwert zukommt, der Einflüsse und Auswirkungen auf therapeutische Überlegungen und den therapeutischen Umgang mit den Patienten hat.

Schließlich möchten wir noch darauf hinweisen, daß auch der Psychotherapeut dem Patienten gegenüber unvermeidlich als Vertreter des Realitätsraumes auftritt, während die im Bereich Soziotherapie im Realitätsraum wirkenden Mitarbeiter dem Patienten gegenüber zeitweilig auch therapeutische Funktionen ausüben können. Nach unseren Vorstellungen bestimmt der Patient mit seinen unterschiedlichen Verhaltens- und Erlebensweisen den Inhalt der Interaktionen zwischen den im Therapieraum und im Realitätsraum Tätigen. Dies bedeutet, daß sich die Interaktionen zwischen den beiden Bereichen verlaufsorientiert und individuumzentriert immer wieder neu gestalten. Der Prozeß des Verstehens und Durcharbeitens dieser Interaktionen im Team ist aus unserer Sicht wesentliche Voraussetzung für ein gezielt-individuelles Therapieangebot.

Bei den im Therapieraum eingesetzten Methoden unterscheiden wir zwischen der Gestaltung des Tagesklinikalltags und der Einbeziehung des sozialen Umfeldes der Patienten: Es ist überwiegend Aufgabe der Krankenschwestern, Angebote für den Stationsalltag der Tagesklinik so vorzubereiten und anzubieten, daß diese durch Aktivitäten der Patienten konkretisierbar werden. Zu diesen Aufgaben gehören im einzelnen ständige Präsenz auf der Station, Mitarbeit in der wöchentlichen Stationsversammlung sowie organisatorische und medizinische Aktivitäten (siehe Abschnitt 3.3.2).

Zur Aufgabe des Sozialarbeiters in der teilstationären Psychotherapie gehört es, die vielfältigen sozialen Aspekte des Patienten in die Behandlung einzubeziehen. Im einzelnen sind dies Einzelberatungsgespräche, sozialtherapeutische Lerngruppe, Arbeitsgruppe zum Thema Berufs- und Arbeitswelt, konkrete berufliche und ökonomische Planung, Vorbereitung und Begleitung von Arbeitsversuchen und Hilfestellung bei unterschiedlichen Problemen (siehe Abschnitt 3.3.1).

2.6 Kurzcharakterisierung der Patientengruppen, die einer Tagesklinik-Behandlung bedürfen

Welche Patienten bedürfen einer teilstationären Psychotherapie, für welche Kranken empfiehlt sich dieses spezielle Angebot? Es ist für Patienten indiziert, die psychogen krank und dabei arbeitsunfähig sind und bei denen mit einer ambulanten Therapie dem Einfluß pathogener Faktoren im sozialen Umfeld nicht ausreichend entgegengewirkt werden könnte. Die soziale Umwelt kann für einen Patienten oder ein Patient kann umgekehrt für seine Umgebung eine solche Belastung darstellen, daß die Erträglichkeitsgrenze einer der Beteiligten oder beider überschritten wird; das kann eine vollstationäre, aber auch eine teilstationäre Behandlung notwendig machen.

Es handelt sich ferner um Kranke, die zu heilender Veränderung eines intensiveren Therapieangebotes bedürfen, als es im ambulanten Rahmen zu vermitteln ist, für die jedoch eine vollstationäre Versorgung deswegen nicht indiziert ist, weil sie neben der Therapie die weitere Auseinandersetzung mit ihrem sozialen Umfeld brauchen. Es geht auch um Patienten, die durch ein Einbezogensein in einen vollstationären Rahmen überfordert oder sogar gefährdet wären, etwa aus Gründen der Überschreitung ihrer Nähetoleranz, speziell in Auswirkung von Störungen in der frühkindlichen Trennungs- und Wiederannäherungsphase (siehe Mahler et al., 1978). Die Gefährdung kann auch in einer malignen Regression bestehen, die durch das im Vergleich zu einer Tagesklinik ausgeprägtere soziale Schonklima einer vollstationären Psychotherapie evtl. begünstigt wird. Im übrigen kann eine tagesklinische Behandlung natürlich auch als Übergangslösung zur ambulanten Therapie im Anschluß an eine vollstationäre Behandlung angezeigt sein.

Solche Indikationen sind nach klinischer Erfahrung häufig bei Patienten mit präödipalen Störungen gegeben. Es handelt sich dabei um Kranke, deren aktuelles interpersonelles Verhalten durch primitive, d.h. Teilobjekt-Beziehungen bestimmt ist, wie Kernberg es mit seinen klinischen Forschungen (1980, 1981) gezeigt hat. Nosologisch werden diese Krankheitsbilder den Borderline-Persönlichkeiten, den präpsychotischen und den narzißtischen

Persönlichkeitsstörungen zugeordnet, ferner den schweren psychosomatischen Erkrankungen, den Sucht- und den Perversionskrankheiten, den Impuls-Neurosen mit Übergang zu Dissozialität.

Bei diesen Kranken kann, vorausgesetzt es liegen die zuvor genannten Kriterien vor, eine teilstationäre Behandlung indiziert sein. Diese Kriterien sind: Arbeitsunfähigkeit, pathogenes soziales Umfeld, einseitige oder wechselseitige Überforderung von Patienten und sozialen Bezugspersonen, Angewiesensein des Patienten auf partielles Verbleiben im sozialen Umfeld, Kontraindikation gegen eine vollstationäre Behandlung wegen Nähe-Intoleranz und der Gefahr einer malignen Regression. So brauchen z.B. Patienten mit Borderline-Strukturen häufig die Möglichkeit, den für sie pathognomischen Mechanismus der 'Spaltung' in einem therapeutischen Rahmen, unter schützenden interpersonellen Bedingungen, aktualisieren zu können - etwa den Einzeltherapeuten als 'nur gutes', den Oberarzt oder die ganze Institution als 'nur böses' Element - erleben zu können. Die Adressaten einer solchen Spaltung in der Therapie, ob sie nun als 'nur gut' oder als 'nur böse' erlebt werden, durchschauen, anders als in der Regel Bezugspersonen in der sozialen Realität, wie der Patient dabei mit ihnen umgeht und warum er es tut; sie sind darauf eingestellt, dieses Geschehen dem Prozeß heilender Veränderung durch die Therapie nutzbar zu machen. - Günstig ist es für solche Patienten auch, daß, in der Tagesklinik ebenso wie in der vollstationären Behandlung, die therapeutisch wichtigen Bezugspersonen ausreichend präsent und weitgehend erreichbar sind, auch außerhalb der verabredeten Therapiestunden. Frequenzen und Dauer der Therapiesitzungen lassen sich, je nach therapeutischer Notwendigkeit, leichter variieren als in der ambulanten Praxis. Ferner hat der Patient in der Tagesklinik, und das unterscheidet sie von einem vollstationären Rahmen, die Möglichkeit, sich von seiner bedeutungsvollen therapeutischen Bezugsperson regelmäßig auch räumlich zu entfernen und wieder zu ihr zurückzukehren und so seine Nähe- und Distanz-Toleranz selbst zu regulieren: Ich stehe jetzt auf, um zur Tagesklinik zu fahren. Oder: Heute werde ich nicht dahin fahren[2].

---

2 An solchen Tagen, an denen der Patient nicht in der Tagesklinik erscheint, wird der therapeutische Kontakt von seiten der Mitglieder des Teams aufrechterhalten - so durch Telefonate oder auch durch Hausbesuche, je nach der am Verlauf orientierten Indikation. Diagnostisch muß ein Fernbleiben des

2.7 Personelle Ausstattung der Tagesklinik als Voraussetzung für die Realisierung des Gesamtbehandlungsplanes

Damit der zuvor dargestellte individuumzentrierte, verlaufsorientierte, integrierte Gesamtbehandlungsplan in einem teilstationären Rahmen verwirklicht werden kann, bedarf es eines Teams von Psychotherapie-Experten, eines Ensembles von therapeutischen Spezialisten, die im Fall einer an der Psychoanalyse orientierten teilstationären Psychotherapie ein entsprechendes Training in dieser Methode und ihren Anwendungsformen durchlaufen haben sollten. Zu diesem Ensemble gehört in einer teilstationären Einrichtung mit 16 bis 18 Behandlungsplätzen einmal der ärztliche Leiter, der durch ein besonderes Maß an psychoanalytisch-therapeutischer Erfahrung ausgezeichnet sein sollte. Ihm zur Seite stehen drei weitere analytische Psychotherapeuten, von denen mindestens einer gleichfalls Arzt sein sollte, um als Stationsarzt und speziell als Experte für den somatischen Bereich fungieren zu können, während die beiden anderen Ärzte oder Psychologen sein können. Diesen drei Therapeuten obliegt die Durchführung der tiefenpsychologisch fundierten und psychoanalytisch-interaktionellen Einzel- und Gruppentherapien. Als Spezialisten für bestimmte Anwendungen sind der Musiktherapeut, die Beschäftigungs- und Gestaltungstherapeuten sowie der Experte für die körperbezogene Behandlung, etwa die Konzentrative Bewegungstherapie, zu nennen. Für Sozialtherapie und Sozialarbeit muß ein Sozialarbeiter zur Verfügung stehen, für die Leitung und Gestaltung des Stationslebens zwei Krankenpflegekräfte.

Patienten daraufhin überprüft werden, ob es überwiegend aus therapieexternen Gründen geschieht - z.B. als Folge einer interkurrenten Erkrankung - oder aber aus therapieinterner Verursachung, etwa als Ausdruck verstärkter Angst- oder sonstiger Unlust-Mobilisierung und daraus folgendem Widerstand gegen die Therapie oder auch im Sinne eines zunächst freilich noch unvollkommenen Schrittes in Richtung von mehr Autonomie: Heute gehe ich nicht dorthin. Bei solchem Fernbleiben ist natürlich auch an Symptomverstärkungen zu denken, an psychotische Reaktionen oder an Suicidalität. - Nach unserer Auffassung wird die Behandlung durch ein derartiges Fernbleiben, auch unter kassentechnischen Gesichtspunkten, nicht unterbrochen, es sei denn, daß eine psychotherapieexterne Verhinderung, etwa eine interkurrente Erkrankung, vorliegt.

Bei der Auswahl der Mitarbeiter für eine solche Einrichtung ist natürlich eine gute Qualifikation und Kompetenz für die therapeutischen Methoden vorauszusetzen, die von ihnen eingesetzt werden sollen. Daneben sind freilich weitere Qualifikationen zu fordern, und zwar im Sinne von Persönlichkeitsmerkmalen, die für eine ergiebige und befriedigende Mitarbeit in einer Tagesklinik unerläßlich sind. So sollte der hier Tätige über die Fähigkeit zur Teamarbeit verfügen. Zur Team-Arbeit gehört die Bereitschaft, sich über seine therapeutische Arbeit laufend mit den anderen Kollegen, mit den therapeutischen wie nicht-therapeutischen Mitarbeitern der Gesamtgruppe, auszutauschen und für wechselseitige Kritik offen zu sein; vom Mitarbeiter einer Tagesklinik ist ferner zu wünschen, daß er sich auf die in einem solchen Behandlungsrahmen besonders häufig auftretenden Unvorhersehbarkeiten des Patientenverhaltens flexibel einstellen kann und daß er insbesondere auch zur elastischen Handhabung aktuell auftretender Krisen fähig ist; schließlich muß der Mitarbeiter in einer solchen Tagesklinik über eine besonders hohe Frustrationstoleranz verfügen: Er muß sowohl Angst wie Enttäuschung wie vor allem auch Kränkung tolerieren und in diesem Zusammenhang ein besonders großes Maß an Geduld entwickeln können.

Von der Bemühung her, die wie jede Bemühung mehr oder weniger gelingt, versuchen wir, für jeden Patienten nach einem Wort Goethes ein "Liebhaber in allen Gestalten" zu sein, das heißt die für die Behandlung solcher schweren Störungen zentral wichtige libidinöse Zuwendung variabel zu gestalten. In diesem Sinne möchten wir 'Liebhaber' unserer Patienten nicht nur in den verschiedenen 'Gestalten' unseres interdisziplinären Teams sein, sondern auch in dem, was in einem integrierten Gesamtbehandlungsplan jeweils an therapeutischen Angeboten nicht einfach nur addiert, sondern miteinander verknüpft und aufeinander bezogen wird, und schließlich auch in dem, was jeder einzelne Therapeut dem Patienten jeweils konkret anbietet. "Liebhaber in allen Gestalten" ist der Titel eines frühen Goethe-Gedichtes, in dem natürlich ein Mädchen angesprochen wird. Der Liebende will keine Erscheinungsform, keine Annäherungsweise auslassen, versäumen, um die Geliebte zu erreichen. So empfiehlt er sich dem Mädchen als Fisch, als Pferd, als Wagen, als Gold, als Affe, als Schaf, als Löwe, als Lüchschen und als Füchschen. Freilich macht er in der Schlußstrophe eine Einschränkung, die wohl für die Angebote eines jeden Therapeuten und damit auch für unsere Tagesklinik gilt:

"Doch bin ich, wie ich bin,
und nimm mich nur hin!
Willst Du bess're besitzen,
so laß' Dir sie schnitzen.
Ich bin nun, wie ich bin:
So nimm mich nur hin!"

Teil III
Zur Praxis der Tagesklinik

3.1 Indikation zur teilstationären Psychotherapie

CELAL ODAG und URSULA HENNEBERG-MÜNCH

Nach der Darstellung des Konzepts unserer Tagesklinik, dem Konzept des individuumzentrierten, verlaufsorientierten, integrierten Gesamtbehandlungsplans, möchten wir zeigen, wie dieses in die Praxis umgesetzt wird. Wir beginnen mit den Fragen, die sich zur Indikation einer solchen teilstationären Psychotherapie stellen, und schicken dabei einige Überlegungen zur Diagnostik voraus, wie sie vor der Aufnahme in die Tagesklinik durchgeführt wird; wir werden den Ablauf dieser Voruntersuchungen kurz beschreiben.

Diagnostische Überlegungen

Die diagnostische Untersuchung wird mittels psychoanalytischen Interviews und tiefenpsychologischer Anamneseerhebung (siehe dazu Argelander, 1970; Dührssen, 1981; Hoffmann und Hochapfel, 1984, S. 206ff) in der zur Klinik für Psychotherapie und Psychosomatik ebenso wie die Tagesklinik gehörenden Poliklinik durchgeführt. Ziel dieser - wie jeder psychoanalytisch-diagnostischen Untersuchung - ist es, die vom Patienten geklagten Beschwerden unter psychodynamischen und strukturellen Aspekten zu verstehen. Besondere Beachtung gilt dabei der Frage, ob die Beschwerden des Patienten mehr als Auswirkungen von Konfliktpathologie oder mehr als Folgen von Entwicklungspathologie zu verstehen und mit Hilfe der Theorie der Psychoanalyse zu erklären sind. Um dieser Frage im diagnostischen Prozeß nachzugehen, richtet der Untersucher seine Wahrnehmungseinstellung zum einen auf mögliche dem Patienten verborgene, unbewußte pathogene Konflikte, auf Abwehr und Abgewehrtes und auf Einschränkungen des Ichs, die - konfliktbedingt - aus der Abwehr resultieren, zum anderen auf eventuell vorhandene dauerhafte, entwicklungspathologisch bedingte Einschränkungen und Defizite verschiedener Funktionen des Ichs und des Über-Ichs. Man versucht dabei, sich ein erstes diagnostisches Urteil über das Struktur-Niveau und über Besonderheiten einzelner Struktur-Anteile des Patienten zu bilden (Odag, 1983; siehe Abb. 1).

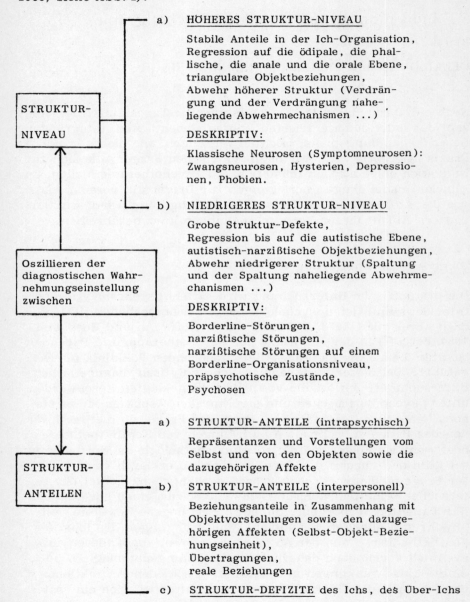

Abbildung 1: Struktur-Niveau und Struktur-Anteile

Überwiegen die entwicklungspathologisch bedingten Anteile im Krankheitsbild des Patienten, stellt sich die Aufgabe, die Einschränkungen und Defizite der verschiedenen Ich-Funktionen im einzelnen zu diagnostizieren (siehe dazu Hartmann, 1939, 1972; Bellak, Hurvich und Gediman, 1973; Arlow und Brenner, 1976). Streeck (1983) hat auf die Schwierigkeiten in der Diagnostik struktureller Ich-Störungen hingewiesen, die u.a. darin bestehen, daß "ausreichend entwickelte klinische Indikatoren, mit deren Hilfe hinreichend sichere differential-diagnostische Unterscheidungen zwischen konflikteingeschränkten und nicht entwickelten Ich-Funktionen getroffen werden könnten", fehlen (S.347). Er weist auf die Gefahr hin, "daß Äußerungen des Patienten, die nicht mehr verstehbar erscheinen, vorschnell auf strukturelle Ich-Störungen zurückgeführt werden" (S.342). In vielen Fällen wird es erst in der psychotherapeutischen Behandlung möglich sein, genaue Aussagen über Art und Ausmaß ich-struktureller Störungen zu machen.

Bei dem Versuch der diagnostischen Einschätzung bestimmter Ich-Funktionen gilt besondere Aufmerksamkeit der Objektbeziehungsfunktion: den Vorstellungen oder Repräsentanzen von den Objekten und vom Selbst und den dazugehörenden Affekten im Erleben des Patienten. Hier geht es um die Frage, ob der Patient in seiner inneren Wahrnehmung zwischen 'Selbst' und 'Objekt' ausreichend unterscheiden kann, ob er Teil-Objekt- und -Selbstrepräsentanzen gebildet hat oder ob er zur Vorstellung integrierter Objekte und eines integrierten Selbst in der Lage ist. Die inneren Repräsentanzen von Selbst und Objekten bestimmen das Erleben und Verhalten in zwischenmenschlichen Beziehungen weitgehend; sie bestimmen z.B., ob der Patient zu personalen, dauerhaften Beziehungen in der Lage ist oder ob er eingegangene Beziehungen immer wieder abbricht oder es ihm gar nicht erst gelingt, Beziehungen zu einer anderen Person aufzunehmen. Ein Bild der vom Patienten vorgestellten und gelebten Objektbeziehungen erhält der Untersucher, indem er nach der Art der Beziehungen in der frühen Lebensgeschichte und im aktuellen Leben, im aktuellen sozialen Umfeld des Patienten fragt und sich von diesen Beziehungen ein Bild zu machen sucht. Darüber hinaus ist die Beziehungsaufnahme des Patienten zum Untersucher im Hier und Jetzt der Gesprächssituation eine wichtige Informationsquelle. Bei der diagnostischen Untersuchung strukturell ich-gestörter Patienten sollte der Untersucher mit besonderer Sorgfalt auf seine Gegenübertragungsreaktionen achten, vor allem auf aversive Gefühle dem Patienten gegenüber, der dem Untersucher oft bereits in den ersten Gesprächsminuten feindselige Impulse und Affekte entgegenbringt (Heigl-Evers und Henneberg-Mönch, 1985).

Wird beim Abschluß der diagnostischen Untersuchungen in der Poliklinik eine Indikation zur teilstationären Psychotherapie gestellt, dann wird der Patient zu einem Gespräch in der Vorschaltambulanz der Tagesklinik angemeldet, die von einem dort tätigen Psychotherapeuten durchgeführt wird. In diesem Gespräch werden offen gebliebene diagnostische Fragen weiterverfolgt, wird die Indikation nochmals überprüft und wird der Patient mit dem therapeutischen Angebot wie mit den Rahmenbedingungen und den daraus resultierenden Anforderungen der Tagesklinik im einzelnen vertraut gemacht. Der Therapeut macht sich ein Bild von der Problematik des Patienten und entwickelt Vorstellungen davon, wie sich diese Problematik während der Behandlung in der Tagesklinik wohl darstellen wird; dies bespricht er mit dem Patienten.

Beispiel: Eine Patientin hatte berichtet, daß ihr bei Meinungsverschiedenheiten mit ihrem Mann plötzlich "der Faden reiße". Sie tue dann unkontrolliert Dinge, die sie hinterher bereue. So habe sie Einrichtungsgegenstände, darunter auch ihr persönlich besonders wichtige Dinge, zerstört. Sie könne diese Impulse dann nicht kontrollieren. Bei genauerem Nachfragen war zu erfahren, daß dem "Fadenriß" der Patientin Verhaltensweisen oder Äußerungen ihres Mannes vorausgingen, auf die die Patientin mit einer diffusen, ihr zunehmend unerträglichen inneren Spannung reagierte. Es war ihr jedoch nicht möglich, dieses innere "Gefühlschaos", wie sie es nannte, im einzelnen zu beschreiben. - Sie war ihrem Mann gegenüber von dem intensiven Wunsch erfüllt, er möge sie wie ein liebevoller, umsorgender und beschützender Vater behandeln. Diese aus der Kindheit stammenden intensiven Wünsche waren vom Vater der Patientin damals nicht erfüllt worden. Immer wenn nun der Ehemann diese im aktuellen Leben an ihn gerichteten Wünsche nicht erfüllte, sich beispielsweise versagend oder kränkend oder vorwurfsvoll verhielt, spürte die Patientin eine diffuse innere Spannung, einen unerträglichen inneren Druck, dessen sie sich "entledigen" mußte. (Erst nach langer Behandlung konnte sie eine zerstörerische Wut und einen darunterliegenden tiefen Schmerz differenziert wahrnehmen.) Es war anzunehmen, davon ging der Therapeut im Vorgespräch aus, daß die Patientin während einer Behandlung in der Tagesklinik ähnliche Enttäuschungen erleben würde. Er wies sie darauf hin und bot ihr an, gemeinsam mit ihr zu überlegen, wie sie die dann aufkommenden Affekte und Impulse kontrollieren lernen könnte und wie ihr dabei geholfen werden könnte.

Ein solches Vorgehen vor Aufnahme in die Tagesklinik hat sich nach unseren Erfahrungen vor allem in der Behandlung präödipal oder strukturell ich-gestörter Patienten als sinnvoll erwiesen; diese Patienten neigen oft dazu, bei der Beziehungsaufnahme, so auch bei der Aufnahme einer therapeutischen Beziehung, mögliche zu erwartende Schwierigkeiten zu verleugnen. Wegen der Verleugnung ist es ihnen nicht möglich, zukünftige Schwierigkeiten zu antizipieren; sie brauchen den Therapeuten, der ihnen diese Funktion als Hilfs-Ich zunächst zur Verfügung stellt, um sich - zumindest etwas - realitätsgerechter auf die Behandlung einstellen zu können. Das Antizipieren der Art und Weise, in der sich die Problematik eines Patienten in der tagesklinischen Behandlung darstellen wird, ist auch wichtig für die Mitarbeiter der Klinik, im Therapieraum wie im Realitätsraum, um sich auf die Arbeit mit ihm hinreichend einstellen zu können. Es ist ferner wichtig, um bei der Zusammensetzung der Patientengesamtgruppe darauf achten zu können, daß Erträglichkeitsgrenzen für Mitpatienten wie für Mitarbeiter nicht allzusehr überschritten werden.

Nach dem Gespräch in der Vorschaltambulanz hat der Patient Gelegenheit, sich in einem sogenannten Konsultationsgespräch mit Krankenschwestern und Sozialarbeiter (siehe Abschnitt 3.3.2) mit dem Tagesablauf der teilstationären Behandlung im einzelnen vertraut zu machen. Die Entscheidung, miteinander zu arbeiten, wird von seiten des Patienten erst dann getroffen, wenn er ausreichend Gelegenheit hatte, sich von der Tagesklinik ein Bild zu machen, und von seiten der Mitarbeiter der Tagesklinik, wenn die Indikation von ihnen bestätigt wurde.

Indikation zur teilstationären Psychotherapie

Im folgenden möchten wir den Fragen zur Indikation einer teilstationären Psychotherapie genauer nachgehen: Psychotherapie in der Tagesklinik unterscheidet sich von ambulanter Psychotherapie vor allem in bezug auf Intensität und Flexibilität der therapeutischen Angebote sowie hinsichtlich der Möglichkeit der Methodenkombination, von stationärer Psychotherapie unterscheidet sie sich in bezug auf

das Maß der Herausnahme aus der gewohnten sozialen Umgebung
(siehe dazu Abschnitt 1.3). Die Vierzigstundenwoche in der Klinik
bedeutet für den Patienten, daß er sich tagsüber, einem Arbeitstag
vergleichbar, acht Stunden in einer klinische Institution aufhält,
während er abends in seine gewohnte häusliche Umgebung und
sein vertrautes soziales Beziehungsfeld zurückkehrt. Diese Rahmenbedingungen bedeuten für die Indikation zur teilstationären
Psychotherapie, daß hier Patienten behandelt werden,
- die eine intensive, ganztägige Psychotherapie benötigen;
- die einer flexiblen Gestaltung der therapeutischen Angebote
  (Häufigkeit und Dauer der Sitzungen, individuumzentrierte Methodenkombination) bedürfen;
- die zum Durcharbeiten des in der Therapie einsichtig Gewordenen einen relativ geschützten Rahmen brauchen, wie er im Realitätsraum (Zauner, 1972, 1975, 1978; Heigl, 1978, 1981; siehe
  auch Abschnitte 2.4 und 2.5) der Tagesklinik bereitgestellt wird;
- die dabei gleichzeitig in der gewohnten sozialen Umgebung verbleiben und diese Bedingung für ihre Behandlung nutzen können,
  wobei dies - anders als bei stationärer Psychotherapie (Hoffmann
  et al., 1981) - nur möglich ist, wenn der Patient zumindest in gewissen Grenzen sozial integriert ist.

Nach unseren bisherigen Erfahrungen sind es vor allem folgende
Patientengruppen, für die eine teilstationäre Psychotherapie indiziert erscheint (vgl. Heigl-Evers und Henneberg-Mönch, o.J.):
1. Patienten mit überwiegend neurotischen Erkrankungen, die eine
intensive Einleitung einer längerfristigen psychotherapeutischen Behandlung benötigen, beispielsweise aufgrund von Schwere oder
Dauer der Erkrankung. Hierzu gehören Kranke mit chronifizierten Symptom- und Charakterneurosen, mit ausgeprägten Bequemlichkeitshaltungen oder mit latenten Rentenwünschen. Eine Tagesklinik-Therapie kann in einigen Fällen auch dazu dienen, offene
prognostische Fragen im Rahmen eines zunächst begrenzten Behandlungsversuchs zu klären.
2. Patienten, die im Anschluß an eine stationäre Psychotherapie
eine teilstationäre Behandlungsphase im Sinne eines Übergangs
zur ambulanten Therapie benötigen. Dies können Patienten mit
neurotischen Krankheitsbildern ebenso wie Patienten mit strukturellen Ich-Störungen sein; oftmals sind Mischformen zu beobachten, also Störungen sowohl mit konfliktpathologischen wie auch
entwicklungspathologischen Anteilen (Odag, 1983). Ein solcher
Übergang kann z.B. notwendig sein, wenn ein "Schonklima", wie
es die stationäre Psychotherapie häufig bietet (Langen, 1966),

zur Einleitung einer Behandlung notwendig und wünschenswert ist, wenn aber aufgrund von regressiven Tendenzen zum Beispiel durch Verleugnung der "rauhen Wirklichkeit" ein längerer stationärer Aufenthalt kontraindiziert erscheint, die unmittelbare Umstellung auf eine ambulante Therapie jedoch eine Überforderung bedeuten würde. Hier sind Patienten mit depressiven und narzißtischen Rückzugstendenzen und auch einige psychosomatisch Erkrankte zu nennen.

Eine an Colitis ulcerosa erkrankte Patientin beispielsweise nannte ihren stationären Aufenthalt "die schönste Zeit ihres Lebens"; nach der Entlassung in eine ambulante Therapie kam es schlagartig zur Verschlimmerung ihrer Symptome. Während des Klinikaufenthaltes hatte sie die Existenz belastender Faktoren im häuslichen und beruflichen Bereich völlig ausgeblendet. Sie hatte sich im "Schonklima" der Klinik so wohlgefühlt, daß sie in der Phantasie damit beschäftigt war, die Klinik gar nicht mehr zu verlassen.

3. Patienten mit strukturellen Ich-Störungen, die in ihrer Nähe- und Distanztoleranz erheblich beeinträchtigt sind (siehe auch Abschnitt 3.2.2).
4. Patienten mit strukturellen Ich-Störungen, die im vollstationären Setting zu malignen Regressionen (Balint, 1970; siehe auch Heigl, 1978, S.243) neigen.
5. Patienten, für die eine stationäre Psychotherapie die Behandlungsform der Wahl wäre, die aber aufgrund äußerer, zum Beispiel familiärer Gründe (Versorgung von Kindern), nicht stationär behandelt werden können.

Auf die unter 3. und 4. genannten Patientengruppen werden wir im folgenden ausführlicher eingehen.

Die Möglichkeiten der Tagesklinik bei der Behandlung strukturell ich-gestörter Patienten

Die Behandlung von strukturell ich-gestörten Patienten (Fürstenau, 1977), präödipal gestörten Patienten, Patienten mit Entwicklungspathologien (A.Freud, 1974) oder Frühstörungen (siehe dazu Hoffmann, o.J.), um die derzeit gebräuchlichsten Bezeichnungen zu nennen, stellt eine wachsende Aufgabe in der an der Psychoanalyse orientierten Psychotherapie dar. Es handelt sich um Patienten mit Borderline-Persönlichkeitsstörungen, schweren narzißtischen Persönlichkeitsstörungen, präpsychotischen Zustandsbildern, schweren psychosomatischen Erkrankungen, Abhängigkeitserkrankungen, Perversionen, Impulsneurosen und Dissozialität.

Die auftauchenden Schwierigkeiten in der Behandlung dieser in der Regel schwergestörten Patienten sind in der Literatur an vielen Stellen beschrieben worden (u.a. bei Kernberg, 1978, 1981a, 1981b; Rohde-Dachser, 1979; Fürstenau, 1977; Blanck und Blanck, 1978; Volkan, 1978; Masterson, 1980; Heigl, 1981; Hoffmann et al., 1981; Trimborn, 1983). Es ist auffallend, daß im Zusammenhang mit Schilderungen von Behandlungen dieser schwer und schwerst gestörten Patienten häufiger über die Zumutbarkeitsgrenzen und Toleranzgrenzen von Therapeuten und klinischem Personal sowie von Mitpatienten gesprochen wird als bei anderen Patienten.

In diesem Zusammenhang stellt sich auch die Frage nach den Zumutbarkeits- und Toleranzgrenzen der Patienten. Nach unseren bisherigen Erfahrungen scheint die teilstationäre Psychotherapie – trotz aller auch hier bestehenden Schwierigkeiten – für diese schwer gestörten Patienten ein Behandlungsarrangement bereitzustellen, das ihnen dabei hilft, sich – in schonender Weise – auf die psychotherapeutische Behandlung allmählich einzulassen. Die Rahmenbedingungen des täglichen Kommens und Weggehens, oder anders ausgedrückt: des täglichen Pendelns zwischen häuslicher Umgebung und Tagesklinik, schaffen für präödipal gestörte Patienten, bei denen wir nicht selten geringe Toleranzen für Nähe zum und Distanz vom Objekt sowie eine Neigung zu malignen Regressionen finden, wichtige Regulationsmöglichkeiten hinsichtlich ihrer Erträglichkeitsgrenzen. Damit wird gleichzeitig eine Möglichkeit geschaffen, unter Berücksichtigung auch der Zumutbarkeits- und Toleranzgrenzen von Mitarbeitern und klinischem Personal ein Behandlungsangebot bereitzustellen und aufrechtzuerhalten.

An einigen Beispielen wollen wir verdeutlichen, wie sich Nähe- und Distanztoleranz und Neigung zur malignen Regression äußern können.

Bei vielen präödipal gestörten Patienten sind die inneren Bilder und Vorstellungen oder Repräsentanzen von Selbst wie Objekt gespalten: im Dienste des Schutzes der guten Selbst- und Objektanteile werden "nur gute" und "nur böse/schlechte" Selbst- und Objektrepräsentanzen auseinandergehalten. Die Entwicklung von integrierten, "ganzen" Selbst- und Objektimagines mit sowohl libidinös wie aggressiv besetzten Aspekten hat der Patient noch nicht vollziehen können; diese Entwicklung ist Ziel der Therapie. Mit der beschriebenen Störung der Objektbeziehungen des Patienten ist oftmals Nähe- und Distanzintoleranz verbunden. Unter der Bedingung großer sozialer Nähe kann es auf dem Hintergrund gespaltener Selbst- und Objektrepräsentanzen zur Wiederbelebung archaischer Ängste vor Vernichtet-Werden (bei Vorherrschen der "nur bösen/schlechten" Selbst- und Objektimagines) und vor Verschlungen-Werden und Selbst-Auflösung (bei Vorherrschen der "nur guten" Selbst- und Objektimagines) kommen. Bei für den Patienten zu großer Distanz (wie sie zum Beispiel in der ambulanten Psychotherapie leicht entsteht) können Ängste vor völligem Verloren- und Isoliert-Sein wiederbelebt werden. Die beschriebenen archaischen Ängste sind ihrer Qualität nach panische Ängste (siehe dazu Fenichel, 1945), nicht Ängste mit Signalcharakter; sie sind immer mit der Gefahr der Reizüberflutung und damit mit der Gefahr maligner regressiver Prozesse verbunden, in denen es dem Patienten nicht mehr möglich ist, zwischen Phantasie und Realität, zwischen Innen und Außen ausreichend zu unterscheiden.

> Beispiel: Während des Nachtdienstes für die Bettenstation unserer Klinik wurde die diensthabende Therapeutin von der Krankenschwester mit den Worten in die Klinik gerufen, Herr A. habe gedroht, er werde "alles kurz und klein schlagen". Er sei wiederholt unerlaubt spät abends aus der Klinik fortgegangen, so auch heute. Nun sei er, vermutlich leicht alkoholisiert, mit dieser Drohung zurückgekehrt.
> Als die Therapeutin in die Klinik kam, wurde sie auf der Station von einem jungen Mann äußerst höflich begrüßt: es war Herr A., der ihr zu ihrem Erstaunen aus dem Mantel half und sich erkundigte, ob sie bei dem schlechten Wetter eine gute Fahrt gehabt habe; er zeigte sich ihr als Autokenner, der die Marke ihres Autos gleich erkannte habe, an den Scheinwerfern, wie er sagte. Im Gespräch erfuhr die Therapeutin, daß sich Herr A. in eine Mitpatientin verliebt hatte und daß es auf der Station einen Rivalen, Herrn C., gab. Dieser offensichtlich zu kränkendem Verhalten neigende Mitpatient hatte Herrn A. in Anwesenheit der begehrten Dame, Frau B., in überheblich-herabsetzender Weise behandelt. Als Frau B., über die Herr A. in hochidealisierender Weise sprach, sich nicht auf seine Seite gestellt habe, habe er "rot gesehen". Er schilderte - unter deutlichen körperlichen Begleitsymptomen - seine diffuse Erregung (eine für ihn nicht differenzierbare Mischung aus Gekränktsein, Wut und Panik, wie die Therapeutin vermutete).

Er habe nur noch denken können: "Bloß weg". Früher habe er sich in solchen Situationen bisweilen gewalttätig verhalten. Mit Hilfe der Therapie sei es ihm in der Zwischenzeit möglich geworden, eine "Notbremse" zu ziehen. Er sei also, so schilderte er weiter, aus dem Fenster seines Zimmers gesprungen, sei in eine Gaststätte, die noch geöffnet hatte, gegangen, habe sich mit einigen Gläsern Bier beruhigt und sei schließlich in die Klinik zurückgekehrt. Als die Krankenschwester ihn bei der Rückkehr damit konfrontiert habe, daß er wiederholt unerlaubt aus der Klinik weggegangen sei, habe er abermals "rot gesehen" und die oben erwähnte Drohung ausgestoßen.

Die Therapeutin erfuhr weiter, daß der Patient in seiner Genese in einer wenig verständnisvollen Familie von früh an heftigen Kränkungen ausgesetzt gewesen war. In der aktuellen auslösenden Situation - durch die Kränkung von seiten des Herrn C. und das Verhalten von Frau B. - hatte er sich selbst vernichtend beurteilt erlebt, sich nur noch "mies" gefühlt und Mitpatienten wie Personal gegen seine Person eingestellt gesehen. In seinem Erleben verschmolzen die Vorstellungen von den unterschiedlichen Personen auf der Station zu einem übergroßen, übermächtigen Objekt. Die Therapeutin verstand, daß Herr A. zu ihr so freundlich und höflich sein konnte, weil sie für ihn ein von der Station klar abgegrenztes, mit der Station nicht in direktem Zusammenhang stehendes und damit "nicht-kontaminiertes" Objekt (Kris, zitiert nach Rotmann, 1978) darstellte.

Unter der Bedingung teilstationärer Psychotherapie erlebt der Patient täglich den Wechsel zweier klar voneinander unterschiedener Beziehungsfelder: die Tagesklinik und seine gewohnte häusliche und soziale Umgebung. Die nur teilweise Herausnahme des Patienten aus seinem sozialen Alltag schafft für ihn Möglichkeiten, Nähe-Intoleranz anders zu regulieren als unter der Bedingung größerer sozialer Nähe in einer vollstationären Behandlung. Das Sich-entfernen-Können, das Auf-Distanz-Gehen ist Teil der tagesklinischen Rahmenbedingungen. Bei sehr schwer gestörten Patienten kann es für eine begrenzte Zeit erforderlich sein, von den üblichen Bedingungen der "Vierzigstundenwoche" abzuweichen und mit dem Patienten besondere Vereinbarungen zu treffen, die seinen Aufenthalt in der Tagesklinik zeitlich regeln und die sich an seiner zum jeweiligen Zeitpunkt der Behandlung möglichen Nähe-Toleranzgrenze orientieren.

Auch Distanztoleranz kann zu passagerem Abweichen von den üblichen Bedingungen veranlassen, wenn in Krisen zum Beispiel die Wochenendpause oder die Unterbrechung der Therapie bis zum nächsten Tag vom Patienten nicht ertragen werden kann. In den meisten Fällen liegt dieser Unfähigkeit, Distanz zu ertragen, mangelnde Objektkonstanz zugrunde. Die Objektkonstanz, nach Hartmann (1952) die Fähigkeit, die innere Beziehung zum Objekt auch unter der Bedingung der Versagung, zum Beispiel durch Abwesenheit des Objekts, aufrechterhalten zu können, ist bei vielen präödipal gestörten Patienten defizitär. Wie wir an späterer Stelle ausführen werden, kommt der Einschätzung der Objektkonstanz des Patienten bei der Indikation zur teilstationären Psychotherapie große Bedeutung zu. Hier sei sie unter dem Aspekt der flexiblen Handhabung der Rahmenbedingungen als einer Notwendigkeit in der Behandlung von Patienten mit schweren Nähe- und Distanzintoleranzen erwähnt.

Abweichungen von den üblichen Rahmenbedingungen können so aussehen, daß Patienten außerhalb der Tagesklinik-Zeiten einen ihnen vertrauten Mitarbeiter der Tagesklinik telefonisch erreichen können; meist ist es der Einzelpsychotherapeut, oft aber auch die Krankenschwester. In einigen Fällen kann auch eine stationäre Aufnahme über Nacht erforderlich sein, zum Beispiel bei drohenden Impulsdurchbrüchen, bei homizidaler oder suizidaler Gefährdung. Hier erleichtert uns die Zusammenarbeit mit der Bettenstation unserer eigenen Klinik und mit den Stationen der psychiatrischen Nachbarklinik die kontinuierliche Weiterarbeit mit schwerst gestörten Patienten auch in Krisen.

Ein besonderes Problem stellen die Patienten dar, die zu erheblichem Ausagieren neigen, die aufgrund ihres Untersteuertseins den grenzsetzenden und strukturierenden Rahmen einer stationären Psychotherapie benötigen würden, die aber aufgrund erheblicher Nähe-Intoleranz und aufgrund des Angewiesenseins auf das Ausagieren als Kompensationsmöglichkeit entweder nicht in die stationäre Behandlung kommen bzw. nicht aufgenommen werden oder diese Behandlung nach kurzer Zeit abbrechen.

> Herr D., ein dreißigjähriger Patient mit massiven Angstzuständen, psychosomatischen Symptomen, Neigung zu Impulsdurchbrüchen und dissozialem Verhalten bei Borderline-Persönlichkeitsstörung, hatte sich auf Anraten seines behandelnden Arztes an eine psychotherapeutische Klinik gewandt. Im ambulan-

ten Vorgespräch hatte er die stationäre Behandlung mit einem Gefängnisaufenthalt verglichen (er hatte Jahre zuvor eine Jugendstrafe im Gefängnis verbüßt). Bei der Vorstellung des "Eingesperrt-Seins" wurde er derart wütend, daß er den Therapeuten mit Schimpfworten und Begriffen aus der Zeit des Nazi-Regimes traktierte. Eine stationäre Aufnahme wurde auch von seiten der Klinik abgelehnt, und Herr D. wurde an einen niedergelassenen Psychiater verwiesen. Die ambulanten Gespräche "reichten" dem Patienten nicht, er begann vermehrt zu trinken und wurde akut suizidal. Er wandte sich an unsere Tagesklinik, und wir vereinbarten zunächst einen Behandlungsversuch.

In seinem ersten Gespräch sagte er seiner Therapeutin, er wolle am folgenden Tag, dem zweiten Tag seines Aufenthaltes in der Tagesklinik, frei haben, weil er mit Freunden einen schon länger geplanten Ausflug machen wolle. Die Therapeutin erwiderte darauf, sie könne seinen Wunsch gut verstehen, trotzdem würde sie erwarten, daß er am nächsten Tag in die Tagesklinik käme. Eine Begründung wartete er nicht ab, sein Gesicht wurde rot, er ballte seine Fäuste. Die Therapeutin hatte den Eindruck, daß sich Herr D. nur mit letzter Mühe kontrollieren konnte, und sprach daher zunächst seine Wut an. Ihre Begründung der Forderung, am nächsten Tag in die Tagesklinik zu kommen, erlebte Herr D. als eine Auswirkung unberechenbarer Willkür der Therapeutin und der "ganzen Klinik". Aufgrund von Entdifferenzierungsprozessen verschmolzen in seiner Vorstellung Therapeutin und Institution zu einem übergroßen und übermächtigen Objekt. Es gelang ihm noch eben, seine Vorstellungen in Worte zu fassen, bei seiner schweren Störung ein prognostisch günstiges Zeichen. Am Ende der Stunde stand er auf, ging schnell zur Tür und sagte im Hinausgehen: "Und morgen komme ich nicht". Am folgenden Tag erschien Herr D. dann auch nicht in der Tagesklinik, rief aber an um anzukündigen, daß er am darauffolgenden Tag wiederkomme. In seiner Stimme war Angst zu hören. Als er am darauffolgenden Tag in die Sitzung kam, äußerte er seine Befürchtung, beinahe schon Gewißheit, nun von der Therapeutin "rausgeschmissen" zu werden.

Der hier geschilderte Beziehungsmodus bestimmte über lange Zeit die therapeutische Arbeit mit Herrn D.; nach längerem Aufenthalt konnte er für sich erkennen, daß die Rahmenbedingungen der Tagesklinik es ihm erst ermöglichten, sich allmählich auf die Behandlung einzulassen.

Es muß betont werden, daß die Fähigkeit, psychotherapeutische Angebote für sich zu nutzen, bei solchermaßen schwer gestörten Patienten nicht Voraussetzung der Behandlung, sondern Therapieziel ist.

Die Angst, sich einem als übermächtig erlebten Objekt ausliefern, sich unterwerfen zu müssen und die Angst, bei Nicht-Unterwerfung alleingelassen zu werden, sind Ängste, die von vielen präödipal gestörten Patienten geäußert werden und die in der therapeutischen Beziehung - ähnlich wie bei Herrn D. - zum Ausdruck kommen. Diese Ängste erwachsener Patienten erinnern an Angstgefühle, wie sie von Mahler et al. (1978, S.101ff) in der kindlichen Entwicklung als typisch für die Wiederannäherungsphase, insbesondere für die Wiederannäherungskrise, beschrieben worden sind. Die Rahmenbedingungen der teilstationären Psychotherapie schaffen für den Patienten die Möglichkeit, durch Regulierung von Annäherung und Distanzierung in der Beziehung zum Therapeuten diese zumeist heftigen Ängste in erträglichen Grenzen zu halten. Dies ist die Voraussetzung dafür, daß sie bearbeitet werden können. Außerdem ist die immer wieder mögliche Distanzierung wie Annäherung auch erforderlich für eine allmähliche Milderung und Neutralisierung von Wut und Haß des Patienten auf den Therapeuten oder eine andere Person des Klinikpersonals. In unserem Beispiel war Herr D. wütend auf die Therapeutin geworden, als diese sich ihm gegenüber nicht bedürfnisbefriedigend verhielt. Die Fähigkeit, Versagungen zu ertragen, ist bei den meisten präödipal gestörten Patienten gering. Um die Wut und die damit verbundene Angst - sowohl vor den Folgen der eigenen ungezähmten aggressiven Affekte wie auch vor den Reaktionen des anderen, des Objekts - allmählich verringern zu können, ist es für viele Patienten über eine längere Zeit der Therapie notwendig, sich räumlich distanzieren und sich einer von der Tagesklinik abgegrenzten Umgebung bzw. sich einem von der Tagesklinik abgegrenzten Objekt zuwenden zu können, bevor sie sich wieder anzunähern versuchen. Diese Möglichkeiten sind für die Patienten erforderlich, solange sie sich noch nicht in ihren Vorstellungen und Phantasien distanzieren können (siehe dazu das Beispiel in Abschnitt 3.2.7)[1].

---

1 Hinzu kommt, daß der Therapeut durch seine Art, mit Versagung umzugehen, dem Patienten in der therapeutischen Beziehung die Möglichkeit gibt, Versagungen allmählich ertragen zu lernen. Die Wirksamkeit der teilstationären Rahmenbedingungen und des the-

Wie in beiden Beispielen gezeigt wurde, kann es unter heftiger Wut zu Entdifferenzierungsprozessen kommen, so daß der Patient die Unterscheidung voneinander getrennter und unterschiedener Personen passager nicht mehr aufrechterhalten kann; für ihn sind dann "alle total böse".

Während ein weniger schwer gestörter Patient beispielsweise zwischen dem "nur guten" Einzelpsychotherapeuten und dem "nur bösen/schlechten" Gruppenpsychotherapeuten spaltet, und dies so lange, wie er diese Form der Abwehr, die ja immer auch Schutzfunktion hat, braucht, ist für einen schwer präödipal gestörten Patienten das Angebot multilateraler Beziehungen in einer vollstationären Institution nicht immer ausreichend und nicht spezifisch genug auf ihn zugeschnitten. Er braucht die Möglichkeit, sich immer wieder von der Institution und ihren Vertretern zu distanzieren, um sich dann wieder annähern zu können; die Distanzierung vom "Objekt" Tagesklinik und die Hinwendung zu einem anderen, abgegrenzten, dritten Objekt dient in diesem Falle der Aufrechterhaltung einer Zweierbeziehung, noch nicht der Herstellung einer Drei-Personen-Beziehung. Es geht also, mit anderen Worten, um die Bearbeitung der Objektbeziehungspathologie, die sich in der Zweierbeziehung der präödipal gestörten Patienten zeigt.

Voraussetzungen für die Behandelbarkeit in der Tagesklinik

Wir haben die Möglichkeiten teilstationärer Psychotherapie für Patienten mit schweren strukturellen Ich-Störungen beschrieben und wollen nun auf die Voraussetzungen eingehen, unter denen ein Patient in der Tagesklinik psychotherapeutisch behandelbar ist. Dazu wollen wir die Ich-Funktionen erwähnen, die zur Einhaltung der Rahmenbedingungen der Tagesklinik-Therapie notwendig sind und deren diagnostische Einschätzung daher bei den Überlegungen zur Indikation besondere Bedeutung hat.

Die Rahmenbedingungen teilstationärer Psychotherapie schließen das tägliche Kommen und Weggehen, Gehen und Wiederkommen ein. Damit ist eine zeitliche Begrenzung der täglichen Therapie verbunden. Dieser Rahmen beinhaltet Schutz vor zu großer Nähe, aber auch die Anforderung, das Getrenntsein, die Distanz

---

    rapeutisch-technischen Vorgehens ergänzen sich gegenseitig (vgl. Heigl-Evers und Henneberg-Mönch, o.J.).

zur Tagesklinik, das Alleinsein bis zum nächsten Tag auszuhalten. Bei der Indikationsstellung ist daher besonders darauf zu achten und nach Möglichkeit zu klären, ob ein Patient in der Lage sein wird, Vereinbarungen mit der Tagesklinik einzuhalten, seien es nun die üblichen Vereinbarungen oder - passager notwendige - Sonderregelungen. Um dazu in der Lage zu sein, muß ein Patient über ein Minimum an Impulskontrolle, Frustrationstoleranz und Affekt-, insbesondere Angsttoleranz verfügen. Der Patient sollte in der Lage sein, Impulse, Spannungen und Affekte eine Zeitlang zu ertragen, ohne sie direkt in Handlung umsetzen zu müssen. Bei sehr geringer Fähigkeit, Impulse und Affekte zu kontrollieren, wird man mit dem Patienten zunächst einen Behandlungsversuch vereinbaren, um unter den teilstationären Bedingungen zu prüfen, ob die Strukturierungshilfen der Tagesklinik für ihn ausreichend sind. So wurde z.B. bei dem zuvor beschriebenen Patienten, Herrn D., verfahren.

Mangelnde Kontroll- und Steuerungsfähigkeit ist oft mit geringer Objektkonstanz verbunden. Der Einschätzung der Fähigkeit zur Objektkonstanz des Patienten kommt wegen der Begrenzung der täglichen Behandlungszeit wichtige Bedeutung zu: ist diese Ich-Funktion kaum entwickelt, so kann es durch die täglichen Unterbrechungen der Verfügbarkeit in der Klinik zu Objektverlusterlebnissen kommen. An dem in Abschnitt 3.2.2 geschilderten Beispiel wird verdeutlicht, daß teilstationäre Behandlung bei flexibler Regulierung von Nähe und Distanz auch bei minimaler Objektkonstanz des Patienten möglich ist. Dies erfordert jedoch vom Psychotherapeuten wie vom Pflegepersonal über lange Zeit der Behandlung die aktive Bereitstellung einer tragfähigen Beziehung, die vom Patienten gebraucht wird, um das innere Bild vom anderen zunehmend länger bewahren zu können.

Mit der Funktion der Objektkonstanz ist ein bestimmter Aspekt der Objektbeziehungsfunktion eng verbunden: Um sich auf die Therapie einlassen zu können, muß der Patient in der Lage sein, Objekte wenigstens minimal libidinös besetzen zu können. Wenn die innere Welt der Objekte fast ausschließlich aggressiv besetzt ist, wird es dem Patienten kaum möglich sein, sich auf ein solches therapeutisches Angebot einzulassen. Auch hier gilt, daß der Therapeut dem Patienten über lange Zeit das Angebot einer überwiegend guten, dauerhaften und tragfähigen Beziehung machen muß, bevor dieser selbst dazu in der Lage ist. Dabei sollte man immer bedenken, daß der Patient dieses Beziehungsangebot vom

Therapeuten zu seiner Weiterentwicklung braucht, daß er es aber auch immer wieder in Frage stellt, da ihm die Wiederholung schlechter Erfahrungen wie selbstverständlich erscheint und schlechte Erfahrungen für ihn immer noch vertrauter sind und mehr Sicherheit bieten als etwas unvertraut "Gutes" (siehe dazu Sandler, 1961; König, 1980; Heigl-Evers und Henneberg-Mönch, 1985).

Ferner sollte die Fähigkeit zur Realitätsprüfung nicht dauerhaft grob gestört sein. Bei schweren Beeinträchtigungen dieser Ich-Funktion ist es dem Patienten nicht ausreichend möglich, Vereinbarungen einzuhalten, wie sie zur Aufrechterhaltung teilstationärer Psychotherapie notwendig sind. Daß es in der Behandlung von schwer strukturell ich-gestörten Patienten passager zu Beeinträchtigungen in der Funktion der Realitätsprüfung kommt, zum Beispiel in Form von übertragungspsychotischen Phänomenen, läßt sich nicht ausschließen. Diese vorübergehenden Störungen in der Realitätsprüfung sind zumeist teilstationär behandelbar und von deren dauerhafter Erscheinungsform zu unterscheiden.

Die Frage der Aufnahme eines Patienten in die Tagesklinik wird außerdem durch einen anderen Aspekt nicht unwesentlich mitbestimmt: dieser betrifft die Zusammensetzung der Patientengesamtgruppe. Es können nicht zu viele schwer strukturell ich-gestörte Patienten gleichzeitig behandelt werden, ohne die Zumutbarkeitsgrenzen von Mitpatienten und Klinikpersonal zu überschreiten. Nach unseren Erfahrungen können etwa acht von sechzehn Behandlungsplätzen, kann also die Hälfte der Behandlungskapazität an diese "Problempatienten" (Hoffmann et al., 1981) vergeben werden.

Kontraindikationen

Patienten, die den Schutz und die Strukturierungshilfen stationärer Psychotherapie benötigen oder für die, bei teilstationärer Behandlung, der teilweise Verbleib in der gewohnten häuslichen Umgebung aufgrund sozialer Desintegration oder von Belastungen im häuslichen Milieu, durch die die Therapie negativ beeinflußt wird, nicht angezeigt ist (siehe dazu Schwidder, 1962; Elhardt, 1965; Wiegmann, 1968; Heigl, 1978; Hoffmann et al., 1981), können teilstationär nicht behandelt werden. Hier handelt es sich jedoch oft um Kranke, die nach initialer vollstationärer Psychotherapie in der Tagesklinik weiterbehandelt werden können.

Kontraindiziert ist eine Tagesklinik-Behandlung auch in den Fällen, in denen eine stationäre Aufnahme aufgrund der Unzumutbarkeit des Patienten für seine häusliche Umgebung notwendig wird.

Patienten mit akuter Suizidalität stellen die Tagesklinik vor eine schwierige Aufgabe. Wenn ein Patient wegen einer akuten suizidalen Krise in die Behandlung kommt, so ist in den meisten Fällen eine stationäre Behandlung, unter Umständen auch eine Aufnahme auf eine geschlossene psychiatrische Station, angezeigt. Bei suizidalen Krisen während der teilstationären Behandlung, also zu einem Zeitpunkt, an dem der Patient vielleicht schon eine in Grenzen tragfähige Beziehung zu Therapeut und Klinikpersonal sowie Mitpatienten aufgenommen hat, kann eine Unterbrechung der Tagesklinik-Behandlung durch eine stationäre Aufnahme vermieden werden. Suizidale Krisen sind bei tagesklinisch behandelten Patienten, vor allem bei Patienten mit schweren narzißtischen Persönlichkeitsstörungen, schweren strukturellen Ich-Störungen und schweren Über-Ich-Pathologien keine Seltenheit.

Patienten mit schwerer Suchtproblematik können teilstationär in der Regel nicht behandelt werden, weil hier die Bedingungen für die Einhaltung von Abstinenz nicht ausreichend sind. Hier ist jedoch häufig eine teilstationäre Behandlungsphase nach längerer stationärer Vorbehandlung in einer Fachklinik als Übergangsschritt zur ambulanten Psychotherapie angezeigt.

Patienten mit schweren Perversionskrankheiten, wie z.B. Exhibitionismus, Pädophilie, können gleichfalls in der Tagesklinik nicht behandelt werden, da die Strukturierungs- und Schutzmöglichkeiten in der Tagesklinik für sie nicht ausreichend sind. Allerdings haben wir die Erfahrung gemacht, daß Patienten mit leichteren Formen von Perversionskrankheiten nach initialer stationärer Behandlung von der Tagesklinik-Therapie profitieren können.

Patienten mit psychotischen Erkrankungen können nur sehr begrenzt in der psychotherapeutischen Tagesklinik behandelt werden; für die Klärung der Indikation ist hier vor allem die diagnostische Einschätzung der ihnen verfügbaren Realitätsprüfungsfunktion von ausschlaggebender Bedeutung. Für die meisten psychotischen Patienten ist die Behandlung in einer psychiatrischen Tagesklinik angezeigt, in der die therapeutischen

Zielsetzungen auf die Behandlungsmöglichkeiten für diese Art von Psychopathologie besser abgestimmt sind (siehe dazu Finzen, 1977; Pfäfflin und Pfäfflin, 1979; Bosch et al., 1983).

Durch die teilstationäre Psychotherapie wird eine Erweiterung der Indikation für an der Psychoanalyse orientierte Behandlung ermöglicht. Durch die Einführung vor allem der psychoanalytisch-interaktionellen Behandlungstechnik innerhalb der teilstationären Rahmenbedingungen besteht die Möglichkeit, schwer präödipal gestörten Patienten eine möglichst tragfähige, haltende und kontinuierliche therapeutische Beziehung anzubieten und dabei gleichzeitig auf die Nähe- und Distanztoleranzgrenzen dieser Kranken in besonderer Weise zu achten. In den folgenden Abschnitten wird diese Vorgehensweise an einzelnen Beispielen ausführlicher dargelegt.

3.2 Therapieraum

3.2.1 Die Rolle des Einzelpsychotherapeuten im Rahmen des Gesamtbehandlungsplanes in der Tagesklinik – ein Beispiel für die Kooperation, hier mit der Gestaltungs- und Beschäftigungstherapeutin

3.2.1.1 Rolle und Aufgabe des Einzelpsychotherapeuten

GERHARD STANDKE

Im folgenden soll uns die zuvor schon mehrfach erwähnte besondere Rolle des Einzelpsychotherapeuten bei der Konkretisierung des Gesamtbehandlungsplans beschäftigen. Von zentraler Bedeutung für dessen Aufgaben in der Tagesklinik ist zunächst die Frage, welche therapeutischen Angebote zu welcher Zeit in der Behandlung eines Patienten angezeigt sind, um das angestrebte und vereinbarte Therapieziel erreichbar zu machen (vgl. dazu Abschnitt 2.1). Diese Fragestellung als solche ist jedoch nicht ausschließlich spezifisch für die Gestaltung der Tätigkeit des Einzelpsychotherapeuten in der Tagesklinik. Auch bei der Begründung tiefenpsychologisch orientierter stationärer Psychotherapie, die in Abgrenzung von ambulanten Behandlungskonzepten vorgenommen wurde, hat sie eine nicht unbedeutende Rolle gespielt und wurde entsprechend diskutiert.

In "Psychotherapie im Krankenhaus" (hrsg. von Heigl und Neun, 1981) weisen z.B. Hoffmann et al. in ihrer Darstellung eines solchen – stationären – Behandlungskonzeptes (1981, S.37) darauf hin, daß die Einzeltherapie bei niedergelassenen Psychotherapeuten für Patienten manchmal deshalb eine Überforderung darstellen kann, "weil die Variable der Nähe und Distanz auf einem bestimmten Niveau mehr oder minder festgelegt ist" und eine ambulante Therapie insofern nicht indiziert sein könnte.

Hoffmann et al. fahren mit dem Gedanken fort, daß durch ein stationäres Setting nicht nur die gerade für Problempatienten so notwendige "holding function" (Winnicott, 1974) gewährleistet werden kann, sondern darüber hinaus die "Zudringlichkeit", die "Aufdringlichkeit", die "Eindringlichkeit" der Psychotherapie in idealer Weise variierbar ist (vgl. dazu Hoffmann et al., 1981, S.37). Erst dadurch kann nach Meinung dieser Autoren die Behandlung für "Problempatienten" aushaltbar gestaltet werden.

Mit anderen Worten wird dieses Prinzip der Variierbarkeit des Behandlungsangebotes für psychosomatisch Kranke sowie Patienten mit schweren Defiziten hinsichtlich ihrer Ich-Funktionen bei einer kurzen Skizzierung eines integrierten Gesamtbehandlungsplanes für das Niedersächsische Landeskrankenhaus Tiefenbrunn hervorgehoben. Heigl schreibt im Vorwort des bereits zitierten Berichtes über das zweite Symposion zur stationären Psychotherapie (1981, S.6): "Wir verstehen demnach klinisch-analytisch orientierte Psychotherapie als die Kunst und Technik, mit der intrapsychischen und interpersonellen Realität des Patienten geplant und verlaufsorientiert therapeutisch umzugehen. Insofern wird die psychoanalytische Orientierung um die psychosoziale Dimension erweitert, wodurch sich die Indikation verbreitert und die Wirksamkeit intensiviert". Heigl beschreibt die "Herausnahme aus dem sozialen Alltag" für die Patienten mit "schweren defizitären Ich-Funktionen" als Möglichkeit, "den von ihnen benötigten strukturierten und haltenden Rahmen" zu gewährleisten und durch das mit der Station gegebene "schützende Milieu" eine "emotionale Neuorientierung" zu fördern (vgl. dazu Heigl, 1981, S.6).

Es stellt sich aus unserer Sicht die Frage, ob die Herausnahme aus dem sozialen Alltag stets eine totale sein muß, denn letztlich wird auch durch eine vollständige Herausnahme des Patienten aus dem sozialen Alltag die Variable der Nähe und Distanz auf einem bestimmten Niveau mehr oder minder festgeschrieben, wenn auch natürlich auf einem ganz anderen, als dies bei einer ambulanten Behandlung der Fall wäre. Kann nicht auch in bezug auf diesen Punkt - dem Ausmaß der Distanzierung vom sozialen Alltag - im Sinne einer Konzept-Assimilation (Heigl, 1981, S.5) das Prinzip der Variierbarkeit der Behandlungstechnik aufrechterhalten werden, um tatsächlich geplant und verlaufsorientiert auch die "interpersonelle Realität" des Patienten therapeutisch einbeziehen zu können?

Dies ist die Frage, die uns im Zusammenhang mit der Einrichtung einer Tagesklinik immer wieder besonders bewegt hat und schließlich zur Entwicklung und Ausdifferenzierung unseres Konzeptes in der jetzt vorliegenden Form führte. Dabei waren wir uns natürlich durchaus darüber im klaren, daß "die Herausnahme aus dem sozialen Alltag" besonders dann für Patienten eine Notwendigkeit darstellt, wenn mit dem jeweiligen privaten und beruflichen Milieu des einzelnen Patienten eine totale psychosoziale Überforderung verbunden wäre. Offen war für uns in diesem Zusammenhang aber auch die Frage, ob Problempatienten - wie Hoffmann et al. sie noch bezeichnen - (siehe dazu auch Abschnitt 2.6 und Abschnitt 3.1) sich in einem stationären Setting die für sie manchmal notwendige Distanz zu Mitpatienten, zur Klinik, zu den Therapeuten und Schwestern verschaffen können, ohne z.B. die Regeln der Hausordnung der Institution zu verletzen. Die Anwesenheit in der Klinik mag auf den ersten Blick wie eine sehr weit gefaßte und lockere Regelung wirken, sie wird nach aller Erfahrung für viele Patienten jedoch dann zum Problem, wenn ein gewisses Maß an Nähe nicht toleriert werden kann. So entfaltet sich der psychische Konflikt des Patienten möglicherweise gerade dort, wo der institutionelle Rahmen einer Station bereits verlassen worden ist. Dies könnte zumindest so sein, wenn man mit Janssen (1981, S.51) die institutionellen und personellen Besonderheiten stationärer psychoanalytischer Therapie zusammengefaßt darin sehen will, "daß es sich hier einerseits um eine exzeptionelle, versorgende Situation von begrenzter Dauer handelt, daß andererseits das komplexe soziale und organisatorische Geschehen eine neue Realität und neue gruppale und interpersonale Interaktionen eröffnet und daß drittens die Beziehung des Patienten zur gesamten Therapeutengruppe wie zu einzelnen aus der Therapeutengruppe multipersonale Übertragungs- und Gegenübertragungsprozesse fördert" (Janssen, 1981, S.51).

Wenn also der Patient nicht über ein gewisses Maß an Ich-Stärke - besonders hinsichtlich der Aufnahme und Gestaltung von Objektbeziehungen, der Differenzierung und Kontrolle von Affekten und Impulsen, der Frustrationstoleranz wie auch der Realitätsprüfung und -beurteilung - verfügen kann, so wird es weniger zur Entfaltung von Übertragungs- und Gegenübertragungsprozessen wie in der klassischen psychoanalytischen Therapie kommen. Es sei daran erinnert, daß für eine solche Behandlung das Vorhandensein eines "Normal-Ichs" als Voraussetzung angesehen wird (Freud, 1937). Nach Meinung Freuds kann ein

Normal-Ich dann als vorhanden angenommen werden, wenn die der ödipalen Konfliktsituation vorausgehenden Entwicklungsphasen annähernd störungsfrei durchlaufen worden sind.

Vielmehr ist bei "Problempatienten" damit zu rechnen, daß es "in der Übertragung sehr rasch zu einer vehementen Aktivierung sehr früher konflikthafter Objektbeziehungen kommt, die verschiedenen voneinander dissoziierten Ich-Zuständen zugehören" (Kernberg, 1978, S.97). Kernberg führt in diesem Zusammenhang weiter aus, daß mit solchen primitiven Objektbeziehungen ein sehr hohes Maß an Ich-Schwäche einhergeht, das z.B. durch das niedrige Niveau der Abwehrorganisation (vgl. dazu Kernberg, 1978, S.44) - wie Spaltung, primitive Idealisierung, projektive Identifikation, Verleugnung, schnelles Oszillieren von Allmacht und Entwertung - manifest wird.

Sind aber Patienten mit frühen Störungen lediglich zu Objektbeziehungen in dem hier geschilderten sehr primitiven Sinn fähig, so müssen sie unter den Rahmenbedingungen der Behandlungseinrichtung zunächst einmal damit leben können und dürfen nicht sofort und dauernd mit den Strukturen ihrer Persönlichkeit an die Grenzen der Institution stoßen, durch die sie letztlich eine Veränderung oder zumindest eine Entlastung erwarten. "Je weniger 'brauchbar' das Ich für die 'Absicht' des psychoanalytischen Prozesses ist, desto weiter wird der therapeutische Prozeß von der psychoanalytischen Behandlungsmethode ... abweichen müssen" (Streeck, 1983 S.334). Streeck (1983, S.335) schreibt weiter: "Das (die Abweichung von der analytischen Technik, d.Verf.) gilt für Patienten, deren Pathologie 'im Grenzbereich zwischen Neurose und Psychose' (Rudolf, 1977) angesiedelt und als Borderline-Persönlichkeitsstörung beschrieben wird; dies trifft zu für die psychotherapeutische Behandlung vieler psychosomatisch Kranker; das gilt für die Behandlung von Suchtkranken. ...; dies gilt aber erst recht für die therapeutische Arbeit mit psychotisch Dekompensierten oder mit Patienten, deren Ich-Organisation als psychosegefährdet anzusehen ist".

Dies bedeutet aber auch, daß z.B. mit dem zeitweisen Rückzug des Patienten etwa durch Verlassen der Station für eine gewisse Zeit umgegangen werden muß, wenn eine psychotherapeutische Behandlung solcher Erkrankungen versucht werden soll. Der wie eine Flucht anmutende Rückzug kann manchmal der einzige Ausweg aus einer bedrohlichen Situation bzw. der einzige Schutz vor Reizüberflutungen im Erleben des Patienten sein. Dabei hält Kernberg in bezug auf Borderline-Strukturen die Vorstellung einer Reizüberflutung bestehender Ich-Schranken schon für zu konturiert, wenn er darauf hinweist, daß sich hinter diesen 'Schranken' äußerst starke, rigide, primitive pathologische Ich-Strukturen verbergen (1978, S.100).

Wenn wir uns mit Hilfe einer teilstationären Behandlung auf solche Psychopathologien einzustellen versuchen, dann ist für den Patienten damit die Einbindung in eine neue Realität wie die Herausnahme aus dem sozialen Alltag nur begrenzt verbunden. Die Tagesklinik wird aus unserer Sicht sozusagen zu einem neuen Anteil seiner schon bestehenden Realität. Dies bedeutet auch, daß das reale soziale Umfeld des Patienten aus der Behandlung der Tagesklinik nicht ausgeschlossen, sondern im Gegenteil unmittelbar - und nicht nur, wie in der Psychoanalyse, in Vorstellungen, Phantasien und den entsprechenden Gefühlen - miteinbezogen wird.

Aufgrund dieser Vorüberlegungen ergeben sich Konsequenzen für die Rolle des Einzelpsychotherapeuten in unserer Tagesklinik, die Art des Umgangs mit den Patienten und die Form der Kooperation mit den Kollegen.

Sicherlich ist er zunächst einmal "Träger vielfältigster Übertragungen" (Seifert, 1978, S.278), wie andere Mitarbeiter auf der Station auch. Durch den hohen Anteil von Patienten mit frühen Störungen wird er aber auch zum Gegenstand jener primitiven Objektbeziehungswünsche, wie sie oben in Anlehnung an Kernberg (1978) genannt worden sind. D.h. aber, die Interventionsebene kann nicht nur an der "Aufrechterhaltung des Arbeitsbündnisses im klinischen Arrangement und am Angebot einer therapeutisch-interpretativen Beziehung" (Janssen, 1981, S.57) orientiert und begrenzt bleiben, welche der Klärung und dem Verstehen von Übertragungsreaktionen z.B. zu Mitpatienten, Schwestern und anderen Mitarbeitern dient (siehe dazu Janssen, 1981, S.57).

Wegen der spezifischen Art der Objektbeziehungen und der damit verbundenen Ich-Schwäche eines Großteils unserer Patienten ist es für den Einzelpsychotherapeuten eine Notwendigkeit, "mit antwortenden Interventionen in die Ich-Beeinträchtigung einzutreten und Hilfs-Ich-Funktionen zu übernehmen" (Heigl-Evers und Streeck, 1985). "In dieser Hilfs-Ich-Funktion übt der Therapeut beim Patienten noch nicht vorhandene Fähigkeiten. passager stellvertretend aus und regt den Patienten zugleich zu deren Einübung an" (Heigl-Evers und Streeck, 1985).

Mit der zeitweiligen Wahrnehmung der Antizipations- und Urteilsfunktion für den Patienten ist der Therapeut damit auch aktiv planend für die Steuerung eines therapeutischen Prozesses tätig. Mit dem Patienten und für den Patienten stellt er sich regelmäßig die Frage, welches therapeutische Angebot zum fraglichen Zeitpunkt angezeigt erscheint, um das Erreichen des vereinbarten Therapiezieles zu ermöglichen. Einleitend wurde ja bereits auf den zentralen Stellenwert dieser Frage hingewiesen.

Er vertritt diesen Aspekt auch in den fallzentrierten Mitarbeiterkonferenzen, an denen er, vor dem Hintergrund seiner theoretischen wie technischen Kompetenz, zum Verstehen des Verhaltens und Erlebens der Patienten, ihrer Wünsche und Sehnsüchte beiträgt. Dies schließt die Bereitschaft der anderen Mitarbeiter in der Tagesklinik ein, über ihre Wahrnehmungen und Reaktionen in der Beziehung zu den Patienten so offen wie möglich zu sprechen, um fallzentriert zunächst einmal im Rahmen des Teams hinsichtlich der Konflikte und Defizite des Patienten synthetisch-integrativ, sozusagen stellvertretend für ihn, wirksam werden zu können. Auf dieser Grundlage wird es dann möglich, individuumzentriert und verlaufsorientiert Therapieziele fortzuschreiben.

Diese von uns seit 1982 praktizierte Form der Kooperation in der Tagesklinik kann bei systematischer Anwendung eine quasi institutionell angebotene Aufspaltung von Übertragungsangeboten, die mit der Trennung in Realitätsraum und Therapieraum immer wieder in Verbindung gebracht wird (vgl. dazu z.B. Janssen, 1985), nach unserer Erfahrung verhindern. Eine integrative Gesamtkonzeption, wie sie für einen stationären Rahmen auch von Janssen (1985) vertreten wird, sollte nach unserer Auffassung eine durch die Realität einer psychotherapeutischen Institution vorgegebene Trennung in einen Realitätsraum und einen Therapieraum bei der Planung von Behandlungen nicht vernachlässigen. Heigl-Evers, Heigl und Münch haben 1976 auf diesen Zusammenhang hingewiesen. Sie beschreiben, wie nicht nur unterschiedliche Funktionsträger, sondern auch der Psychotherapeut selbst in seiner Rolle als Angestellter einer Klinik, Verhaltenserwartungen sowie Wünsche und Bedürfnisse von Patienten zuweilen anders beantworten muß, als dies in einer unmittelbaren therapeutischen Interaktion angezeigt wäre. Daraus folgt aber die Notwendigkeit, daß eine Trennung in Realitätsraum und Therapieraum nicht nur innerlich stets mitvollzogen und vermittelt werden muß, sondern erst recht in einer Konferenz oder einem "Team" von Mitarbeitern mit unterschiedlichen Aufgaben Beachtung zu finden hat.

Die Arbeit des Einzelpsychotherapeuten ist also auf die Sicherstellung einer verlaufsorientierten Diagnostik und Therapieplanung (Abschnitt 2; Heigl, 1981, S.6) unter Beachtung der verschiedenen Aspekte von Therapieraum und Realitätsraum für jeden einzelnen Patienten ausgerichtet. Es soll verstehbar und nachvollziehbar werden, mit welchem Ziel ein Patient z.B. an einer Gruppenbehandlung teilnimmt, unter welchem Gesichtspunkt er in der Gestaltungs- und Beschäftigungstherapie mitarbeitet, inwiefern für ihn andere, z.B. körperbezogene Behandlungstechniken, wie die Konzentrative Bewegungstherapie, bedeutsam werden können.

Der Einzelpsychotherapeut verhilft dem Patienten, immer in Kooperation mit dem gesamten Team, dazu, sich selbst und andere in unterschiedlichen therapeutischen Settings zu erleben, primitive bzw. pathologische Formen der Objektbeziehung und die damit in Zusammenhang stehenden Ich-Einschränkungen zumindest wahrzunehmen und eventuell zu überwinden, Vorstellungen von sich selbst, vom Objekt und von der eigenen Beziehung zum Objekt zu entwickeln und unter Vermeidung maligner Regression emotional angemessen auf sie eingehen zu können. Er ist also, individuumzentriert und verlaufsorientiert, sehr aktiv an der Therapieplanung beteiligt, er fördert und steuert diesen Prozeß in den Fallkonferenzen, wirkt aber dabei nicht direktiv und bestimmend, sondern klärend und strukturierend und sucht auf diesem Wege, eine lediglich additive Aneinanderreihung von Behandlungsangeboten zu vermeiden. Er hat in den patientenzentrierten Fallkonferenzen insofern zwar eine Schlüsselfunktion, die Therapieplanung als solche ist aber abhängig von der Mitwirkung aller Mitarbeiter der Tagesklinik und kann auch nur von ihnen gemeinsam getragen werden.

Die hier dargestellten Aufgaben des Einzelpsychotherapeuten in der Tagesklinik sind durch zeitweiliges Abweichen von den therapeutischen Haltungen der Neutralität, Abstinenz und der Anonymität gekennzeichnet und lassen zumindest in bezug darauf auch prinzipielle Unterschiede der einzeltherapeutischen Funktion zwischen ambulanter und teilstationärer wie auch stationärer Psychotherapie anklingen (siehe dazu Körner und Rosin, 1985). Einen speziellen Akzent erhalten diese Aufgaben durch die intensive Beteiligung an der Therapieplanung. Durch das Prinzip der

Verlaufsorientierung wird die Behandlung von Konfliktpathologien
auch bei strukturell ich-gestörten Patienten im Sinne von deuten-
dem Intervenieren nicht ausgeschlossen. Diese können sich sogar
im Verlauf der Behandlung neben der Bearbeitung struktureller
Ich-Störungen als notwendig erweisen (vgl. Henneberg-Mönch,
1986).

Im Rahmen unseres Gesamtbehandlungsplanes ließe sich eine solche Veränderung - eine Verlagerung der Therapie von der Bearbeitung der Entwicklungs- auf die Konfliktpathologie - etwa durch
einen Wechsel des Patienten von der analytisch interaktionellen zur
tiefenpsychologisch fundierten Gruppentherapie vollziehen; auch in
anderen Bereichen sind beim Vorliegen einer solchen verlaufsorientierten Änderung der Indikation entsprechende Umstellungen denkbar. Das könnte für den Einzelpsychotherapeuten eine behutsame
Zurücknahme der Hilfs-Ich-Funktion wie der Stützung des Patienten bedeuten, wenn bei ihm Möglichkeiten und Bereitschaften erkennbar werden, diese Fähigkeiten zunehmend selbst ausüben zu
können und zu wollen.

In den fallzentrierten Mitarbeiterbesprechungen würden dann verstärkt Aspekte der Übertragung und Gegenübertragung von Ganzobjekten eine Rolle spielen, und der Einzelpsychotherapeut würde
seine Aufmerksamkeit schwerpunktmäßig auf die "Zusammenführung der gespaltenen Übertragungen" richten (Janssen, 1981, S.
53). Darunter würden wir die Bemühung verstehen, aus den verschiedenen Facetten einer multilateralen Übertragung des Patienten auf die verschiedenen Mitglieder des Gesamtteams eine Gestalt
entstehen zu lassen. Insofern bleibt auch unser Konzept der Tagesklinik dem einer integrativen, stationären psychoanalytischen
Therapie vergleichbar, ohne damit die institutionell vorgegebene
Trennung in Realitäts- und Therapieraum unberücksichtigt lassen
zu müssen. "Die in dem Modell vorhandene Übertragungsaufspal-
tung in die verschiedenen therapeutischen Interaktionen erlaubt
keine innerklinische Schweigepflicht. Der Patient wird je nach seiner intrapsychischen Dynamik und nach der Reaktualisierung seiner infantilen Beziehungsmuster sich entsprechende 'Objekte' suchen. Er wird z.B. böse und gute Aspekte auf verschiedene Therapeuten übertragen können. Die Zusammenführung der gespaltenen
Übertragungen stellt damit einen integrativen Akt der Therapeutengruppe für die Patienten dar" (Janssen, 1981, S.53). Der Einzelpsychotherapeut ist in unserer Tagesklinik als Mitglied der Therapeu-
ten- (bzw. Mitarbeiter-) Gruppe einerseits an diesem Prozeß be-

teiligt, andererseits behält er durch seine spezielle Verantwortlichkeit für die Therapieplanung eine Schlüsselrolle und muß darum bemüht bleiben, nicht nur selbst teilzuhaben, sondern auch die Teilnahme der anderen zu fördern und anzuregen, um die sich in der Gruppe der Mitarbeiter abbildenden Anteile des Patienten wahrzunehmen, zu verstehen und für die Therapie zu nutzen. Dabei fällt ihm, als einem der psychoanalytisch weitergebildeten Mitarbeiter, auch die Aufgabe zu, die von ihm theoretisch eingeordneten psychopathologischen Phänomene und Prozeßdeterminanten in eine für alle Beteiligten verständliche Sprache zu übersetzen. Die in der Gruppe geschilderten Beobachtungen, Eindrücke und Erlebnisse sind theoretisch einzuordnen, so daß eine zweifache Übersetzungsarbeit im Rahmen des Teams zu leisten ist.

Möglichkeiten zur Entlastung von eigener innerer Unsicherheit findet der Einzelpsychotherapeut in der wöchentlich stattfindenden Konferenz aller therapeutischen Mitarbeiter unter der Leitung des Oberarztes. Hier kann es speziell um die unmittelbare eigene Beziehung zu einem Patienten und den damit verbundenen Entwicklungen, Problemen und Möglichkeiten gehen. Ebenso wichtig ist aber auch die Betrachtung der Reaktionen der Kollegen auf seinen Patienten und der daraus resultierenden Folgen für die Beziehungen untereinander, wie sie sich z.B. in den Fallbesprechungen darstellen. Diese Erfahrungen und Klärungen in der Therapeutenkonferenz haben immer auch Konsequenzen für die weitere Therapie, aus ihnen ergeben sich wichtige Anhaltspunkte etwa für die Fokussierung der Behandlung, die dann in den klientenzentrierten "Team"-Sitzungen auf der Tagesklinikstation weiterentwickelt, ausdifferenziert und konkretisiert werden können.

Die Übernahme der Hilfs-Ich-Funktion erscheint besonders in der Phase kurz vor und kurz nach der Aufnahme des Patienten von nicht unerheblicher Bedeutung zu sein. In bezug auf den Beginn einer Behandlung zeigen sich viele psychisch Kranke häufig unentschlossen und sind zu ihrer Entscheidung, in die Tagesklinik zu gehen, relativ zwiespältig eingestellt. Dies ist nicht zuletzt darauf zurückzuführen, daß kaum jemand eine rechte Vorstellung von dem hat und in der Regel auch nicht haben kann, worauf er sich eigentlich einlassen will oder schon eingelassen hat, was also mit seiner Entscheidung für die Tagesklinik auf ihn zukommt. Mit verschiedenen Schwerpunkten und in unterschiedlicher Intensität wirkt auch in dieser Zeit bereits das gesamte Team an der Aufnahme des Patienten mit. Aupke (siehe Abschnitt 3.3.1) beschreibt das Vorgehen in dieser Phase aus der Sicht der Krankenschwester. Hoffmann geht unter dem Aspekt der Sozialarbeit und der Sozialtherapie (siehe Abschnitt 3.3.2) auf sein Vorgehen in dieser Phase der Behandlung eines Patienten ein.

Angesichts einer für den einzelnen psychisch Kranken vielleicht fremden und damit ängstigenden, möglicherweise panikverursachenden Umgebung - wie sie sich ihm in der Tagesklinik und den dort miteinander lebenden Patienten darstellt - geht es für den Einzelpsychotherapeuten gerade in der Anfangsphase der Behandlung darum, den Patienten vor Reizüberflutungen bzw. Überforderungen angemessen zu schützen und den Grad seiner Belastungsfähigkeit bei der Planung und Gestaltung der Therapie genau zu beachten. Er - der Patient - soll ja vor dem Hintergrund einer vertrauensvollen Beziehung zum Einzelpsychotherapeuten veranlaßt werden, seine Konflikte und Defizite in der Konfrontation mit anderen zu erkennen und zu bearbeiten; durch das Gefühl des Alleinseins bzw. durch eine Überflutung von Außenreizen würde er sicherlich zu einer Verstärkung der inneren Widerstände und des manifesten Widerstrebens veranlaßt, bzw. sich zum totalen Rückzug aus der Behandlung aufgefordert sehen.

Der Einzelpsychotherapeut nimmt die damit geschilderten Aufgaben in der Beziehung zu den Patienten auch deshalb wahr, weil wir im Rahmen der diagnostischen Gespräche, die der Aufnahme in die Tagesklinik vorgeschaltet sind, immer wieder die Beobachtung gemacht haben, wie ausgeprägt bei den meisten Patienten der Wunsch ist, jemanden für sich allein zu haben; jemanden, dem man sich mit einer nahezu uneingeschränkten, vertrauensseligen Offenheit jederzeit sofort und allumfassend, also in einer primärprozeßhaften Art und Weise zuwenden kann. Dieser Wunsch ist häufig auch dann zu vermuten, wenn sich der Kranke ausweichend, ängstlich, zurückweisend oder gar verachtend dem Therapeuten gegenüber zeigt und damit auf die Nichterfüllung seiner Wünsche bzw. auf unerwartete Reaktionen des anderen reagiert. Die Gefahr einer Überwältigung von Unlustaffekten, die sich in dysphorischen Reaktionen, impulshaften Durchbrüchen, präpsychotisch anmutenden Wahrnehmungsbeeinträchtigungen, narzißtischen Rückzügen mit der Gefahr des Therapieabbruchs u.ä. zeigen können, ist dabei stets gegeben. Aber gerade dieser Gefahr läßt sich durch konsequente Anwendung der psychoanalytisch-interaktionellen

Technik – wie sie in diesem Buch in den verschiedensten Zusammenhängen vorgestellt wird – bis zu einem gewissen Maße therapeutisch wirksam begegnen.

Wir nehmen an, daß die häufig mitgeteilten Therapieabbrüche gerade von Patienten mit frühen Störungsanteilen durch die Nichtbeachtung des Wunsches dieser Kranken nach Schutz und Nähe sowie durch einen nicht ausreichend behutsamen Umgang damit verstehbar werden. Zu einem solchen Umgang gehört auch die Antizipation der Möglichkeit, daß Nähe zu aufdringlich werden kann, woraus diffuse, meist körpergebundene Spannungszustände resultieren, die sich als Hilflosigkeit, Panik und Ohnmacht sowie letztlich in Fluchttendenzen äußern. Dieses Erleben des Patienten ist nicht nur im Sinne von Therapieplanung zu berücksichtigen. Hier kann es für ihn wichtig sein, das Mitgefühl des Therapeuten zu spüren, sich in seinem Leid, seiner inneren Panik und Zerrissenheit von ihm verstanden zu fühlen (siehe dazu Heigl-Evers und Heigl, 1986). Daneben bedeutet es für den Patienten eine nicht zu unterschätzende Hilfe, wenn der Therapeut sozusagen stellvertretend mit dem deutlich werdenden Leid und den Angstgefühlen umgeht und auf diese Weise eine Möglichkeit für die Orientierung an einem äußeren Objekt anbietet. Damit kann in der Anfangsphase einer Behandlung eine innere Entlastung des Patienten verbunden sein, die sich als ein erster Schritt in Richtung auf eine stabile Arbeitsbeziehung verstehen ließe.

Durch die Rahmenbedingungen der Tagesklinik wird der Patient immer wieder darauf aufmerksam gemacht, daß dieses Sich-Verlassen auf den anderen, die Orientierung an äußeren Objekten, nie total sein kann, da jeden Abend erneut eine Konfrontation mit dem eigenen privaten Milieu stattfindet, die letztlich auch Hospitalisierungseffekte vermeiden hilft. Zwar wird durch die "Herausnahme aus dem sozialen Alltag" (Heigl, 1981, S.6) – wie dies für eine stationäre Psychotherapie beschrieben worden ist – auf der einen Seite ein schützendes und förderndes Milieu geschaffen, das für viele Patienten zeitweilig sicherlich indiziert und notwendig ist. "Es wird damit aber andererseits auch eine zumindest berufliche, vielleicht auch in mancher Beziehung interpersonelle Konkurrenzlosigkeit – z.B. durch die festgelegten Termine für Einzelgespräche – und wirtschaftliche Unabhängigkeit angeboten, die den Patienten im Sinne der Abwehr zu dem Erleben veranlassen könnte, gerade durch das Bestehen der Symptomatik ein Stück Wohlbefinden erhalten zu haben" (Pohlen, 1981, S.101). Pohlen spricht von einem

"Paradiesgärtlein", von einem "autarken Raum, in dem man wie auf einer Harmonieinsel aus dem gesellschaftlichen Zusammenhang herausfallen kann, ohne aufzufallen" (Pohlen, 1981, S.101). Er zeigt ferner, daß der Einzelpsychotherapeut durchaus ein unbewußtes Interesse daran haben kann, diese Tendenz zu stützen. "Der Therapeut ist durch seine Arbeit mit dem Herausgefallenen im klinischen Raum gegen seine Angst vor dem Herausfallen geschützt" (Pohlen, 1981, S.101).

Durch den Bedingungsrahmen der Tagesklinik wird aber nicht nur der Patient zu einem regelmäßigen Erleben seiner privaten Lebenssituation und damit zum Umgang mit recht unlustvollen Gegebenheiten veranlaßt. Auch der Therapeut bleibt ständig in Auseinandersetzung mit der Tatsache, den Patienten sich selbst überlassen zu müssen, in der Beziehung zu ihm etwas zu riskieren, evtl. in Sorge um ihn zu sein oder gar enttäuscht zu werden. Wenn es so etwas wie einen in realistischer Weise wirksamen Schutz vor der eigenen Angst - der Angst des Therapeuten - gibt, die mit dem Risiko in der Beziehung zum Patienten verbunden ist, so liegt dieser Schutz aber gerade in der Stabilisierung des Patienten und in dessen Fähigkeit, gefühlshafte Reaktionen des Therapeuten in bezug auf sein eigenes Handeln zu antizipieren. Insofern kann der Therapeut kaum ein unbewußtes Interesse daran haben oder behalten, die Problematik bzw. die Krankheit des Patienten zum Schutz vor eigenen Ängsten zu pflegen. Zugleich liegt in der Vermittlung dieser Gefühle, der Gefühle wechselseitiger Ängstigung, die sich zwischen Patient und Therapeut entwickeln, eine Möglichkeit, ganz unmittelbar im Hier und Jetzt therapeutisch zu wirken und wenigstens Nachdenklichkeit auf seiten des Patienten zu erzeugen, evtl. sogar eine Veränderung seiner Einstellung und seiner Handlungsweisen zu erreichen.

Für die Zusammenarbeit mit dem Gruppenpsychotherapeuten, der Musiktherapeutin, der Gestaltungs- und Beschäftigungstherapeutin, dem Therapeuten für Konzentrative Bewegungstherapie, der Krankenschwester, dem Sozialarbeiter wie anderen Mitarbeitern der Tagesklinik ist das Beziehungsangebot des Patienten und die dazu korrespondierenden Ich-Einschränkungen - die vorherrschende pathologische Objektbeziehung - von entscheidender Bedeutung, weil sich vor diesem Hintergrund interpersonelle Beziehungen jeweils ausgestalten (Heigl-Evers und Streeck, 1983, S.15). "Auf manifester Ebene stellt sich diese Ausgestaltung als Prozeß des Aushandelns von Normen dar, von Regeln des interpersonellen

Verhaltens, die in der Gruppe gültig sein sollen. Das geschieht grundsätzlich nicht anders als im sozialen Alltag; ..." (Heigl-Evers und Streeck, 1983, S.15).

In der Kooperation mit der Gestaltungs- und Beschäftigungstherapeutin, die hier als Beispiel dienen soll, bestimmen sich von daher die Themenstellungen, die Materialangebote, evtl. auch die Arbeitstechniken und die Detailliertheit des Arbeitsvorschlages mit. Zur Vorbereitung auf dieses Beispiel wird die Beschäftigungs- und Gestaltungstherapie, so wie sie in unserer Klinik gehandhabt wird, in ihren Grundzügen beschrieben.

3.2.1.2 Die Bedeutung der Beschäftigungs- und Gestaltungstherapie in der Tagesklinik

HELGA TELLBÜSCHER

Das Ziel der Beschäftigungstherapie liegt darin, durch das eigene Tun an einem Produkt die kreative Möglichkeit des Patienten zu mobilisieren und zu fördern. Hierbei kann er im Umgang mit den unterschiedlichsten Materialien und Techniken sich selbst erfahren. Oft muß auch die Fähigkeit, sich einer zweckfreien Tätigkeit zuzuwenden und sich spontan auszudrücken, erst entwickelt oder freigesetzt werden. Durch lustbetonte Tätigkeiten kann es auch zur Entdeckung von vielleicht noch unbekannten Interessengebieten und deren Weiterentwicklung kommen.

Beschäftigungstherapie wird unseren Patienten zweimal wöchentlich angeboten. Innerhalb der Gruppe ist jeder Patient für sich selbst kreativ tätig und stellt dabei auch etwas her. Die Planung und Ausführung für sein Werkstück nimmt er selbst vor, wobei die Beschäftigungstherapeutin Hilfestellung in der Art anbietet, daß sie den Patienten anleitet, selbst etwas zu schaffen bzw. zu tun. Hierbei kann die Anforderung langsam gesteigert werden. Ausdauer, Eigenverantwortlichkeit und die vom Material gesetzten Grenzen zu ertragen, können durch diese Tätigkeit erfahren und geübt werden. Ob dieses Produkt ein nützlicher Gegenstand, etwa ein Batiktuch oder eine Schale aus Ton, ist oder völlig zweckfrei gestaltet wird, hängt bisweilen von der Persönlichkeitsstruktur wie auch den Störungsanteilen des Patienten ab. Bei der Arbeit am Produkt entfaltet sich sein Problem, das ihn auch dazu bringt, das eine zu tun und das andere zu lassen. So wird zum Beispiel ein zwanghafter Patient ermutigt, auch einmal spontan an einen Klumpen Ton heranzugehen, zu modellieren, etwas sich entwickeln und entstehen zu lassen, zu schauen, was dabei herauskommt. Einem Patienten, der nicht die Fähigkeit besitzt, planvoll an eine Sache heranzugehen, weil er z.B. nur nach dem Lustprinzip zu leben sucht, wird angeboten, sich an eine Webarbeit, die eine planvolle Vorgehensweise voraussetzt, heranzuwagen.

Für mich als Beschäftigungstherapeutin ist die Bearbeitung des Entstehungsprozesses von Bedeutung. Wie geht der Patient mit dem Material um? Bevorzugt er zum Beispiel "saubere Materialien" und läßt er "schmutzige Materialien" links liegen? Arbeitet er also z.B. lieber mit Holz als mit Ton? Wichtig ist auch, zu beobachten, ob ein Patient mit seinem Material penibel-sparsam oder verschwenderisch umgeht. Manche Patienten bringen ihren Platz auf Hochglanz und polieren das Werkzeug; andere lassen die Sachen schmutzig auf ihrem Platz liegen oder legen einfach das Werkzeug in irgendeine Ecke. Weitere wichtige Fragen sind: Wie geht der Patient die eigentlichen Aufgaben an, entschlossen oder zögernd, strukturiert der Patient seine Arbeit? Ganz wichtig ist auch die Beobachtung, wie er sich beim Mißlingen seiner Arbeit verhält. Man kann hier oft ganz konkret Rückschlüsse auf seine Frustrationstoleranz im Alltag ziehen. Der Patient wird auch lernen können, Erfahrungen aus der Beschäftigungstherapie auf analoge Gebiete seines Lebens anzuwenden. Zum Beispiel kann er lernen, sich damit abzufinden, wenn etwas nicht gelingt, wie er es sich vorgestellt hatte, sein Ziel sich also als nicht erreichbar erweist. Sehr gefordert wird diese Fähigkeit insbesondere bei Batikarbeiten, an die der Patient mit bestimmten farblichen Vorstellungen herangeht, die sich aber technisch bedingt nur in den seltensten Fällen dieser Vorstellung entsprechend realisieren lassen. Wichtig ist, mit dem Patienten über sein Erleben bei solchen schöpferischen Versuchen zu sprechen, um ihm die dazugehörigen psychischen Abläufe nahezubringen.

Neben den bislang erwähnten Gesichtspunkten gibt es aber noch eine Reihe von therapeutischen Zielen, von denen ich einige nennen möchte:

- Eigene Wünsche und Bedürfnisse kennen- und deren Realisierbarkeit einschätzen lernen: Wahl von Material und Technik.
- Entscheidungsprozesse fördern: "Welches Material soll ich wählen?"
- Sich Neuem, Unbekanntem zuwenden: "Ich habe noch nie mit einem Speckstein gearbeitet!"
- Widerstände überwinden lernen: Ton wird mit Schmutz gleichgesetzt.
- Abbau von übertriebenem Leistungsanspruch: Zeit lassen, Techniken anbieten, die eine unvollkommene Arbeit zulassen und Perfektion nicht verlangen.
- Stärkung des Selbstwertgefühls, Zufriedenheit mit einer gelungenen Arbeit.

Nicht zu vergessen ist hier die Freude am Gestalten und am spielerischen Umgang mit den verschiedensten Materialien. Zwar kann zu Beginn Angst auftreten; diese wird aber oft durch positive Gefühle (Werkfreude) abgelöst, durch Freude daran, z.B. aus einem einfachen Klumpen Erde etwas zu gestalten. Beschäftigungstherapie soll also auch Spaß machen.

Kommt der Patient in die Beschäftigungstherapie, so kann er sich zunächst einmal eine beliebige Technik auswählen. Die Wahl fällt gemäß den Neigungen und Problemen des Patienten aus. Der eine wird eine Technik wählen, die er schon kennt und die ihm somit die größte Sicherheit bietet; der andere wird vielleicht gerade etwas ganz Neues ausprobieren wollen. Hierbei ist auch die Selbst- und Eigenständigkeit der Patienten zu beobachten. Die einen Patienten holen sich ihr Werkzeug, welches sie benötigen, vorher aus den Regalen oder Schränken und legen es sich zurecht; andere fragen ständig, wo ist dies oder jenes, selbst wenn sie schon monatelang in der Beschäftigungstherapie gearbeitet haben. Wieder andere sind so gehemmt, daß sie sich kaum zu fragen trauen und immer wieder angesprochen und ermutigt werden müssen. Manche möchten lieber allein etwas ausprobieren, andere lassen sich jeden kleinen Schritt zeigen. Einige Patienten greifen wahllos jede Anregung sofort auf und orientieren sich an der Therapeutin oder an den Mitpatienten. Es gibt Patienten, die sich gegenseitig helfen und wieder andere, die wenig Kooperation zeigen. Die unterschiedlichen Verhaltensweisen deuten in manchen Fällen auf Ich-Funktionsstörungen der Patienten hin. Durch Gespräche mit dem Einzeltherapeuten werden gewisse Aspekte der dahinterliegenden Problematik deutlich, so daß ich sie in der Beschäftigungstherapie berücksichtigen und individuell auf sie eingehen kann.

Die Stimmung innerhalb der Beschäftigungstherapiegruppe ist recht unterschiedlich. Manchmal entwickeln sich Gespräche über die Therapieinhalte hinaus in einer sehr lockeren Atmosphäre; manchmal sitzen alle ganz auf ihr Tun konzentriert da und reden kaum ein Wort miteinander. Hier zeigt sich auch in den Interaktionen zwischen den Patienten so manches, was auf der Station vielleicht gar nicht so klar zum Ausdruck kommt. Da gibt es z.B. Kämpfe um den gewohnten Sitzplatz, ein anderes Mal reagieren Patienten ganz empfindlich auf einen ungelittenen Mitpatienten, der etwas Krach an der Hobelbank macht oder sich Werkzeug ausleihen will.

Im Umgang mit den Patienten bin ich diejenige, die u.a. anleitet, an vorhandene Fähigkeiten anknüpft und diese fördert. Auffälligkeiten, die ich bemerke, werden von mir angesprochen. In meiner Rolle wirke ich zum einen therapeutisch, indem ich z.B. dem Patienten im Umgang mit anderen zur Selbsterfahrung verhelfe, zum anderen aber auch pädagogisch, indem ich dem Patienten z.B. dabei helfe, zu lernen, sich an Regeln zu halten, Ziele zu verfolgen und zu erreichen und ähnliches mehr.

Wichtig ist auch, daß ich mich in meinem Verhalten dem Patienten gegenüber als reale Person einbringe. Ich kann und soll Reaktionen - in abgemilderter Form z.B. auch Ärger und Enttäuschung - zeigen. Bis zu einem gewissen Maß fließt dabei auch Persönliches in den Umgang mit dem Patienten ein. Auch kann es vorkommen, daß ich unter dem Aspekt "Übertragung" die Rolle einer früher wichtig gewesenen Person zugewiesen bekomme. An einem Beispiel möchte ich dies aufzeigen:

> Ein Patient, 40 Jahre alt, wurde von seiner Mutter in hohem Maße verwöhnt. Bei der kleinsten Anforderung sprang die Mutter ein, räumte ihm Unannehmlichkeiten aus dem Weg; andererseits verfügte sie voll und ganz über ihn. In der Beschäftigungstherapie äußerte sich die Übertragungssituation folgendermaßen: Der Patient teilte mir zu Beginn mit, daß er handwerklich vollkommen ungeschickt sei, sich deshalb unter starkem Druck fühle und die Beschäftigungstherapie für ihn keinerlei Sinn habe. Anfangs war ich nachsichtig. In einem Gespräch, welches zwischen seiner Einzeltherapeutin und mir im Sinne der Integration unserer Behandlung zu diesem Zeitpunkt stattfand, wurde jedoch deutlich, daß sich hier eine typische Übertragung anbahnte: Der Patient erwartete von mir das gleiche nachsichtige Verhalten, wie er es von seiner Mutter gewohnt war. Die gleiche

Nachsicht erhielt er von mir jedoch nicht, ich erwartete vielmehr seine Teilnahme an der Beschäftigungstherapie. Der Patient reagierte darauf mit Wut und versuchte, mittels einer Beschwerde über mich durch den Stationsarzt von der Beschäftigungstherapie befreit zu werden. Seine Versuche, der Beschäftigungstherapie fernzubleiben, wiederholten sich noch einige Male. Diesem Versuch des Patienten begegnete ich, indem ich in Gesprächen mit ihm um Verständnis bemüht war, aber sein Bedürfnis nach Entlastung nicht befriedigte. In Gesprächen mit seiner Einzeltherapeutin wurde dem Patienten allmählich deutlich, welche Übertragungsanteile er mit seinem Wunsch an mich herstellte, von der Beschäftigungstherapie befreit zu werden. Seitdem nahm er regelmäßig an dieser Therapie teil. Seine Übertragungstendenzen mir gegenüber zeigten sich auch im Umgang mit Dritten. Statt sich in Konfliktfällen mit einer Mitpatientin auseinanderzusetzen, erwartete er von mir, daß ich ihm beistand. Wenn ich die Übernahme jener Rolle verweigerte, die früher seine Mutter übernommen hatte, reagierte er mit Vorwürfen oder verließ den Raum.

Bei der Gestaltungstherapie hat der Patient die Möglichkeit, aus verschiedenen angebotenen Materialien seiner Phantasie und Vorstellungswelt entstammende Objekte zu malen, zu formen oder zu gestalten.

An ihnen werden vor- oder unbewußte Inhalte oder entwicklungspathologische Merkmale sichtbar. Die Arbeit am Objekt dient hier der Unterstützung und Entwicklung des Ichs, aber auch Zusammenhänge zur Lebensgeschichte des Patienten werden deutlich. Durch die gestalterische Darstellung besteht die Möglichkeit, Prozesse der Regression und Integration angemessen zu fördern. Schöpferische Kräfte können geweckt werden, die dem Patienten einen Zugang zu seinen Gedanken, Phantasien, aber auch emotionalen Bereichen ermöglichen oder dazu beitragen, daß diese sich frei entwickeln können. Er kann Einsicht in die eigenen Wünsche, Bedürfnisse, Haltungen, Einstellungen und Vorurteile gewinnen und lernen, diese in Sprache zu kleiden. Der Patient wird ermutigt, sich auf Neues, Unbekanntes, Ungewisses einzulassen.

Die Materialien, die dem Patienten zur Auswahl stehen, reichen von Ton, Kleister, Fingerfarben bis zum spitzen Bleistift. Pinsel in verschiedenen Breiten und Größen, aber auch Zeitschriften (für Collagen) stehen dem Patienten zur Verfügung. Schon in der Auswahl des Materials oder des Mittels spiegelt sich die momentane psychische Situation des Gestaltenden wider.

Ein sinnlicher Bezug wird z.B. beim Material Ton hauptsächlich durch die Fingerspitzen und Hände hergestellt. Mit ihnen werden Art und Zustand des Materials wahrgenommen. Der Patient "begreift" das Material als weich oder hart, glatt oder rauh, feucht oder trocken, fest oder schmierig.

Der Gestaltungstherapieraum befindet sich im Gebäude der Tagesklinik. So wird mit dem Räumlichen zugleich auch eine emotionale Verbindung ermöglicht. Dieser Raum wird von manchen Patienten als Rückzugsmöglichkeit benutzt, manche nutzen ihn auch, um zwischendurch einmal etwas allein zu gestalten. Hier fragt sich die Therapeutin: "Warum zieht sich der Patient zurück, was ist der Grund dafür, daß er gerade jetzt zu malen beginnt oder handwerklich tätig ist?"

Durch die ruhige Atmosphäre, die im Gestaltungstherapieraum herrschen soll, wird sich der Patient weder eingeengt noch unter Leistungsdruck fühlen. Durch die spielerisch anmutende Betätigung, die Kreativität und Spontaneität fördert, werden die Widerstände dagegen, sich zu äußern, manchmal schneller überwunden als durch die direkte Aufforderung, über eigene Schwierigkeiten und Probleme zu sprechen.

Um im Sinne der Individuumzentriertheit ein möglichst differenziertes Angebot zu machen, werden drei verschiedene Gestaltungstherapie-Gruppen angeboten, von denen jede einmal wöchentlich stattfindet. In Absprache mit dem Einzeltherapeuten erfolgt die Zuweisung der Patienten zu den einzelnen Gruppen; über den Beginn der Gestaltungstherapie wird jeweils individuell entschieden. Bei manchen Patienten ist zunächst eine Einzelgestaltungstherapie indiziert, vor allem dann, wenn zunächst die Entwicklung der Beziehung zu einer Person im Vordergrund steht, wenn die Arbeit in einer Gruppe dem Patienten noch nicht möglich ist.

Die unterschiedliche Gruppeneinteilung richtet sich nach Art und Schwere der Störung des Patienten. So werden z.B. bei einer Gruppe von Patienten mit präpsychotischen Zuständen neben dem zeitlichen Rahmen auch durch Material oder Thema feste Strukturen geschaffen. Dieses Angebot soll dem Patienten Sicherheit und Halt bieten und auftauchende Ängste begrenzen. Von der Therapeutin angebotene Themen können auf der Symbolebene liegen (Fluß, Baum, Tor) oder auch Aktuelles aus dem Tagesklinik-Alltag beinhalten (Stationsversammlung).

Bei Patienten einer anderen Gruppe werden Themen entweder gemeinsam entwickelt, oder die Patienten werden dazu angeregt, spontan nach ihrer momentanen Stimmung und ihren Einfällen zu gestalten. Manch ein sich unsicher fühlender oder zwanghafter Patient möchte am liebsten immer Themen angeboten bekommen. Andererseits möchte ein Patient, der sich durch die Vorgabe eines Themas in seiner Freiheit eingeengt fühlt, immer "frei" malen.

Für eine dritte Gruppe ist der zeitliche Rahmen die einzige vorgegebene Struktur. Innerhalb dieses Rahmens bestimmen die Patienten den Ablauf selbst. Sie sind in der Lage, sich ohne allzu große Angst für ein Material zu entscheiden und können sich diesem frei und spontan überlassen. Aber auch hier kann es vorkommen, daß die Therapeutin aus aktuellem Anlaß oder aus gruppendynamischen Aspekten heraus Themen aufgreift und zum gemeinsamen Gestalten anregt. Ein solcher aktueller Anlaß kann sich zum Beispiel aus der Gruppenpsychotherapie oder dem Stationsgeschehen ergeben. Hier zeigt sich besonders, wie wichtig gegenseitiger Austausch innerhalb des Teams ist.

Da unsere Arbeit im wesentlichen psychoanalytisch bestimmt ist, bezieht die Therapeutin Kindheitserlebnisse und Träume bei der Themenwahl mit ein. Themen dazu wären zum Beispiel: "ein Traum", "meine erste Erinnerung", "meine Kindheitsfamilie".

Themen für die gemeinsame Gestaltung der Teilnehmer einer Gestaltungstherapiegruppe basieren fast immer auf gruppenspezifischen Vorüberlegungen. "Es geht ausschließlich um das Du und die Begegnung mit ihm und darüber hinaus um das gemeinsam tragende Wir" (Biniek, 1983, S.143). Häufig rufen diese Themen allerdings erheblichen Widerstand bei den Patienten hervor. Dann ist es wichtig, den Patienten diese Widerstände zu verdeutlichen und zunächst daran zu arbeiten. Die Gestaltungstherapeutin sollte sich aber bewußt sein, daß Themenvorschläge immer auch Einschränkungen beinhalten. Wenn es darum geht, die Dynamik in der Gruppe zu verdeutlichen, so wird dies in besonderem Maße beim gemeinschaftlichen Malen ohne Thema gefördert.

Während des Gestaltungsprozesses beobachtet die Gestaltungstherapeutin die Patienten in bezug auf Platzwahl, Auswahl und Umgang mit dem Material, Beginn und Verlauf des Gestaltens. Die Beobachtungen beziehen sich bei gemeinsamen Arbeiten auf das sich entwickelnde Gruppengeschehen, etwa beim gemeinsamen Gestalten eines Bildes. Hierbei zeigt sich oft deutlich die Nähe-

Distanz-Problematik mancher Patienten: Was passiert, wenn sich Teilnehmer auf dem Bild näherkommen, wie gehen sie aufeinander ein? Können sie sensibel auf das Angebot ihres Gegenübers reagieren? Fühlen sie sich eingeengt, wenn eine imaginäre Grenze zwischen ihrem Malbereich und jenen der anderen überschritten wird, und können sie auch Grenzen setzen? Verstehen sie den anderen und fühlen sie sich verstanden? Oder wird ein verzweifelter Kampf auf dem Papier ausgetragen?

Im Anschluß an den Gestaltungsprozeß bietet das Gestaltete die Grundlage für die Reflexion. Hierbei sitzen die Patienten und die Therapeutin im Kreis und betrachten jeweils ein Produkt gemeinsam. Der "Hersteller des Produkts" stellt meist zuerst sein Bild vor, indem er sein Erleben während des Gestaltens, seine Gedanken, Gefühle, Einfälle der Gruppe mitteilt. Die anderen Patienten haben dann die Möglichkeit, darauf einzugehen und sprechen ihrerseits über ihre Eindrücke, Einfälle und Gefühle, die beim Betrachten des Gestalteten in ihnen auftauchen. Bei der Gruppenarbeit, d.h. der Schaffung eines gemeinsamen Produkts, steht die Nachbesprechung ganz unter dem Aspekt der Kommunikation und der dahinterstehenden Dynamik in der Gruppe.

Die Interventionen der Therapeutin bei der Nachbesprechung sollen in besonderem Maße der Klarifikation und der Konkretisierung dienen: Geschehen während der Entstehung und Inhalte der Gestaltung sollen deutlich werden. Dabei beschänkt sich die Therapeutin zunächst darauf, das von ihr während des Gestaltungsprozesses Beobachtete und das auf dem Produkt konkret Sichtbare zu beschreiben: auffällige Verhaltensweisen, Gestaltungsablauf, Farbwahl, Formen, Anordnung der Figuren, Proportionen usw. Später stellt sie dann aber auch Fragen zu den Bildinhalten und den sich daraus entwickelnden Einfällen.

Die Therapeutin will den Patienten bei der Einsicht in innere Vorgänge und Zusammenhänge helfen. Zwischen dem, was sich in der Gestaltung ausdrückt, und den unbewußten Ängsten, Wünschen und Konflikten kann der Patient allmählich selbst Verbindungen herstellen. Er wird so die Bedeutung seines Bildes erfassen und lernen, das Erlebte zu verbalisieren.

In der Zusammenarbeit mit dem gesamten Team, aber im besonderen mit dem Einzeltherapeuten zählen die Weitergabe von Beobachtungen in bezug auf den Gestaltungsprozeß und die sich zeigende Dynamik in der Gruppe, von Äußerungen des Patienten und nicht zuletzt das Betrachten der gestaltungstherapeutischen Produkte zu den Bestandteilen des gesamten Behandlungsplans. Ebenso verhelfen die Informationen, die von den Therapeuten gegeben werden, dazu, an aktuelles Geschehen im einzeltherapeutischen Prozeß anzuknüpfen, es zu thematisieren oder ein besonderes Augenmerk darauf zu richten.

Verschiedentlich ist schon auf Unterschiede in der Arbeit der Tagesklinik und der vollstationären Behandlung aufmerksam gemacht worden. Auch die Beschäftigungs- und Gestaltungstherapie muß darauf Rücksicht nehmen. Der ständige Wechsel zwischen Tagesklinik und dem "Zuhause", dazu die Probleme des Alltags mit all ihren Auswirkungen, machen auch in der Beschäftigungs- und Gestaltungstherapie ein ständiges Sich-neu-Einlassen erforderlich. Dieser Wechsel spielt in der vollstationären Therapie keine so ausschlaggebende Rolle. Da es unseren Patienten, die ja häufig frühe Störungsanteile zeigen, oft schwerfällt, sich auf das tagesklinische Arbeitsbündnis einzulassen, ist es verständlich, daß sich dies auch in der Beschäftigungs- und Gestaltungstherapie bemerkbar macht. Auch hier gilt es immer wieder, die Patienten darauf aufmerksam zu machen, sich an die Vereinbarungen zu halten.

Auf die Ich-Funktionsdefizite kann in der Form eingegangen werden, daß in der Beschäftigungstherapie z.B. eine konkrete Technik angeboten wird und deren einzelne Schritte besprochen und teilweise gemeinsam mit der Therapeutin durchgeführt werden, um ein Einüben bestimmter, noch defizitärer Funktionen zu ermöglichen. Anders als auf der Station ergibt sich für die Gestaltungstherapie die Notwendigkeit, auf die Außenrealität bezogene Aspekte stärker zu betonen. Durch die Wahl eines geeigneten Themas kann dem Patienten dazu eine spezielle Hilfestellung gegeben werden. Ein solches Thema kann z.B. sein: "Mein Weg hierher", "Am Abend, wenn ich nach Hause komme", "Kommen und Gehen".

3.2.1.3 Zusammenarbeit des Einzeltherapeuten mit der Beschäftigungs- und Gestaltungstherapeutin - Ein kasuistisches Beispiel

GERHARD STANDKE und HELGA TELLBÜSCHER

Wir wollen nunmehr versuchen, anhand eines Fallbeispiels zu verdeutlichen, wie die Zusammenarbeit des Einzeltherapeuten mit der Beschäftigungs- und Gestaltungstherapeutin im Sinne unseres Gesamtbehandlungsplans verwirklicht werden kann. Es handelt sich um die Therapie eines 24jährigen jungen Mannes, der sich in einzeltherapeutischer Sicht wie folgt darstellt:

> Deutlich wird in der Beziehung dieses Patienten zu seinem Einzeltherapeuten ein Gefühl der Hilflosigkeit und Verwirrtheit vor allem in solchen Situationen, in denen er sich subjektiv körperlich angespannt fühlte und ein bedrängendes Unwohlsein in der Magengegend empfand. Er versprach sich dann häufig, brach Sätze ab, begann einen anderen, schien sich aber gedanklich nicht auf sein eigenes Sprechen einstellen zu können. Seine Darstellungen wirkten künstlich, konstruiert und erlebnisfern, stets waren sie von selbstentwertenden Kommentaren begleitet. Er war offensichtlich sehr bereit - ähnlich wie in der Beziehung zu seinem Vater -, das mit den Interventionen deutlich werdende Erleben des Therapeuten als sein eigenes zu verstehen, sich entsprechend auch den Einschätzungen des Therapeuten vorbehaltlos zu überlassen und sie wie eigene zu behandeln.
> Wann immer er sich über den Therapeuten geärgert zu haben schien, stellte der Patient eine so geartete Beziehung her. Für das Erleben von anderen wirkte es so, als ob er aggressive Impulse nicht wahrnehmen und in ihren Folgen nicht voraussehen konnte. Seine Lösung für solche Situationen war eine tiefe innere Bereitschaft, das Erleben des anderen als das eigene zu verstehen und dadurch in dieser Beziehung den Widerspruch zu anderen bzw. den interpersonellen Konflikt mit ihm aufzuheben.

Für die Therapie ergaben sich aus dieser Art der Beziehungsaufnahme des Patienten zum Therapeuten folgende Überlegungen für die Behandlung in der Einleitungsphase:

Zunächst mußte es darum gehen, den Wunsch des Patienten nach Schutz, Nähe und Geborgenheit erlebbar werden zu lassen. Er sollte dies erleben können, auch wenn manifest bei ihm Wünsche nach Eigenständigkeit, Unabhängigkeit und Autonomie vorzuherrschen schienen. Dies aber hieß, daß es zunächst um eine Klarifizierung seiner latent spürbaren Wünsche und Vorstellungen gehen mußte. Zugleich sollte ihm deutlich werden können, daß diese Gefühle von Hilflosigkeit und Verwirrtheit immer dann aktuell wurden, wenn er selbst innerlich verärgert oder abweisend auf das im Grunde herbeigewünschte Objekt reagierte und seine Bedürfnisse und Wünsche diesem gegenüber zu vertreten hatte. Zunächst mußten für ihn diese unterschiedlichen Aspekte der Wahrnehmung des Objekts wie unvereinbar wirken. Wesentlich war darüber hinaus, daß er so nicht nur in der Beziehung zum Therapeuten und im Umgang mit anderen Patienten reagierte, sondern ähnliches in der Konfrontation mit seinem Vater stets wieder erlebte und im weiteren Verlauf der Therapie auch fühlen und ansprechen konnte.

Diese Überlegungen bei Beginn der Behandlung des Patienten zu der Art seiner Objektbeziehungen sowie die im folgenden noch zu schildernden einleitenden Beobachtungen und Eindrücke der Gestaltungstherapeutin bildeten die Grundlage für die Integration unserer Arbeit in der Tagesklinik.

Es soll nun dargestellt werden, wie die Gestaltungs- und Beschäftigungstherapeutin unter Einbeziehung der Eindrücke sowie der diagnostischen und psychodynamischen Erwägungen des Einzelpsychotherapeuten auf den Patienten eingegangen ist. Denn auch die anfänglichen Beobachtungen, die die Gestaltungstherapeutin an dem vom Einzeltherapeuten geschilderten Patienten machte, wie sie ihn erlebte und was sich in seinen Bildern ausdrückte, werden nicht nur einbezogen in die Formulierung der Therapieziele, sondern fließen auch in die Strukturierung des Therapieplanes ein. Dabei kann die spezielle Problematik des Patienten es erforderlich machen, weitere Mitglieder des Teams - wie z.B. die Musiktherapeutin - in die Zusammenarbeit des Einzeltherapeuten mit der Gestaltungstherapeutin in verstärktem Maße einzubeziehen.

> Bei dem von uns vorgestellten 24jährigen Patienten hatte die Gestaltungstherapeutin in der Anfangsphase der Behandlung das Gefühl, ein stilles, braves Kind vor sich zu haben, welches der Mutter alles recht machen wollte. Sie erlebte sehr nachdrücklich einen Wunsch nach Nähe und Geborgenheit, den der Patient nicht nur in seinen Bildern, sondern auch in der unmittelbaren Beziehung zu ihr und seinen Mitpatienten zum Ausdruck brachte. Konkret schienen uns Themen wie "Du und Ich", "Was ist

dazwischen" - und später "Die Gruppe und meine Beziehung zu ihr" - für den Patienten von Bedeutung zu sein. Wir möchten die beiden Bilder vorstellen (siehe Abb. 1 und 2), die der Patient zu diesen Themen entworfen hat. Es scheint uns wichtig, darauf hinzuweisen, daß eine solche Thematik den einzelnen Patienten oder auch die Gruppe über einen längeren Zeitraum hinweg beschäftigt. Die hier erwähnten Bilder können daher nur einen kleinen Ausschnitt der Arbeit an der Gestaltung der Thematik wiedergeben.

Das erste Bild (siehe Abb. 1) hat das Thema: "Du und Ich". Aus dieser Gestaltung wird deutlich, welche Wünsche der Patient an seinen Vater richtet.

Abbildung 1

In der Gedankenblase sieht er sich an der Hand des Vaters, der Patient sucht bei ihm Schutz vor dem Zorn des Nachbarn, dem er eben eine Fensterscheibe zertrümmert hat. Im subjektiven Erleben sahen für den Patienten solche Situationen völlig anders aus. Er bezog vom Vater in der Regel dann eine Tracht Prügel oder hatte anderweitig mit irgendwelchen Strafen zu rechnen. Im rechten Teil des Bildes ist der heutige Ist-Zustand in der Beziehung zwischen dem

Patienten und seinem Vater ausgedrückt: Der Vater überläßt ihm nicht nur hundert Mark, sondern schenkt ihm darüber hinaus ein Auto, hier symbolisiert durch die Übergabe eines Schlüssels. Wie der Patient aber dazu sagte, war "dieses Geschenk" nicht nur Ausdruck der Wertschätzung des Vaters für seinen Sohn, sondern vorwiegend der Preis für eine Gegenleistung. Der Sohn hatte sich im täglichen Umgang mit seinen Mitmenschen stets entsprechend den Erwartungen des Vaters zu verhalten; ferner sollte es Kritik oder Ärger an der Person des Vaters nicht geben. Die Gestaltungstherapeutin erlebte bei dieser Schilderung des Patienten, sozusagen stellvertretend für ihn, Ärger auf den Vater. Sie registrierte bei sich einen aggressiven Affekt, den sie beim Patienten erwartet hätte; sie vermutete, daß dieser sich einen solchen Ärger gegenüber dem Vater nicht zugestehen konnte.

An einem weiteren Bildbeispiel (siehe Abb. 2) möchten wir zeigen, daß die hier deutlich werdende vorherrschende pathogene Objektbeziehung nicht nur in der Übertragungsbeziehung zum Einzeltherapeuten zum Ausdruck kommt; sie wird vielmehr auch erkennbar in seiner Beziehung zur Gruppe in der Gestaltungstherapie. Das Thema "Die Gruppe und meine Beziehung zu ihr" war für den Patienten über Wochen vorherrschendes Thema. Wie hat er dieses Thema bearbeitet und wie hat die Gruppe darauf reagiert?

Abbildung 2

Der Patient stellt in diesem Bild zwei Situationen dar, die er gemäß seinem Erleben betitelt mit: "Abkapseln und Jagd". Er sagte dazu: "Wenn andere auf mich zugehen, fühle ich mich von einem Stacheldraht umgeben. Ich bekomme Angst und ziehe mich zurück. Wenn ich auf andere, mir sympathische Menschen zugehe, zeigen sie mir die kalte Schulter". Es fällt auf, daß der Patient "zugehen" sagte, in seinem Bild jedoch rennt er und sein Erleben bezeichnete er tatsächlich auch als "Jagd". Folgende Äußerungen der Gruppenmitglieder lassen erkennen, daß der Patient seine Beziehung zu ihnen durchaus realistisch erlebte: "Wenn wir Interesse an dir zeigen, dann machst du dicht" und "Wenn du dich für uns interessierst, überfällst du uns. So wirst du uns nicht erreichen." Als die Gestaltungstherapeutin nach solchen Äußerungen der Gruppe den Mitpatienten fragte, wie er sich nun fühle, so sagte er: "Mies" oder "Ich weiß nicht so recht!" Solche oder ähnliche unspezifische Äußerungen hörte sie häufig von ihm. Sie versuchte dann, dem Patienten dazu zu verhelfen, daß er zu einer differenzierteren Wahrnehmung seiner Affekte gelangen konnte. Dies ist eine der Möglichkeiten, dem Patienten bei einer Klarifizierung seines Erlebens Hilfestellung zu geben. Als sich die Gestaltungstherapeutin bei dieser Bemühung in den Patienten hineinversetzte, empfand sie Gefühle der Hilflosigkeit, Hoffnungslosigkeit und Einsamkeit.

Dies und die Beobachtungen, die sie während der Gestaltungstherapiestunde mit dem Patienten machte - wie er auf die Gruppe reagierte und die Gruppe auf ihn - wurden zum Gegenstand eines ihrer Gespräche mit dem Einzelpsychotherapeuten. Zunehmend gewann sie den Eindruck, daß der Patient sich zu seiner Einsamkeit bekennen konnte und mit Weinen, Ratlosigkeit und infantilen Gebärden reagierte. Zunehmend konnte sie beobachten, daß der Patient der Gruppe gegenüber z.B. Ärger zum Ausdruck bringen konnte, ohne dabei jedoch gleich "um sich zu schlagen". Auch hier gelang es ihm zunehmend mehr, seinen Mitpatienten zuzuhören oder auch einmal etwas von ihnen anzunehmen. Damit war ein Übergang von der Klarifizierung in die Phase der Bearbeitung gegeben. Mit dem Einzelpsychotherapeuten überlegte die Gestaltungstherapeutin nun weiter, wie die Situationen, die sich zunehmend bildhaft und affektiv konkretisierten, bewältigt werden konnten. Selbstverständlich erstreckte sich dieser hier sehr gerafft dargestellte Prozeß über einen recht langen Zeitraum.

Wir haben darzustellen versucht, mit welchen gestaltungstherapeutischen Mitteln auf den hier vorgestellten Patienten eingegangen worden ist. Die Durchführung dieser Therapie vollzieht sich in den Schritten eines Prozesses, der in enger Zusammenarbeit mit dem Einzeltherapeuten gesteuert wird, der also von einem ständigen Austausch dieser beiden an der Behandlung Beteiligten begleitet werden muß.

3.2.2 Behandlung einer Patientin mit schwerer struktureller Ich-Störung

Die Möglichkeiten der psychoanalytisch-interaktionellen Technik im teilstationären Setting

URSULA HENNEBERG-MÖNCH

Im folgenden geht es um die Behandlung von strukturell-ich-gestörten Patienten, eine psychotherapeutische Aufgabe, vor die wir in zunehmenden Maße gestellt sind. In diesem Beitrag werden die Möglichkeiten teilstationärer Psychotherapie in Kombination mit psychoanalytisch-interaktioneller Technik für diese Patienten diskutiert und an einem Fallbeispiel dargestellt.

Zum Setting

Es seien noch einmal kurz die Rahmenbedingungen der Psychotherapie in der Tagesklinik in Erinnerung gerufen, die bereits ausführlicher an anderer Stelle beschrieben wurden (Abschnitt 1.2 und Abschnitt 1.3). Teilstationäre Psychotherapie kann als therapeutisches Angebot zwischen ambulanter und stationärer Behandlungsform oder als "Therapie in einer Fachklinik mit Vierzigstundenwoche für Patienten und Personal" (Finzen, 1977, S.14) beschrieben werden. Die Besonderheit der Psychotherapie in der Tagesklinik liegt in der Rahmenbedingung der täglichen Begrenzung der Behandlung oder - anders ausgedrückt - in der Rahmenbedingung des täglichen Kommens und Weggehens des Patienten, des täglichen Wechselns von Klinik und Zuhause. Heigl (1978, S. 228) hat für die psychoanalytisch orientierte stationäre Psychotherapie spezifische Merkmale beschrieben: Zeitliche Begrenzung, Kombination von Therapieangeboten, besondere Bedeutung der Gruppenpsychotherapie, Unterscheidung in Therapieraum und Realitätsraum, Herausnahme des Patienten aus seinem sozialen Alltag, Möglichkeiten ständiger ärztlicher Betreuung und Aufstellung eines Gesamtbehandlungsplanes. Verglichen mit diesen Merkmalen vollstationärer Psychotherapie unterscheidet sich das teilstationäre Setting im Maß der Herausnahme des Patienten aus seinem sozialen Alltag, während die anderen Merkmale für beide Behandlungsformen gleichermaßen zutreffen.

Die Rahmenbedingung bekommt ihre spezifische Bedeutung auf dem Hintergrund der Problematik eines jeden Patienten. Es ist naheliegend, daß das tägliche Kommen und Weggehen für Patienten mit neurotischen Krankheitsbildern eine andere Bedeutung hat als für Patienten mit strukturellen Ich-Störungen. Ich werde mich in diesem Beitrag auf die Bedeutung für strukturell-ich-gestörte Patienten beschränken, für eine Patientengruppe also, die einen zunehmenden Anteil an der psychotherapeutischen Versorgung ausmacht (Rohde-Dachser, 1982; Heigl-Evers und Heigl, 1983; Streeck, 1983).

Die Erfordernisse, die strukturelle Ich-Störungen an die Psychotherapie stellen, können zum einen unter dem Aspekt der Technik diskutiert werden, hinsichtlich der Frage, ob Modifikationen der analytischen Standardtechnik vorgenommen werden (Fürstenau, 1977; Kernberg, 1978, 1981a, 1981b; Blanck und Blanck, 1978; Rosenfeld, 1981; Rohde-Dachser, 1982; Heigl-Evers und Heigl, 1980a, 1980b, 1983a). Sie können außerdem diskutiert werden unter dem Aspekt des Settings. So beschreiben Hoffmann et al. (1981) die Möglichkeiten der psychoanalytisch orientierten stationären Psychotherapie für Patienten mit sogenannten Frühstörungen (siehe dazu Hoffmann, 1985) auch unter dem Aspekt der Regulierung von Nähe und Distanz. Sie betonen, daß eine ambulante Therapie für diese "psychotherapeutischen Problempatienten" vor allem am Anfang oft gar nicht möglich ist, weil die Patienten häufig sozial desintegriert sind und weil das Maß an Nähe und Distanz unter ambulanten Rahmenbedingungen mehr oder weniger festgelegt ist. Diese Festlegung stellt für frühgestörte Patienten häufig eine Überforderung dar. Eine Anpassung des therapeutischen Angebots an die jeweiligen Nähe- und Distanzbedürfnisse der Patienten ist daher wünschenswert. Die erwünschte Flexibilität und Anpassung ist in der stationären Psychotherapie leichter zu bewerkstelligen als unter ambulanten Bedingungen.

Das teilstationäre Setting bietet nach unseren Erfahrungen spezifische Möglichkeiten für die Regulierung von Nähe und Distanz. Bevor ich dies eingehender begründe, möchte ich erst einmal auf die Bedeutung von Nähe und Distanz bei strukturell-ich-gestörten Patienten eingehen.

Genauer ausgedrückt handelt es sich um eine Nähe- und Distanzintoleranz, die auf dem Hintergrund von Objektbeziehungen verstehbar wird, die durch Beziehungen zu Teilobjekten, zu entweder bedürfnisbefriedigenden "guten" oder zu versagenden "bösen" Teilobjekten gekennzeichnet sind. Die Funktion der Objektkonstanz, also die Fähigkeit der Beziehung zu Ganzobjekten, oder anders ausgedrückt die Fähigkeit, die Beziehung zu Objekten auch bei Versagungen aufrechtzuerhalten, ist hierbei mehr oder weniger defizitär. Auf der Seite der Abwehrmechanismen herrschen u.a. Spaltung und projektive Identifizierung vor. Nähe- und Distanzproblematik ist Ausdruck einer Objektbeziehungspathologie und bedeutet auf diesem Hintergrund Angst vor Selbst- und Objektverlust (Masterson, 1981), der dann eintritt, wenn das erträgliche Maß an Nähe oder Abstand überschritten ist. Es ist bei zu großer Nähe die Angst vor Wiederverschmelzung und bei zu großer Distanz die Angst vor Isolation und Trennung, noch bevor die Fähigkeit zum Alleinsein erlangt ist, Ängste, die Mahler et al. (1978) als typisch für die Wiederannäherungsphase, und hier vor allem für die Wiederannäherungskrise, beschrieben haben[1].

Nun zurück zu der Frage, warum das teilstationäre Setting Möglichkeiten für Patienten mit Nähe-Distanz-Problematik bereitstellt, wie ich sie hier beschrieben habe. Ein erster Gesichtspunkt ist der, daß bereits die Rahmenbedingung des täglichen Kommens und Weggehens Regulationsmöglichkeiten schafft. Die Vorstellungen vom Weggehen-Können und Wiederkommen-Können, die sich im Verlauf der Tagesklinik-Behandlung, manchmal auch bereits

---

1 Rohde-Dachser (1984) beschreibt die Zusammenhänge zwischen Nähe-Angst und meist archaischen Selbst- und Objekt-Imagines. Nähe-Angst wird als ein Affekt verstanden, der unter dem Aspekt der vom Patienten phantasierten Beziehungsmuster von Teilobjekt-Charakter adäquat ist.

als Erwartungen vor der Aufnahme, bilden, sind wichtige Schritte für das Erwerben von mehr Nähe- und Distanztoleranz, womit auch immer die Funktionen des Reizschutzes, der Impuls- wie der Angsttoleranz verbessert werden. Durch den täglichen Wechsel von Klinik und Zuhause wird die Zeitperspektive in der Behandlung besonders betont. Verheyden (1984) hat beschrieben, wie wichtig die Zeitperspektive als Trost in aktuellen Frustrationssituationen gerade in der Behandlung von Borderline-Patienten ist.

Ein zweiter Gesichtspunkt ist die Bearbeitbarkeit der mit der Nähe-Distanz-Problematik verbundenen Trennungsintoleranz der Patienten in kleinen Schritten. Durch die quasi institutionalisierte Wiederannäherung wird es möglich, Trennungen in erträglichem Maße bzw. "dosiert" immer wieder zum Thema der Therapie zu machen[2]. In Krisensituationen kann es auch notwendig sein, für den Patienten nach Ende des Kliniktages telefonisch erreichbar zu sein. In vielen Fällen ist es für die Patienten dann schon ausreichend, die Telefonnummer ihres Therapeuten zu haben. Dabei ist öfter zu beobachten, daß der tatsächlich vorhandene Zettel mit der aufgeschriebenen Telefonnummer dem Patienten ein Gefühl der Sicherheit vermittelt, noch nicht so sehr das Wissen darum, den Therapeuten anrufen zu können; es muß gleichsam ein reales "Stück" vom Therapeuten verfügbar und "greifbar" sein.

Ein dritter Aspekt ist der Schutz vor maligner Regression (Balint, 1970). Bei Patienten mit schweren strukturellen Ich-Störungen finden wir häufig eine Neigung zu maligner Regression. Die tägliche Begrenzung der Therapie fördert, wie dies auch für die Zeitlimitierung stationärer Psychotherapie gilt (Heigl, 1978; Trimborn et al., 1981; König und Sachsse, 1981), die Auseinandersetzung mit der Realität, fördert Sekundärprozeßhaftes. Wir haben die Erfahrung gemacht, daß die tägliche Rückkehr in das gewohnte Ambiente,

---

2 Ein Patient mit massiven Angstzuständen, Suizidalität und Dissozialität auf dem Hintergrund einer schweren Borderline-Störung sagte einmal: "Wenn ich abends alleine zu Hause bin, ist es oft sehr schwer, das Alleinsein auszuhalten. Oft denke ich daran, Schluß zu machen. Aber wenn Sie mich in eine Klinik sperren würden, würde ich abhauen. Allmählich (dies war nach etwa einem dreiviertel Jahr teilstationärer Behandlung) hilft mir der Gedanke daran, daß ich am nächsten Tag wieder hierherkomme; die Klinik ist für mich ein Halt".

natürlich unter der Voraussetzung ausreichender sozialer Integration, strukturierend, weil Ich-Funktionen fordernd und fördernd, wirkt.

Zur Behandlungstechnik

Wie bereits erwähnt, spielt neben der Wahl des Settings die Wahl der Behandlungstechnik bei strukturell-ich-gestörten Patienten eine wichtige Rolle. Die Wirkungsweisen der Rahmenbedingungen können durch die Wahl der psychotherapeutischen Technik und durch die Kombination verschiedener Behandlungsangebote ergänzt werden; zusammengefaßt bilden sie den Gesamtbehandlungsplan (Zauner, 1972, 1975, 1978; Heigl, 1978, 1981; siehe dazu Abschnitt 2 in diesem Band).

Bei Patienten, bei denen zumindest in einem ersten Behandlungsabschnitt die Arbeit an den noch defizitären Ich-Funktionen im Vorderung steht, arbeiten wir mit der psychoanalytisch-interaktionellen Technik (Heigl-Evers und Heigl, 1980a, 1980b, 1983; Heigl-Evers und Henneberg-Mönch, 1985; Heigl-Evers und Streeck, 1985; Heigl-Evers, Heigl und Beck, 1985). Die interaktionelle Vorgehensweise, auf dem Hintergrund der psychoanalytischen Ich-Psychologie entwickelt, arbeitet mit dem "Prinzip Antwort". In Abgrenzung zum "Prinzip Deutung" in der analytischen Vorgehensweise wird in der interaktionellen Technik auf die aktuelle interpersonale Beziehung zwischen Patient und Therapeut zentriert, wobei sich der Therapeut in seinen selektiven, authentischen gefühlshaften und vorstellungsmäßigen Antworten auf den Patienten als reale Person anbietet. Darüber hinaus übernimmt der Therapeut, soweit erforderlich, auch Hilfs-Ich-Funktionen. Er bietet dem Patienten eine Beziehung an, die ihn dazu anregen soll, "ein pathogenes (inneres) Objekt durch ein förderndes, benignes Objekt, wie es sich im Therapeuten darstellt, allmählich zu ersetzen" (Heigl-Evers und Heigl, 1983, S.9). In einem über lange Zeit dauernden, sich in kleinen Schritten entwickelnden Prozeß wird es dem Patienten in der Beziehung zum Therapeuten möglich zu erleben, daß die guten Erfahrungen die schlechten überwiegen, was Winnicott (1979) als so wesentlich für die Entwicklung von Objektkonstanz angesehen hat[3]. Die vielfältigen Er-

---

[3] Es sind "andauernde traumatisierende und frustrierende Bedingungen in einer frühkindlichen Entwicklung" (Kernberg, 1981b,

fahrungen des Patienten mit dem Therapeuten als realem Objekt
dienen auch der Verbesserung der noch defizitären Ich-Funktionen des Patienten. Für die Diagnose der Ich-Funktionsstörungen
ist es wichtig, die äußeren Bedingungen mitzuberücksichtigen,
unter denen sich die Ich-Funktionen des Patienten in seiner Genese entwickelt haben, worauf Streeck (1983) hingewiesen hat. Nach
meiner Erfahrung ist dies auch ein wichtiger Aspekt für die therapeutische Arbeit an den noch defizitären Ich-Funktionen des Patienten, ein Aspekt, der für den Therapeuten hilfreich sein kann
für das Verständnis der oft primitiven und sehr schnell wechselnden Übertragungen des Patienten. Darüber hinaus kann es für
den Patienten entlastend sein, wenn er im Verlauf der Behandlung
Einsicht darin gewinnt, daß er unter den oft traumatischen Bedingungen in seiner Genese sich kaum anders entwickeln konnte.

Die psychoanalytisch-interaktionelle Technik ist angezeigt bei Borderline- und präpsychotischen Persönlichkeitsstrukturen, narzißtischen Persönlichkeitsstrukturen, Suchtkrankheiten, Perversionskrankheiten, Impulsneurosen und schweren psychosomatischen Störungen (Heigl-Evers und Heigl, 1980a). Sie kann angewandt werden in der Einzel- sowie in der Gruppenpsychotherapie im ambulanten, stationären oder teilstationären Setting. In der Tagesklinik
wenden wir die interaktionelle Behandlungstechnik bei Patienten
mit den oben beschriebenen Krankheitsbildern an, mit Ausnahme
von Patienten mit manifester Suchtkrankheit, die teilstationär nach
unseren Erfahrungen nicht behandelt werden können, da sie mehr
Strukturierungshilfen benötigen, als dies in der Tagesklinik möglich ist.

Bei entsprechender Indikation arbeiten wir mit kombinierter Einzel- und Gruppenpsychotherapie. Bei strukturell-ich-gestörten
Patienten beginnen wir in der Regel mit Einzelpsychotherapie.
Die Herstellung einer tragfähigen Zweierbeziehung ist bei dieser
Patientengruppe ein erstes wesentliches Ziel[4]. Erst wenn die Be-

---

S. 516), die wir in der Genese von Patienten mit strukturellen Ich-Störungen immer wieder finden. Traumatisch heißt in diesem Zusammenhang, daß die "Frustrationen nicht dem jeweiligen Entwicklungsstand der psychischen Struktur" (Trimborn et al., 1981, S. 159) entsprechen, wodurch es zu Reizüberflutungen kommt und die Entwicklung der Ich-Funktionen schwer beeinträchtigt wird.

4 Zur Funktion des Einzelpsychotherapeuten in der Tagesklinik siehe Abschnitt 3.2.1 in diesem Band.

ziehung zum Einzelpsychotherapeuten stabil genug erscheint, beginnen wir mit der Gruppenpsychotherapie. Hier gilt in besonderem Maße, was Heigl-Evers und Heigl für die kombinierte Einzel- und Gruppenpsychotherapie formuliert haben: "Eine solche Therapiekombination bedeutet gleichsam, daß ein Kleinkind auf dem Arm der Mutter die Welt, und das ist immer 'das andere', gezeigt bekommt, daß sie in seinen Wahrnehmungsbereich gerückt wird" (1978, S.209).

Es sei am Rande erwähnt, daß bei Patienten mit sogenannten Frühstörungen die Fähigkeit zu einem Arbeitsbündnis (Greenson, 1973) nicht vorausgesetzt werden kann. Es scheint, daß die Fähigkeit, eine tragfähige Objektbeziehung einzugehen, mit der Fähigkeit zum Arbeitsbündnis zusammenhängt. Gerade die Fähigkeit zu einer tragfähigen Objektbeziehung kann aber bei Behandlungsbeginn nicht vorausgesetzt werden. Schwergestörte Patienten, die zur Psychotherapie kommen, werden dies nicht tun können ohne die Hoffnung auf Hilfe, und dies heißt immer Hoffnung auf ein hilfreiches, gutes Objekt, wobei die Objektimagines häufig noch wenig differenziert und stark idealisiert erscheinen. Gleichzeitig besteht die Erwartung, daß sich die bisher gemachten schlimmen Erfahrungen wiederholen werden, Erwartungen, die meist verbunden sind mit archaischen, unberechenbaren, bösen Objekt-Imagines. Daraus ergibt sich, daß die Fähigkeit zum Arbeitsbündnis wie überhaupt auch die Fähigkeit, eine tragfähige Objektbeziehung einzugehen, von diesen schwergestörten Patienten erst im Laufe der Behandlung erworben werden.

Ein Fallbeispiel

An einem Fallbeispiel sollen nun die zuvor beschriebenen Aspekte teilstationärer Psychotherapie für die Behandlung von Patienten mit strukturellen Ich-Störungen verdeutlicht werden. Dies soll anhand einiger Gesichtspunkte des Behandlungsverlaufs geschehen. Auf die Schilderungen des gesamten Behandlungsverlaufs mit seinen vielen Aspekten, wozu auch die Schilderung des Ineinandergreifens der verschiedenen Therapieangebote gehören würde, muß hier verzichtet werden; es wird aus der Einzelpsychotherapie vor allem unter dem Aspekt der Objektbeziehung und der Entwicklung von Objektkonstanz berichtet.

Die 45jährige Patientin, ich werde sie im folgenden Frau A. nennen, hatte sich aus Angst vor Medikamentenabhängigkeit an die

Psychotherapeutische Ambulanz unserer Klinik gewandt, von wo sie an uns überwiesen wurde. Die von ihrem Mann getrennt lebende Frau A., Mutter von drei Kindern, ausgebildet in einem kaufmännischen Beruf, war seit mehreren Jahren in ambulanter nervenärztlicher Behandlung, in der sie vor allem medikamentös behandelt wurde. Ein stationärer Aufenthalt in einer psychotherapeutischen Klinik mußte vorzeitig beendet werden, weil sich die Symptomatik verschlimmerte, Frau A. in Panik-Zustände geriet, aus denen sie zunehmend schlechter herauskam. Aus ihren Schilderungen war zu entnehmen, daß die ihr in der Therapie gegebenen Deutungen diese nicht erwünschten, malignen regressiven Prozesse ausgelöst hatten. Aufgrund der vorliegenden Ich-Funktions-Defizite war sie nicht in der Lage, zwischen einem erlebenden und beobachtenden Ich zu spalten (therapeutische Ich-Spaltung, Sterba, 1934). Deutungen wurden von ihr sofort wie Vorwürfe aufgegriffen, und auf dem Hintergrund eines archaisch-strengen Über-Ichs kam es zu Selbstanklagen und Selbstvorwürfen mit suizidalen Krisen oder zu panikartigen Zuständen. In den diagnostischen Vorgesprächen klagte sie außer über die Angst vor Medikamentenabhängigkeit über Erschöpfungszustände, Leeregefühle, Blutigkratzen der Kopfhaut und Selbstmordgedanken bei Selbstmordversuchen in der Vorgeschichte.

Aus ihrer Genese erfuhren wir folgendes: Sie war als zweites von insgesamt sieben Kindern in eine Familie geboren worden, in der die Atmosphäre durch die häufigen ungesteuert aggressiven, oftmals tätlichen Auseinandersetzungen zwischen den Eltern bestimmt war. Da die Mutter aufgrund ihrer eigenen schweren seelischen Störung das Kind nicht versorgen konnte, kam es mit etwa drei Monaten für zwei Jahre zu einer als liebevoll und warmherzig geschilderten Verwandten, die der Patientin später berichtete, die Mutter habe sie mit den Worten: "Die soll es nicht besser haben" wieder zurückgeholt. Nach der Rückkehr in die Ursprungsfamilie folgte für Frau A. nun eine Zeit, in der sie aufgrund der Unsicherheit und Unberechenbarkeit in der Familie und aufgrund der schwierigen Verhältnisse in der Kriegs- und Nachkriegszeit viele abrupte und traumatische Trennungen erlebte. Weder bei den eigenen Eltern noch bei Pflegeeltern fühlte sie sich sicher, geborgen und geliebt. Sehr früh entwickelte sie das Gefühl, schlecht zu sein und deshalb von anderen abgelehnt zu werden. Während der Behandlung erinnerte sie sich, daß ihr ihre Mutter mehrfach gesagt habe, daß sie sicherlich nicht ihr Kind sei, daß sie vertauscht worden sei. Rückblickend meinte die Patientin, daß diese Äußerungen der Mutter vielleicht eine Chance für sie gewesen seien, da sie begonnen hätte, sich Wuncheltern vorzustellen, um ihre Situation in der äußerst frustrierenden und entbehrungsreichen Realität erträglicher zu machen. Dabei schien die Patientin von früh auf auch die Fähigkeit zu haben, gute Erfahrungen, und seien sie noch so minimal, für sich zu nutzen.

Als sich die Eltern trennten, kam sie, damals 12jährig, in ein Kinderheim, in dem die Atmosphäre von strengen christlichen Normen geprägt war. Dort hörte sie oft, daß sie als "Kind schlechter Eltern", aus einer "schlechten Familie" stammend, selbst auch schlecht und böse sei. Ihr weiteres Schicksal wurde ihr als vorherbestimmt und unentrinnbar dargelegt. Alles, was sie tun konnte, war, durch ein "gutes Leben" Sühne für die Sünden der Eltern, die jedoch nie getilgt werden konnten, zu tun. Diese äußere Bewertung und Einstellung verstärkten sowohl die Selbstverachtung der Patienten wie auch ihr Bemühen, immer ein guter und perfekter Mensch zu sein, mit einem Fünkchen Hoffnung, dem vorhergesagten Schicksal doch noch zu entrinnen. Mit diesem Ziel gelang es Frau A., trotz fehlender Unterstützung eine weiterführende Schule zu besuchen und einen qualifizierten kaufmännischen Beruf zu erlernen. In ihrem Beruf setzte sie sich enorm ein, vor allem in einer Zeit, als sie für eine soziale Einrichtung tätig war. In ihren Beziehungen zu anderen Menschen, auch zu ihrem Mann, war sie diejenige, die die anderen stützte und unterstützte.

Frau A. erlitt einen ersten seelischen und körperlichen Zusammenbruch im Alter von 30 Jahren, nachdem sich ihre suchtkranke Schwester, für die sie in selbstaufopfernder Weise gesorgt hatte, das Leben genommen hatte. Dabei war von entscheidender Bedeutung, daß die Schwester sich suizidierte, nachdem Frau A. das erste Mal nein gesagt und der Schwester zugetraut hatte, mit einem Problem allein fertig zu werden. Sie erlebte sich als allein verantwortlich und schuldig für den Selbstmord der Schwester. Es folgten weitere Zusammenbrüche und später auch Selbstmordversuche. Auslösend waren Kränkungserlebnisse, meist in Phasen längerer Überforderung. Kränkungen lösten in Frau A. tiefe Verzweiflung, Hoffnungslosigkeit und die Gewißheit aus, daß all ihre Anstrengungen, ein guter und damit von allen geachteter und geliebter Mensch zu werden, fehlschlugen. Sie erlebte sich selbst als nur schlecht, und es kam auf dem Hintergrund eines archaischen Über-Ichs zu Zuständen von Selbstverachtung und Selbsthaß.

Bei all den traumatischen Erfahrungen in ihrem Leben hatte Frau A. doch auch stabile Anteile erwerben können, vermutlich in den knapp zwei Jahren, in denen sie bei einer Verwandten lebte. Die stabilen Anteile sowie die bereits beschriebene Fähigkeit, gute Erfahrungen zu nutzen, verhalfen ihr dazu, immer wieder - bildlich ausgedrückt - auf die Beine zu kommen. Bemerkenswert waren ihre Tüchtigkeit, ihre Intelligenz und ihre Fähigkeit zur Bewältigung schwieriger Aufgaben, wenn sie sich gefordert fühlte. Aufgrund ihrer durchlässigen Selbstgrenzen konnte es ihr jedoch nicht gelingen, sich hinreichend abzugrenzen, so daß es immer wieder zu seelischen Dekompensationen mit Suizidalität, panikartigen Zuständen, schweren Wahrnehmungs- und Realitätsprüfungsstörungen, zum Teil mit Pseudohalluzinationen kam.

Wir diagnostizierten eine schwere strukturelle Störung bei Borderline-Persönlichkeitsstruktur. Wir entschlossen uns zu einer tagesklinischen Behandlung. Aufgrund der Schwere der Störung erschien eine ambulante Psychotherapie nicht ausreichend; nicht ausreichend hier verstanden als nicht genügend haltend (im Sinne von holding function bei Winnicott, 1974, 1979). Eine stationäre (vollstationäre) Behandlung, die aufgrund des dadurch möglichen Schutzes für die Patientin wünschenswert gewesen wäre, erschien dennoch nicht angezeigt, und zwar vor allem aus zwei Gründen: Eine Trennung von den Kindern, die bei der Patientin lebten, sollte sowohl der Patientin als auch der Kinder halber vermieden werden; und: eine tägliche Rückkehr in das gewohnte Ambiente, verbunden mit der Anforderung des Alltags, diente - so vermuteten wir - bei dieser Patientin zur Stabilisierung ihrer Ich-Funktionen und war somit Schutz gegen eine maligne Regression. Sehr viel später in der Behandlung bestätigte Frau A. unsere Vermutung, indem sie äußerte, daß sie Angst gehabt hätte, verrückt zu werden, wenn sie während der Behandlung nicht ihre gewohnte Umgebung, ihre Kinder und ihre Bekannten gehabt hätte.

Wir behandelten Frau A. mit psychoanalytisch-interaktioneller Einzelpsychotherapie, die ich übernahm; nach einigen Wochen dann auch mit interaktioneller Gruppenpsychotherapie, mit Gestaltungs-, Beschäftigungs- und Sozialtherapie. Im Vordergrund der Behandlung standen die Ich-Funktionsdefizite der Patientin: Die Störung der Reizschutzfunktion, der Angsttoleranz, der Impulskontrolle, der Affektdifferenzierung, der Urteilsfähigkeit sowie die unter Panik auftretende Störung der Realitätsprüfung und der Wahrnehmung. Dabei war es für das Krankheitsbild kennzeichnend, daß sich die

Ich-Regressionen sehr schnell vollzogen. Bei den Abwehrmechanismen herrschten projektive Identifizierung, primitive Idealisierung und Entwertung sowie Spaltung vor. Die Selbstvorstellungen standen unter dem Einfluß eines archaischen Über-Ichs/Ich-Ideals. Die Objektbeziehungsstörung war durch Neigung zu Beziehungsabbrüchen und mangelnde Objektkonstanz geprägt. Zu den Objektbeziehungsstörungen kam es durch Wiederbelebung der frühen, verinnerlichten "bösen" Objekte. Daneben war die Patientin in der Lage, Beziehungen zu überwiegend "guten" Objekten über viele Jahre aufrechtzuerhalten, die sie jedoch dann vergaß, wenn es zu Wiederbelebungen der verinnerlichten aggressiv besetzten Objektrepräsentanzen kam. Unter dem Einfluß der verinnerlichten "bösen" Teilobjekte erwiesen sich die "guten" Teilobjekte als nicht tragfähig genug.

Während der ersten Behandlungsphase ging es vor allem darum, ob Frau A. Vertrauen zu mir gewinnen konnte, mit anderen Worten, ob ich für sie ein verläßliches Objekt sein würde. Dabei wurden sowohl ihre Nähe- wie auch Distanzintoleranz deutlich. In der ersten Behandlungsstunde sagte sie: "Am liebsten würde ich Sie auseinandernehmen". Auf meine Frage, wie sie dies tun wolle: "Mit einem Schraubenzieher, um zu sehen, wie Sie funktionieren". Und nach einer Pause: "Aber ich werde Sie auch wieder zusammensetzen". - In der darauffolgenden Behandlungsstunde sagte Frau A. zu mir: "Sie sind auch nicht gerade schön". Ich antwortete ihr: "Ja, das stimmt. Aber ich mag mich selbst, auch wenn ich nicht schön bin". Diese Antwort machte es der Patientin möglich zu sagen, daß sie mich damit zum einen in Distanz halten konnte, nachdem sie sich in der ersten Stunde sehr verstanden gefühlt hatte. Die dadurch entstandene Nähe machte ihr Angst. Zum anderen wollte sie herausfinden, ob ich so sei wie sie. Sie sagte: "Ich hatte plötzlich fürchterliche Angst, Sie würden sich genauso häßlich fühlen, wie ich mich fühle".

Für die Patientin ein verläßliches Objekt sein bedeutete nicht nur, ihr Halt zu geben, sondern ihr auch die Sicherheit zu vermitteln, daß sie sich darauf verlassen konnnte, daß mich ihre aggressiven Regungen nicht zerstören würden.

In dieser ersten Behandlungsphase kam es häufiger vor, daß Frau A. aus für sie ängstigenden Situationen fortlief, die Behandlung abbrechen wollte oder sich suizidieren wollte. Wenn sie beispielsweise jemandem zu nahe kam oder sich kritisch äußerte, wurde sie bisweilen von Panik überflutet, und in ihrer Vorstellung verwandelten sich die anderen plötzlich in nur böse, unberechenbare Objekte, vor denen sie sich in Sicherheit bringen mußte. Weglaufen erschien als die einzige Möglichkeit, sich zu retten. Nach und nach verstand ich, daß die panikartigen Zustände der Patientin durch Erinnerungen an frühe schlimme und zum Teil äußerst bedrohliche Situationen ausgelöst wurden. Es handelte sich also um Erinnerungen an frühere reale traumatische Erfahrungen. Im Sinne der Fähigkeit zu einem Arbeitsbündnis war die Fähigkeit der Patientin zu verstehen, sich trotz der erlebten Panik an die mit mir getroffene Vereinbarung zu halten, nicht die Behandlung und damit die Beziehung zu mir abzubrechen, bevor sie und ich verstanden hatten, warum[5].

Sowie die Patientin sich in der Behandlung mehr auf die Beziehung zu mir einlassen konnte, wurden ihre stark realitätsverzerrenden Vorstellungen von mir deutlich, in denen sie Anteile der frühen pathologischen Objektbeziehungen wiederholte. Es war notwendig, daß ich für die Patientin eine reale, immer wieder überprüfbare, verläßlich zur Verfügung stehende Person war[6]. Sie brauchte die Möglichkeit, mit mir und an mir Erfahrungen zu sammeln, wobei die "guten" die "schlechten" Erfahrungen letztendlich überwiegen würden.

Daran, wie lange das innere Bild von mir "hielt", ließ sich die Objektkonstanz diagnostizieren. Bei längerer Trennung, wie an Wochenenden, kam es immer wieder zu Objektverlusten; die Patientin wußte sich zu helfen, brachte eines Tages eine Polaroid-Kamera mit in die Behandlungsstunde, um sich ein Bild von mir zu machen, das ihr auch bei meiner Abwesenheit zur Verfügung stand und das sie wie ein Übergangsobjekt benutzen konnte. Oder sie rief mich an, um mit Hilfe des Hörens meiner Stimme das innere

---

[5] Die hier beschriebene Fähigkeit, unter Panik Reste einer positiven Objektbeziehung bewahren zu können, ist auch unter Indikations- und Prognoseaspekten sehr wichtig. Fragen der Indikation und Prognose lassen sich, trotz gründlicher Diagnostik, gerade bei strukturellen Ich-Störungen häufig erst während der ersten Behandlungsphase befriedigend beantworten.

[6] Die Patientin selbst sagte dies in ihrer immer wieder sehr treffenden Sprache: "Sie sind eine Psychologin zum Anfassen".

Bild wieder zu errichten[7]. Wichtig war in diesem Zusammenhang die Bearbeitung der durch längere Abwesenheit, wie Urlaub oder Kongreßbesuch, ausgelösten Affekte und Vorstellungen. Bevorstehende Abwesenheit sprach ich so frühzeitig wie möglich an, um genügend Zeit zur Verfügung zu haben, gemeinsam mit der Patientin die bevorstehende Trennung zu antizipieren. Auch in dieser Behandlung war es wichtig, bevorstehende Trennungen immer wieder aktiv anzusprechen, da die Patientin dazu neigte, so ängstigende und darüber hinaus panikauslösende Erfahrungen zunächst zu verleugnen; ein therapeutisches Vorgehen, das in Behandlungen von strukturell-ich-gestörten Patienten eine wichtige Rolle spielt.

An den sich verändernden Reaktionen auf meine längere Abwesenheit im Verlauf der tagesklinischen Behandlung läßt sich gut die allmählich wachsende Objektkonstanz verdeutlichen. Bei meinem ersten Urlaub äußerte Frau A. die Befürchtung, ich werde nicht wiederkommen, weil ein Flugzeug auf mein Auto stürzen und mich zerstören würde. Bei meiner nächsten Abwesenheit kam Frau A. am Tag meiner Rückkehr dann ganz früh in die Klinik, um zu überprüfen, ob ich Wort hielt. Sie brachte einen Kuchen mit, den sie in der Hoffnung auf das Wiedersehen gebacken hatte. Kurz vor der Entlassung aus der Tagesklinik sagte sie vor einer Urlaubstrennung: "Ich bin traurig, wenn ich daran denke, daß Sie weggehen, aber ich gönne Ihnen den Urlaub. Ich weiß ja jetzt, daß Sie wiederkommen".

Die Patientin wurde allmählich sicherer, daß ihre Therapeutin nicht - wie so oft ihre Mutter - plötzlich verschwand und sie ungewiß und allein zurückließ. Das Traumatisierende an diesen Erlebnissen in der frühen Genese war nicht nur das plötzliche und unvorhersehbare Alleingelassenwerden, sondern auch das Alleingelassenwerden mit den dadurch ausgelösten Gefühlen. So erinnerte sich die Patientin beispielsweise einmal, daß ihre Mutter sie für einige Tage mit ihren Geschwistern allein ließ, ausgerechnet in einer Zeit, in der ihr jüngerer Bruder schwer erkrankt

---

7 Bei einem Gespräch mit Kollegen aus anderen Tageskliniken erfuhr ich, daß in der teilstationären Behandlung schwergestörter Patienten der automatische Anrufbeantworter eine wichtige Rolle spielt. So werde der Anrufbeantworter meist nicht benutzt, um eine Nachricht zu hinterlassen, sondern um die vertraute Stimme eines Mitarbeiters der Klinik zu hören.

war. Wie auch in anderen ähnlichen Situationen wußte sie sich in der Not zu helfen, brachte ihren Bruder ins Krankenhaus, wo er ärztlich versorgt wurde. Sie erinnerte sich, daß es eigentlich das Schlimmste war, mit ihrer inneren Not, Verzweiflung und Scham allein zu sein und nicht getröstet zu werden. Als sie in der therapeutischen Situation die mit dieser Erinnerung verbundenen Affekte wiedererlebte, machte sie die für sie ganz neue Erfahrung, getröstet zu werden.

Mit dieser sich in vielen kleinen Schritten und häufigen Rückschlägen entwickelnden Sicherheit der Patientin vor plötzlichem Objektverlust, die lange an meine Anwesenheit geknüpft war, konnte sie zunehmend mehr Angst und Spannung ertragen. In einer gruppenpsychotherapeutischen Sitzung beispielsweise, in der ich als Beobachterin im Gruppenraum anwesend war, sagte sie einmal, das sei wie "hinter Mutters Rockzipfel hervorschauen".

In der letzten teilstationären Behandlungsphase wurde es für Frau A. dann möglich, mich als nur gutes Objekt, das sich plötzlich in ein nur böses Objekt verwandeln konnte, ein Stück weit aufzugeben und sich allmählich ein realistischeres und auch stabileres Bild von mir zu machen. Auch in dieser Phase war es notwendig, als reale Person mit sowohl Stärken wie auch Schwächen und Fehlern zur Verfügung zu stehen. Dies hieß beispielsweise auch, mit der Patientin schwierige Situationen zwischen ihr und mir auch unter dem Aspekt meiner Fehler zu klären. Wenn ich beispielsweise projektive Identifizierungen nicht schnell genug als solche erkannte und verstand, was mir gegen Ende einer arbeitsreichen Woche eher passierte als am Wochenanfang, war es für die Patientin sehr wichtig zu erfahren, daß auch ich Fehler machte. Dadurch wurde es ihr allmählich möglich, mich dann nicht mehr als ein nur böses Objekt zu erleben, sondern als ihre Therapeutin, die ermüdet oder angestrengt war.

Mit der Entwicklung von mehr Objektkonstanz ging die allmähliche Entwicklung von Signalangst einher. Neben der Arbeit an anderen Ich-Funktions-Defiziten war die Entwicklung von Signalangst und damit verbunden auch die Entwicklung von Impulskontrolle ein wichtiges Ziel der teilstationären Psychotherapie. Wie bereits erwähnt, neigte die Patientin in der ersten Behandlungsphase dazu, im Zustand einer Reizüberflutung wegzulaufen. Zunächst sah dies so aus, daß sie aus der Klinik lief, sich in irgendeine Straßenbahn setzte und dann erst in der Stadt bemerkte, was passiert war. Allmählich lernte sie, ihr Weglaufen bei Verlassen des Klinikgeländes wahrzunehmen, schließlich lernte sie, ihren Impuls, wegzulaufen, frühzeitiger wahrzunehmen. Ein wichtiger Schritt dahin war u.a., daß sie, wenn ich nicht sofort sprechbar war, so lange auf dem Stuhl vor meinem Zimmer sitzenblieb, bis sie mit mir sprechen konnte. Im nächsten Schritt entwickelte sie die Fähigkeit, ein - noch vages und wenig differenziertes - "ungutes Gefühl" in sich wahrzunehmen, Vorläufer von Signalangst. Dieses "ungute Gefühl" signalisierte ihr, daß ihr etwas Angst machte, und die Wahrnehmung dieses Gefühls setzte sie instand, dies in der nächsten Therapiesitzung anzusprechen und mit meiner Hilfe allmählich herauszufinden, was ihr Angst machte. Sie war damit inneren und äußeren Reizen nicht mehr so hilflos ausgeliefert wie zuvor.

Bei Entlassung aus der 14monatigen Tagesklinik-Behandlung waren die strukturellen Ich-Störungen soweit gebessert, daß es möglich erschien, daß ich die Psychotherapie ambulant weiterführte. Frau A. hatte sich während der letzten teilstationären Behandlungsphase eine Arbeitsstelle gesucht, die sie nach der Entlassung antrat.

Behandlungsziele

Abschließend möchte ich kurz auf die Ziele der Psychotherapie in der Tagesklinik eingehen. Teilstationäre Psychotherapie dient in den meisten Fällen der intensiven Einleitung einer langfristigen Behandlung, wie auch in dem geschilderten Fallbeispiel. Mit den Zielen einer Tagesklinik-Behandlung sind Kriterien für die Entlassung in eine ambulante Weiterbehandlung eng verknüpft[8].

Die Behandlungsziele nun hängen davon ab, ob entwicklungspathologische oder konfliktpathologische Anteile der Störung im Vordergrund stehen. Bei Patienten mit strukturellen Ich-Störungen ist das Ziel die Arbeit an noch defizitären Ich-Funktionen. Erst danach kann die Arbeit unter Umständen an den Konfliktstörungen fortgesetzt werden. Für einen Wechsel von teilstationärer zu ambulanter Psychotherapie ist vor allem die Arbeit an der Realitätsprüfungsfunktion, der Angsttoleranz, der Impulskontrolle, der Reizschutzfunktion, der Affektdifferenzierung sowie der

---

[8] Fragen der Indikationskriterien werden in diesem Band vor allem in Abschnitt 3.1 behandelt.

Entwicklung von Objektkonstanz von Bedeutung. Die Arbeit an primitiven Abwehrmechanismen hat, auf lange Sicht gesehen, zum Ziel, die primitiven allmählich durch höherstrukturierte Abwehrmechanismen zu ersetzen. Die Bearbeitung beispielsweise von Spaltungsmechanismen ist während der teilstationären Behandlungsphase sicherlich nicht ausreichend zu leisten. Ein erreichbares Ziel aber kann es sein, dem Patienten zu Einsicht in diesen Mechanismus zu verhelfen, so daß die Spaltungsmechanismen beispielsweise in nicht mehr so krasser oder abrupter Weise gebraucht werden.

Bei Patienten mit überwiegend neurotischen Störungen, in deren Behandlung die konfliktpathologischen Anteile im Vordergrund stehen, dient die tagesklinische Therapie vor allem der intensiven Einleitung einer langfristigen tiefenpsychologisch fundierten oder analytischen Behandlung. Hier sind die Ziele u.a.:
- bessere Beurteilung der Prognose bei chronifizierten Krankheitsbildern oder bei erheblichem sekundären Krankheitsgewinn,
- Motivierung zur Psychotherapie,
- Bearbeitung von Krisen, bei denen sowohl der Schutz des teilstationären Settings als auch der Kontakt zur gewohnten Umgebung wünschenswert erscheinen,
- Bearbeitung sogenannter früher Störungsanteile bei vorwiegend neurotischen Krankheitsbildern.

Allgemeines Ziel bei dieser Patientengruppe, bei der wir in der Regel vom Vorhandensein eines "Normal-Ichs" (Freud, 1937) ausgehen können, ist es, dem Patienten mit Hilfe von analytisch orientierter Behandlungstechnik Einsicht in seine innerseelischen, konflikthaften Erlebensweisen und Vorgänge zu vermitteln.

Wie dies in der Praxis der Tagesklinik aussieht, darauf werden wir am Beispiel der tiefenpsychologisch fundierten bzw. analytisch orientierten Gruppenpsychotherapie (Abschnitt 3.2.4) eingehen. Der folgende Abschnitt wird sich zunächst noch mit weiteren Aspekten der Arbeit mit präödipal gestörten Patienten im teilstationären Setting befassen.

3.2.3 Therapeutischer Umgang mit primitiver Übertragungskonstellation bei der Behandlung eines schwerst gestörten Patienten[1]

WOLFGANG BECK

Es soll nun weiteren Aspekten in der Behandlung schwer gestörter Patienten nachgegangen werden. Kernberg hat 1978 eine umfassende systematische Übersicht über die symptomatologischen, ich-strukturellen und dynamisch-genetischen Merkmale der Borderline-Persönlichkeitsstörungen gegeben. Neben der Erörterung prognostischer und differentialdiagnostischer Fragen, die neuerdings sehr kritisch diskutiert werden (siehe dazu z.B. Zepf, 1985, S.33-40), findet sich bei ihm eine phänomenologische Darstellung typischer Übertragungs- und Gegenübertragungskonstellationen, die sich in der Behandlung von Borderline-Patienten bzw. bei Störungen auf noch niedrigerem strukturellen Niveau manifestieren.

Ich möchte im folgenden anhand eines Fallbeispiels zu zeigen versuchen, wie sich die primitiven Übertragungskonstellationen eines schwerst gestörten Patienten in der teilstationären Psychotherapie darstellten. Ohne auf die Diagnostik dieser Störungen hier im einzelnen eingehen zu wollen, möchte ich dazu folgendes betonen: Wenn es auch wichtig ist, bei der Diagnose solcher Störungen die bestehenden Symptome oder Symptomgruppen deskriptiv möglichst genau zu erfassen, so ist eine möglichst differenzierte Betrachtung der Struktur des Ichs, in welche die Symptome eingebettet sind, unter therapeutischen Aspekten bekanntlich noch wichtiger.

Im Verlauf der Entwicklung der analytischen Ich-Psychologie hat es zunehmend Bestrebungen gegeben, für Patienten mit Störungen auf strukturell niedrigem Niveau geeignete modifizierte psychoanalytische Behandlungsmethoden zu finden (siehe dazu Blanck und Blanck, 1978; Kernberg, 1978). Inzwischen haben Heigl-Evers und Heigl (1979a, 1980a, 1980b) eine spezifische Technik zur Behandlung von Patienten mit strukturellen Ich-Störungen entwickelt:

---

1 Über die Psychotherapie dieses Patienten wurde in einem anderen Beitrag unter dem Aspekt der verlaufsorientierten Indikationsstellung und Therapieplanung bereits berichtet (vgl. Heigl-Evers, Heigl und Beck, in: Praxis der Kinderpsychologie und Kinderpsychiatrie, 34, 1985, S.288-296).

die psychoanalytisch-interaktionelle Gruppen- und Einzelpsychotherapie, die im Rahmen anderer Beiträge dieses Buches ausführlich dargestellt ist. Diese aus der psychoanalytischen Ich-Psychologie entwickelte Behandlungsmethode ist im Zusammenhang mit dem individuumzentrierten, verlaufsorientierten, integrierten Gesamtbehandlungsplan wesentlicher Bestandteil der teilstationären Psychotherapie, wie wir sie verstehen und durchführen.

Neben dem ich-psychologischen soll noch ein weiterer Aspekt, der bei der Behandlung von Patienten mit überwiegend frühen Störungsanteilen von Bedeutung ist, erörtert werden. Es handelt sich hierbei um die Einwirkungen frühkindlich erlebter Traumen, die nach unserer Erfahrung ein mitbedingender Faktor bei der Entstehung psychogener Erkrankungen und Störungen sein können. Freud hat in Auseinandersetzung mit den Phänomenen der Angst die Hilflosigkeit des kindlichen Ichs gegenüber einer traumatischen Situation beschrieben. Wenn dieses Ich plötzlich von Reizen überflutet wird, können - je nach dem Stand der Ich-Entwicklung und der Intensität der traumatischen Einwirkung - diese Einwirkungen das Kind in der Weise überwältigen, daß sie "...desorganisierend auf seine Fähigkeit wirken, das Geschehen zu perzipieren, zu apperzipieren und daraus Erinnerungsspuren zu entwickeln. Infolgedessen sind sie nicht in der Weise erinnerbar, wie es die aus der Neurosenklinik wohl bekannten verdrängten Erinnerungen sind" (Heigl-Evers und Heigl, 1982b, S.98). Der ursprüngliche Durchbruch der Reizschutzschranke hatte weder ein geeignetes Schutzverhalten in der Realität ausgelöst noch Abwehrleistungen des Ichs gegenüber einem als gefährlich erlebten Triebanspruch entstehen lassen.

Die Beschäftigung Freuds mit dem Trauma machte deutlich, daß traumatische Erlebnisse nicht analog zum neurotischen Konflikt und Kompromiß abgewehrt werden können. Es zeigte sich vielmehr, daß sich z.B. an traumatischer Neurose erkrankte Patienten in ihren Träumen immer wieder in die höchst unlustvolle traumatische Situation zurückversetzten, diese Situation ständig reproduzierten, ohne daß diese eine psychische Verarbeitung erfahren hätte. Freud (1920) folgerte daraus, daß die traumatischen Erfahrungen offensichtlich immer wieder aufs neue inszeniert werden müßten. Cohen (1980) hat diese Frage wieder aufgegriffen und sie aufgrund klinischer Erfahrungen theoretisch neu bearbeitet. Er leitet aus klinischer Praxis ab, daß der Patient in der Analyse niedrig strukturierte Registrierungen traumatisierender Einzelvorfälle oder traumatischer Erlebnismuster gleichsam nachbildet. Dabei werden unter niedrig strukturierten Registrierungen Mikrostrukturen im Sinne von

Erinnerungsspuren, z.B. somatischer Empfindungen, verstanden, die Funktionseinheiten der seelischen Abläufe darstellen.

Aufgrund dieser Annahmen stellt sich die Frage, welche Konsequenzen sich daraus für die Therapie von Patienten ergeben, die in ihrer frühen Kindheit traumatischen Einwirkungen ausgesetzt waren. Das heißt auch, ob überhaupt, und wenn ja, wie solche frühen und unreifen Formen der Repräsentanzenwelt bewußt gemacht werden können. Wesentlich erscheint, daß die begleitenden Affekte dieser Repräsentanzen bewußt werden, d.h., daß sie überhaupt erst einmal "wieder-erlebt werden". Bei Patienten mit genetisch frühen traumatischen Einwirkungen könnte das bedeuten, daß somatische Sensationen auftreten, die eben Ausdruck jener niedrig strukturierten Registrierungen sind, die zum Zeitpunkt der Traumaeinwirkung gleichsam die Ausdrucksform, die "Sprache" des Patienten darstellten, wie sie der betreffenden entwicklungspsychologischen Episode gemäß war. Das Wiedererleben bedeutet in jedem Fall eine Aktualisierung, wobei sich im günstigsten Fall eine progressive Strukturierung, d.h. eine Umformung des aktualisierten traumatischen Erlebens in Erinnerungsspuren und schließlich in höher strukturierte Erinnerungsbilder vollzieht.
Für die psychotherapeutische Praxis ziehen Heigl-Evers und Heigl daraus folgende Konsequenz: "Der Therapeut hilft dem Patienten, die Elemente der von ihm produzierten Wiederholung im Sinne von Nachbildungen früherer Traumata gleichsam zu übersetzen und sie in höhere Strukturen, in Erinnerungsspuren umzuwandeln; er stellt sich dabei analog zum primären Objekt einer ausreichend guten Mutter zur Verfügung, um dem Patienten zu helfen, strukturelle Defizite auszugleichen; er bewegt sich auf der Linie einer entwicklungspathologisch orientierten Psychotherapie, wie sie von Kohut (1971) und Fleming (1978), Blanck und Blanck (1978) und von Heigl-Evers und Heigl (1979, 1980) vorgelegt wurde" (Heigl-Evers und Heigl, 1982, S.90-91).

Ich möchte nun an einem Fallbeispiel erörtern, wie sich die Wirksamkeit einer strukturellen Pathologie in Verbindung mit der Einwirkung früher Traumata in einem psychotherapeutischen Prozeß manifestiert:

> Es handelt sich hier um einen jungen Mann, der wegen zwanghafter Grübeleien, Größenphantasien, die in Form von Tagträumen einen Großteil seines Erlebens ausmachten, Suchttendenzen, Hautausschlag und aggressiver Impulsdurchbrüche zunächst in ambulanter Einzelpsychotherapie bei einem anderen Psychotherapeuten war. In diese Einzeltherapie waren zweimal Phasen einer stationären psychoanalytisch orientierten Psychotherapie eingeschaltet

gewesen. Nach dem plötzlichen Tod seines Vaters geriet der Patient in eine akute Krisensituation; er entwickelte diffuse und archaische Ängste von besonders großer Intensität, fürchtete z.B., von anderen Menschen verschlungen zu werden oder sich selbst aufzulösen; er konnte sich in Beziehungen zu anderen kaum selbst empfinden. Manchmal erschien ihm seine Umgebung nur durch eine Nebelwand sichtbar; Kontakte zu anderen Menschen wurden als ungeheuer anstrengend und belastend erlebt.

Es stellte sich nun die Frage, welche Form der Psychotherapie diesem Patienten bei der Bewältigung seiner Krise helfen könnte. Aus der Genese dieses Patienten seien auszugsweise jene Aspekte erwähnt, die für die Entscheidung, ihm eine teilstationäre Psychotherapie vorzuschlagen, von Bedeutung waren:

Der Patient ist Einzelkind; er wuchs, psychologisch betrachtet, gleichsam in einer verkehrten Welt auf: Der Vater ging mit dem Sohn von Anfang an wie eine übermächtige, kontrollierende Mutter um. Die Mutter des Patienten wurde vom Vater gewissermaßen als Funktion "bereitgestellt"; die Beziehung zwischen Mutter und Sohn wurde praktisch vom Vater bestimmt. Dieser versuchte durch grenzenlose Bedürfnisbefriedigung einerseits sowie sadistische Bemächtigung andererseits eine narzißtische Einheit mit dem Kind zu erhalten. Der Sohn war Selbstobjekt des Vaters, oder mit anderen Worten: dessen narzißtische Extension; Differenzierungsprozesse auf seiner Seite waren nur begrenzt möglich, er verblieb intrapsychisch in einer Welt paradiesischer Bedürfnisbefriedigung, die u.a. zu einer enormen Anspruchshaltung führte. Die Ausbildung stabiler Selbst- und Objektrepräsentanzen und somit die Entwicklung von Objektkonstanz konnte nicht erfolgen. Die Kontrolle über seine Impulse, seine Frustrationstoleranz, ferner die Differenzierung seiner Affekte und die Affektwahrnehmung waren nur äußerst gering entwickelt. Die Neutralisierung seiner aggressiven und libidinösen Energien war nur unzureichend gelungen. In Beziehungen suchte er ein haltgebendes und steuerndes Objekt, das beliebig austauschbar war. Im Zuge von Regression kam es zur Entdifferenzierung der Selbst- und Objektrepräsentanzen. Als Abwehrmechanismen zeigten sich sehr stark ausgeprägte primitive Identifizierungen, Spaltung in 'nur gute' und 'nur böse' Selbst- und Objektrepräsentanzen, Verleugnung und projektive Identifizierung. Auch das Angstniveau (Angst vor Vernichtung und vor Verlust des Liebesobjektes) machte in Verbindung mit strengen, archaischen Über-Ich-Anteilen deutlich, daß der Patient - entwicklungspsychologisch betrachtet - an einer Störung auf strukturell niedrigem, undifferenziertem Niveau litt.

Die anamnestischen Angaben des Patienten konnten während der ambulanten Behandlung, noch ehe eine Aufnahme in die Tagesklinik zu erwägen war, in Gesprächen mit den Eltern ergänzt werden.

Der Patient war als Kleinkind der folgenden traumatisierenden Situation ausgesetzt: Im Alter von eineinhalb Jahren fiel er aus dem Bett und erlitt dabei eine Schädelfraktur, die zur Folge hatte, daß er durch Krankenhausaufenthalt längere Zeit von den Eltern getrennt war. Dieses frühe organische und seelische Makro-Trauma wirkte im Zusammenhang mit weiteren Mikro-Traumen kumulativ: So schlief der Patient über lange Zeit im Bett des Vaters, wobei der Vater den Sohn, Bauch an Rücken liegend, derart umklammerte, daß sein Penis in der Gesäßfurche des Kindes lag; der Patient konnte sich dem Zugriff des Vaters nie entziehen. Erschwerend im Sinne eines traumatischen Momentes wirkte sich aus, daß die Mutter als emotionales Hilfs-Ich für den Patienten ausfiel, da der Vater eine Beziehung zwischen Mutter und Sohn nur insoweit zuließ, wie sie seinen unbewußten Wünschen entgegenkam. Es legt sich nahe, daß der Patient aufgrund dieser Genese für eine homosexuelle Entwicklung prädisponiert schien. Homosexuelle Phantasien beschäftigten ihn in der Adoleszenz häufig, während sexuelle Handlungen nur ansatzweise in Erscheinung traten. Eine in der Adoleszenz drohende psychotische Reaktion konnte der Patient zumindest partiell dadurch abwenden, daß er sich per Identifikation mit den Sucht- und Zwangsanteilen des Vaters vor einer Dekompensation schützte. Gelegentlich kam es zu aggressiven Impulsdurchbrüchen, bei denen er die elterliche Wohnung demolierte und bisweilen auch die Eltern tätlich angriff. Als der Vater unerwartet an einem Herzinfarkt starb, brach die Abwehr des Sohnes zusammen; er geriet in einen Zustand, der durch Depersonalisations- und Derealisationserleben gekennzeichnet war.

Vor der Aufnahme in die Tagesklinik wurde die Störung des Patienten als präpsychotische Entwicklung auf dem Hintergrund einer Borderline-Persönlichkeitsstruktur diagnostiziert. Aufgrund der Schwere der Störung stellte sich die Frage, in welchem Behandlungsrahmen und mit welcher Behandlungsmethode dem Patienten bei der Bewältigung seiner Krise zu helfen sei. Während der ambulanten Behandlung war der Patient bereits zweimal jeweils für mehrere Monate in stationärer Psychotherapie; wir nahmen an, daß aufgrund der dabei gemachten Erfahrungen die große Nähe im vollstationären Behandlungsrahmen den Patienten in der Hinsicht überforderte, daß sie seine Wünsche nach Nähe im Sinne von Einssein einerseits mobilisierte, gleichzeitig aber die Angst davor enorm verstärkte, so daß die Gefahr einer malignen Regression gegeben war. Die Regulierung von Nähe und Distanz, die entwicklungspsychologisch betrachtet in den Subphasen der Trennung und Individuation, speziell in der Differenzierungs-, Übungs- und Wiederannäherungsphase (siehe Mahler et al., 1978, S. 87-101) von großer Bedeutung ist, konnte dem Patienten in der vollstationären Behandlung vermutlich nicht ausreichend gelingen.

Im Gegensatz dazu schien eine ambulante Psychotherapie die Distanz zu dem haltgebenden und steuernden Objekt so zu vergrößern, daß in der Krisenphase die für ihn notwendige "holding function" (Winnicott, 1974) nicht mehr gewährleistet war. Es legte sich also nahe, einen Behandlungsrahmen zu wählen, in dem der Patient einen für ihn nötigen strukturierten und haltenden Rahmen zur Verfügung hatte, dabei jedoch nicht total aus seinem sozialen Alltag herausgenommen wurde, wodurch es eher möglich erschien, daß der Patient die in der stützenden und einübenden Psychotherapie vollzogenen Entwicklungsschritte in der sozialen Realität erproben und umsetzen konnte.

Auf die speziellen Aufnahme- und Indikationskriterien für die teilstationäre Psychotherapie soll hier nicht weiter eingegangen werden (siehe dazu Abschnitt 3.1). Es sei jedoch erwähnt, daß das teilstationäre Setting gerade unter dem Aspekt der Regulierung von Nähe und Distanz mehr Möglichkeiten zur Erfahrung von Trennung und Wiederannäherung bietet als eine ambulante oder stationäre Psychotherapie. Die teilweise Herausnahme des Patienten aus seiner sozialen Umgebung bzw. der Aufenthalt in einer anderen sozialen Realität, der der psychotherapeutischen Tagesklinik, ist besonders unter dem Aspekt der Entwicklung von mehr Autonomie und Objektkonstanz geeignet, die Gestaltung realer Beziehungen in einem psychotherapeutischen Rahmen neu zu erfahren, d.h. auch, pathologische Interaktionsmuster zu modifizieren und neue Strukturen auf einem höheren Niveau zu etablieren. Nach unserer Ansicht bedeutet das jedoch nicht, daß die psychotherapeutische Tagesklinik ausschließlich für Patienten mit frühen Störungen indiziert ist. Vielmehr erscheint es von der Zusammensetzung der Gesamtgruppen her sinnvoll, Patienten von strukturell unterschiedlichem Niveau gemeinsam zu behandeln.

Bei dem hier vorgestellten Patienten war aufgrund seiner defizitären Ich-Funktionen damit zu rechnen, daß sich diese Mängel in der Behandlung sehr schnell zeigen würden (vgl. Streeck, 1983), daß sie Übertragungsgeschehen wie Beziehungen zu Mitpatienten und Klinikpersonal prägen würden. Um die Auswirkungen der hier vorliegenden schweren ich-strukturellen Störungen bearbeiten zu können, brauchte der Patient vor allem einen Einzeltherapeuten, der sich ihm in seiner personalen Ganzheit zur Verfügung stellte. Und er brauchte die Möglichkeit zum geregelten Rückzug aus der psychotherapeutischen Situation, um die gemachten Erfahrungen verarbeiten und integrieren zu können.

Ich möchte nun darstellen, wie sich bei diesem Patienten die beschriebenen traumatischen Einwirkungen sowie seine ich-strukturelle Pathologie im Prozeß der teilstationären Behandlung auswirkten.

Am Anfang der Behandlung zeigte sich bei ihm eine stark ausgeprägte Nähe-Intoleranz; in der Einzelpsychotherapie entwickelte er einerseits das Bedürfnis, dem Therapeuten ganz nahe zu kommen, andererseits fürchtete er, dann total vereinnahmt zu werden und als Individuum unterzugehen; die Konturen der Objekte in seiner Umgebung drohten zu verschwimmen. Der Patient versuchte, dem drohenden Objektverlust durch hyperaktives Reden und Grübeln zu entgehen. Er belastete sich zudem durch extreme Selbstentwertungstendenzen. Ich war seinerzeit sehr in Sorge über den Zustand dieses Patienten, spürte innere Verwirrung, Tendenzen, mich von der Behandlung zurückzuziehen, und hatte den Wunsch, ihm in geeigneter Weise äußere Strukturen zu setzen. Im Stationsalltag vermittelte der Patient in dieser Behandlungsphase bei den Mitarbeitern das Bild eines verwöhnten Jungen, der bei einer enorm hohen Anspruchshaltung gleichzeitig in völlig passiver Erwartung verblieb. Durch seine kleinkindhaft-charmante Art schaffte er es zunächst häufiger, sich vom Personal passiv versorgen zu lassen. In seinem Verhalten dominierte ein kindliches Sich-gehen-lassen, er wollte alle seine Bedürfnisse grenzenlos ausleben, ohne darauf achten zu müssen, wie das auf andere Menschen wirkte. Dabei negierte er völlig die Unterschiedlichkeit von Bedürfnissen. Einerseits hatte er das Gefühl, andere müßten grenzenlos für ihn dasein, andererseits meinte er, er müsse sich grenzenlos an andere anpassen. In der Gestaltungstherapie malte er Bilder, in denen ständig die Grenzen zwischen Menschen verschwammen. Er hatte die Vorstellung, daß er, ohne zu fragen, in die Bilder der Mitpatienten hineinmalen konnte; Begrenzungen durch die Gestaltungstherapeutin lösten bei ihm intensive Wutgefühle und Rückzugstendenzen aus. Ähnlich wollte er über die Schwestern verfügen; er hatte die Vorstellung, daß diese beliebig für ihn dazusein hätten. Im Stationsleben neigte er dazu, sich über die gesetzten Regelungen grenzenlos hinwegzusetzen. Die äußeren Objekte versuchte der Patient ständig unter Kontrolle zu halten, um sich dadurch vor einem gefürchteten Verlust dieser Objekte zu schützen. Diese Einstellung bedingte ständiges Bemühen um andere Personen ohne Rücksicht auf das eigene Erleben. Sich das Wohlwollen anderer zu erhalten, erschien ihm wichtiger, als auf seine eigenen Affekte zu achten. Verhielten sich die Mitpatienten oder das Personal anders, als er es sich wünschte, so kam es zunächst aufgrund strenger archaischer Überich-Anteile zu starker Selbstentwertung sowie zur Aufspaltung in befriedigende 'nur gute' und versagende 'nur böse' Objekte.

Später idealisierte er dann vor allen Dingen ihm unbekannte Menschen, die realen Bezugspersonen wurden gleichzeitig entwertet. In den Teambesprechungen wurde deutlich, daß es für den Patienten bei allen Therapieangeboten sehr wichtig schien, ihn daraufhin anzusprechen, wie er auf andere Menschen wirkte. Solche Antworten lösten in ihm zunächst sehr starke Wut aus, die er dann zunehmend zu kanalisieren verstand, indem er sich z.B. an Aktivitäten gegen die Hausordnung beteiligte, die für ihn im übertragenen Sinne stellvertretend für elterliche Autorität stand. Es war für ihn nun auch nicht mehr nötig, die Grenzen zwischen sich und anderen zu verwischen mit der Gefahr, dabei von intensiver Verschmelzungsangst überflutet zu werden. Seine Erfahrungen im Stationsalltag brachte er verstärkt in die Einzel- und Gruppenpsychotherapie ein; zunehmend erprobte er z.B. die Fähigkeit, sich von anderen Menschen abzugrenzen, gleichzeitig aber eine Beziehung mit ihnen einzugehen - im sozialen Raum außerhalb der Klinik.

Im weiteren Verlauf der Einzelpsychotherapie kam es bei dem Patienten durch frustrierende Erlebnisse in der Beziehung zu anderen Menschen zu Reizüberflutungen, zu einer Überforderung der Funktion des Reizschutzes, die eine Entdifferenzierung seiner Selbst- und Objektrepräsentanzen zur Folge hatte. Der Patient entwickelte Vernichtungsängste, aggressive und libidinöse Regungen stellten sich entmischt dar. So hatte er gegenüber dem Einzeltherapeuten Phantasien mit dem Inhalt, der Therapeut möge ihn anal penetrieren und ihn dabei ständig mit dem Kopf auf den Boden schlagen. Es handelte sich dabei möglicherweise um eine Mischung zweier traumatischer Einwirkungen, die beide hoch angstbesetzt waren: Zum einen um die Wiederholung des organischen Traumas der Schädelfraktur, die der Therapeut immer wieder herbeiführen sollte, zum anderen um die Wiederholung der Schlafsituation mit dem Vater. Versuche einer konfliktpathologischen Bearbeitung dieser Phänomene lösten bei ihm Unlust und erneute Reproduktion dieser frühen Erfahrungen aus. Erst durch 'antwortendes' Verhalten des Therapeuten gelang es dem Patienten, diese diffusen Affekte bzw. größtenteils auch körperlichen Sensationen in Worte zu fassen und sie in sein Erleben zu integrieren. Dabei war wesentlich, daß der Therapeut angst- und spannungsregulierend wirkte, d.h. sich in vielfältiger Weise als Hilfs-Ich anbot und den Umgang mit der Realität gewissermaßen einüben half. Im Zuge dieser Therapie traten zunehmend somatische Symptome in Erscheinung; vielleicht wurde auch das frühe somatische Gedächtnis (s. Lipin 1955, 63; Cohen 1980) des Patienten quasi aktiviert; es kam vermehrt zu Körpersensationen, z.B. zur Vermehrung des Hautausschlages, zu Druckgefühlen in der Herzgegend und zu Magenbeschwerden. Die Beschäftigung mit dem eigenen Körper und dessen Empfindungen rückte immer mehr in den Vordergrund. Z.B. erlebte der Patient, daß er dann, wenn er sich mit seinen Gefühlen total auf einen anderen Menschen einstellte, von seinem Körper sozusagen an sich selbst erinnert wurde.

So fiel es ihm auf, daß er nach solchen intrapsychischen Verschmelzungsvorgängen nicht urinieren konnte, d.h. daß die Blase ihm gleichsam Zurückhaltung signalisierte. Nunmehr erlebte der Patient zunehmend die Sprache seines Körpers als bereichernd und lustvoll, er begann, sie in seine seelische Vorstellungswelt zu integrieren; gleichzeitig gingen die Körpermanifestationen von Symptomcharakter zurück. Im Stationsleben entwickelte sich immer mehr die Auseinandersetzung mit den Realitäten der Tagesklinik; er realisierte, daß es im Zusammenleben von Menschen Normen gibt, daß Bedürfnisse in einer Gemeinschaft nicht grenzenlos ausgelebt und befriedigt werden können. Der therapeutische und - darin enthalten - der normative Rahmen der Tagesklinik wirkte durch seinen Realitätscharakter korrigierend und strukturierend, was dem Patienten wiederum dazu verhalf, seine seelischen Triebe zu neutralisieren und ich-aufbauend einzusetzen.

Nach der Wiederbelebung und Integration der frühen Engramme in sein Selbsterleben konnte sich der Patient im eigentlichen Sinne der Objektwelt zuwenden. Er erlebte erstmals eine Beziehung zu einer

Frau, was zunächst mit großen Ängsten vor Verschlungen-Werden und gleichzeitigen Wünschen nach Verschmelzung mit dem Objekt verbunden war. Auch auf dieser nun höher strukturierten Ebene war es weiterhin die Aufgabe des Therapeuten - in Kenntnis der Struktur -, an der Differenzierung zwischen Vorstellungen vom Selbst und vom Objekt zu arbeiten.

Diese Behandlungsphase war durch Schritte der Differenzierung, der Übung und der Wiederannäherung (siehe Mahler et al., 1978, S. 87-101) gekennzeichnet. Aufschlußreich ist in diesem Zusammenhang, daß der Patient eine Fotografie des Therapeuten anfertigte, die er im Sinne eines Übergangsobjektes (siehe Winnicott, 1969, S. 666-682) nutzte, wenn er abends oder am Wochenende den Therapeuten nicht sehen konnte. Der Therapeut wurde in der Vorstellungswelt des Patienten immer wichtiger als "dritte Person" (siehe Rotmann, 1978), z.B. bei der Auseinandersetzung mit der eigenen Mutter. Das Gespräch mit ihr allein war ihm zu ängstigend, so daß er sie in die Tagesklinik zu einem Gespräch mit dem Therapeuten "mitbrachte". Die dritte Person war insoweit für die Entwicklung des Patienten nötig, als sie innerhalb der Repräsentanzenwelt mit Hilfe einer Triangulierung die Loslösung aus der Dualunion ermöglichte. Immer mehr übernahm der Patient nun auf der Station freiwillig Aufgaben, er beteiligte sich an sozialen Aktivitäten, es machte ihm Freude, an seinem Auto zu arbeiten, und er beschäftigte sich mit seiner beruflichen Zukunft.

Betrachtet man abschließend die Übertragungsmuster, die der Patient aufgrund seiner spezifischen strukturellen Pathologie in der teilstationären Behandlung inszenierte, so zeigt sich, daß die Übertragungsmanifestationen eindeutig als nicht-neurotisch zu charakterisieren sind. Vielmehr kann davon ausgegangen werden, daß die Übertragungsphänomene zwischen der Übertragungspsychose von Borderline-Patienten und der psychotischen Übertragung von Psychotikern (siehe Kernberg, 1978, S. 209) oszillierten. Gerade die rasch oszillierende Projektion von Selbst- und Objekt-Imagines, die ja das Niveau der primitiven Objektbeziehungen und der Identitätsstörung deutlich macht, erforderte einen Behandlungsrahmen, der steuernd und auch neutralisierend für den Patienten wirkte. Die psychotische Ebene der Übertragung dieses Patienten äußerte sich in der längere Zeit andauernden Vorstellung des Eins-Seins mit dem Therapeuten, wobei es sich einerseits um erschreckendes und bedrohliches Erleben starker aggressiver Impulse und andererseits um Gefühle des Verschlungen-Seins handelte. Hierbei war auch wichtig, daß der Patient oft nicht in der Lage war zu unterscheiden, wer der Verschlingende und wer der Verschlungene war. In der Übertragung äußerten sich auch regressive Vorgänge von Wiederverschmelzung der Selbst- und Objektrepräsentanzen unter Aufhebung der Grenzen zwischen Selbst und Nicht-Selbst, womit im Zuge der Regression eine Ebene der "primären Ungeschiedenheit" hergestellt werden sollte (Joffe und Sandler, 1967, S.138-157).

Übertragungsphänomene auf Borderline-Niveau zeigten sich erst im späteren Verlauf der Behandlung. Hier war dann zu beobachten, daß die Realitätsprüfung sowie die Impulskontrolle und Affektdifferenzierung inzwischen besser funktionierten. Kernberg sieht zwischen der Übertragungspsychose von Borderline-Patienten und der psychotischen Übertragung von Psychotikern in einer intensiven Psychotherapie deshalb auch folgenden Unterschied: "Bei Borderline-Patienten reicht der Verlust der Realitätsprüfung nicht soweit, daß dadurch auch das Erleben und Verhalten des Patienten außerhalb der Behandlungssituation auffallend mitbetroffen wäre; solche Patienten können vielmehr über Tage, Wochen, Monate hin während der Behandlungsstunden Wahnideen und psychotisches Verhalten zeigen, während sie außerhalb der Therapie überhaupt nicht psychotisch wirken. Ein weiteres Merkmal besteht darin, daß die Übertragungspsychose auf die schon beschriebene Behandlung anspricht." (Kernberg, 1978, S.206-207).

> Zur Pathogenese dieser schweren Störung ist zu ergänzen, daß der Vater des Patienten aufgrund eigener Strukturpathologie nicht in der Lage war, sich gegen seinen Sohn ausreichend abzugrenzen. Der Vater - einem der beteiligten Therapeuten aus Beratungsgesprächen bekannt - erlebte den Sohn als Teil seines eigenen Selbst und ging entsprechend mit ihm um, nämlich usurpierend-überverantwortlich und -überfürsorglich. Der Sohn erwartete - im Sinne einer Teilobjekt-Beziehung - vom Vater und, in der Tagesklinik, von den Therapeuten und Nicht-Therapeuten eine jederzeit vorhandene totale Verfügbarkeit. Die (innere) Repräsentanz des Vaters war für ihn auch konstituierender Teil seines grandiosen Selbst (Kernberg 1980, S.302-308), das seine Tagträume nährte und ihn vor drohendem totalen Selbstwertverlust schützte. Diese und die anderen zuvor geschilderten Mechanismen, mit deren Hilfe der Patient sein Selbstwertgefühl regulierte, schienen uns im Sinne einer neurosenpsychologischen Konfliktbearbeitung nicht behandelbar zu sein. Vielmehr kam es darauf an, in einem integrativen,

geplanten Behandlungsprozeß eine Entwicklung in Gang zu setzen, die am Entwicklungsstand und der Struktur des Patienten orientiert war, d.h. auch, alles das bereitzustellen, was seiner Entwicklung diente und somit in erster Linie sein Ich bzw. dessen Funktionen stärkte. So war es dem Patienten auch erst nach der Anreicherung der defizitären Ich-Struktur möglich, im Rahmen einer geschützten Dreier-Situation, in Anwesenheit des Therapeuten, der Mutter mitzuteilen, was er sich eigentlich von ihr gewünscht hätte. Mutter und Sohn waren sehr betroffen, nachdem es ihnen gelang, sich erstmals gegenseitig mitzuteilen, wie sie sich erlebten; ebenso konnte über den Tod des Vaters gesprochen werden. Hierbei wurden auch die intensiven Haßgefühle des Patienten auf seinen Vater deutlich. Die Mutter war sehr entlastet, als sie mitteilen konnte, daß sie viele Jahre ihres Lebens sehr darunter gelitten hatte, daß ihr Sohn eigentlich gar nicht ihr Kind war, sondern total von ihrem Mann vereinnahmt worden war.

Vielleicht macht dieses Beispiel deutlich, daß eine Behandlung, die strukturelle Entwicklungsprozesse beim Patienten fördern soll, dafür Formen und Inhalte wählen muß, die dem jeweiligen Entwicklungsstand des Patienten angemessen sind, und daß auch verlaufsorientierte Modifikationen des Settings erwogen und vollzogen werden müssen, wenn sie im Interesse der seelischen Nachentwicklung des Patienten nötig erscheinen.

Es bleibt noch zu erwähnen, daß der junge Mann nach Abschluß der teilstationären Psychotherapie in der Lage war, die ambulante Behandlung bei seiner Therapeutin fortzusetzen. Diese Therapie war wegen der anfangs geschilderten kritischen Entwicklung des Patienten unterbrochen worden. Inzwischen hat sich die seelische Befindlichkeit des Patienten soweit gebessert, daß er nunmehr in der Lage ist, ein Studium in einem Numerus-Clausus-Fach zu beginnen.

3.2.4 Die Anwendung der tiefenpsychologisch fundierten Gruppenpsychotherapie in der Tagesklinik

ANNELISE HEIGL-EVERS und URSULA HENNEBERG-MÖNCH

Nachdem wir an einzeltherapeutischen Abläufen gezeigt haben, wie der Interaktionsprozeß zwischen einem Patienten und einem Therapeuten in unserer Tagesklinik methodisch-technisch gehandhabt wird, wollen wir uns der gruppentherapeutischen Methode zuwenden.

Gruppenpsychotherapie hat in der teilstationären Behandlung ebenso wie in der vollstationären (Heigl, 1978) einen besonderen Stellenwert. Dies hat mit den Rahmenbedingungen stationärer wie teilstationärer Psychotherapie zu tun. Der Einzelne ist hier Mitglied einer Patientengemeinschaft; er ist immer einer von mehreren, ja von vielen. Die Zahl der vielen hängt von der Größe der Institution ab, die sich nach der Zahl der Betten oder der Behandlungsplätze bemißt. Die Zusammensetzung der Patientengemeinschaft hängt u.a. von der jeweils angebotenen Therapie und den dafür gültigen Indikationen ab. So gibt es voll- und teilstationäre Einrichtungen, die ihr Angebot an Patienten mit ganz bestimmten Erkrankungen richten, woraus dann eine krankheitshomogene Klientel (etwa im Fall von Fachkliniken und Fachtageskliniken für Suchtkranke) resultiert. Andere Einrichtungen haben ihre Therapieangebote für eine relativ heterogene Klientel entwickelt, wie Fachkliniken und Fachtageskliniken für psychogene und psychosomatische Erkrankungen in ihrem ganzen Spektrum.

Die Gesamtheit der Patienten einer solchen voll- oder teilstationären Einrichtung bildet für eine begrenzte Zeit eine Art Lebensgemeinschaft, in der sich stets auch Gruppen informeller Art bilden, die eine wichtige Bedeutung für das Sozialverhalten des Einzelnen haben (Mann, 1972). Es legt sich in solchen Institutionen daher besonders nahe, die Gruppe auch im Dienste der Therapie einzusetzen, sie als therapeutisches Medium zu nutzen (siehe dazu Heigl-Evers, 1967 u.ö.). Dies geschieht in unserer Tagesklinik in der über Gruppenprozesse vermittelten Psychotherapie, in der sozialtherapeutischen Lerngruppe, in den Gruppen der Gestaltungs-, Beschäftigungs- und Musiktherapie, der Konzentrativen Bewegungstherapie ebenso wie in der Gestaltung des tagesklinischen Alltagslebens durch die Stationsversammlung.

In diesem Beitrag wollen wir die tiefenpsychologisch fundierte Gruppenpsychotherapie behandeln, eine Anwendung der Psychoanalyse in Gruppen, die wir ebenso wie die psychoanalytisch-interaktionelle Gruppenpsychotherapie in unserer Einrichtung einsetzen.

Die Rahmenbedingungen einer psychotherapeutischen Tagesklinik wirken sich auch auf die darin angebotene Gruppenpsychotherapie aus. Während zum Beispiel in der ambulanten Gruppenpsychotherapie soziale Nähe unter den Teilnehmern in der Regel vermieden oder zumindest begrenzt gehalten wird, ist das Ausmaß solcher Nähe in der Tagesklinik vergleichsweise groß, wenn auch nicht so groß wie in einem Krankenhaus. Durch das tägliche Pendeln zwischen dem eigenen Zuhause und der Tagesklinik verbleiben die Patienten zeitweise in ihrem sozialen Alltag und ihrer gewohnten Umgebung. Das hat nach unseren Beobachtungen zur Folge, daß aktuelle Konflikte, die im sozialen Alltag der Patienten entstehen, häufig in die gruppenpsychotherapeutischen Sitzungen eingebracht und hier zum Thema gemacht werden - ähnlich wie in der ambulanten und anders als in der stationären Gruppenpsychotherapie.

Neben den aktuellen Konflikten aus dem gewohnten sozialen Alltag spielen in der Gruppenpsychotherapie der Tagesklinik auch die im Zusammenleben der Patienten in der Institution, im Realitätsraum der Klinik, entstehenden Konflikte und gewonnenen Erfahrungen eine wichtige Rolle. Die dem Patienten deutlich gemachte Trennung in Therapieraum und Realitätsraum (vgl. Zauner, 1972, 1975, 1978; Heigl, 1978, 1981) ermöglicht es ihm, konflikthafte Erfahrungen aus dem sozialen Milieu der Tagesklinik im geschützten Raum der Therapiegruppe zu thematisieren und besser verstehen zu lernen. Umgekehrt wird es dem Patienten auch ermöglicht, die im Therapieraum, zum Beispiel in der Gruppenpsychotherapie, gewonnene Einsicht zunächst im Realitätsraum der Tagesklinik, der im Vergleich mit der sozialen Außenrealität relativ geschützt ist, in neue Verhaltensweisen umzusetzen, diese zu erproben und zu modifizieren, ehe sie solches in ihrem üblichen sozialen Alltag versuchen (siehe dazu Abschnitt 3.3.1 und Abschnitt 3.3.2). Die dabei auftauchenden Widerstände und das dabei erlebte Widerstreben können dann wiederum in der Therapiegruppe bearbeitet werden.

Wir wollen die Einwirkung eines im Realitätsraum der Tagesklinik entstandenen Konflikts auf den gruppenpsychotherapeutischen Prozeß an einem Beispiel veranschaulichen:

Nach dem gemeinschaftlich betriebenen Sport herrschte unter den Patienten der Tagesklinik eines Tages ein größeres Maß an Spannung und Aufregung. Einige der Patienten hatten sich während des Sports durch einen sehr gut trainierten und kräftigen Mitpatienten dadurch bedroht gefühlt, daß dieser sich mit einer seine Kräfte demonstrierenden Gebärde vor einem anderen Patienten aufgebaut hatte. Dieser Vorfall hatte in einigen Mitpatienten Angst und Empörung im Sinne eines archaischen Affekts mobilisiert. Man beschwere sich über den Patienten, der in solcher Weise seine Kraft demonstriert hatte; er wurde als gewalttätig hingestellt, schließlich wurde sogar seine Unterbringung in einer geschlossenen Abteilung gefordert. In der dann folgenden gruppenpsychotherapeutischen Sitzung wurde diese Begebenheit zum Thema. Der genannte, für die anderen zum Problem gewordene Patient und Gruppenteilnehmer wurde während der Sitzung von der Mehrzahl der Teilnehmer als bedrohlich, als mächtig und unberechenbar hingestellt. Obwohl dieser Patient während des Sitzungsverlaufs mehrfach betonte, daß er sich durchaus kontrollieren könne, waren die durch ihn bei den Mitpatienten mobilisierten Phantasien durch seine Äußerungen zunächst nicht zu relativieren. Er wurde für das Erleben der anderen zunehmend zum Sündenbock (vgl. Grinberg, Langer und Rodrigué, 1960), in der Rangdynamik der Gruppe zum Omega (R. Schindler, 1969), in der soziodynamischen Funktionsverteilung zum Normenverletzer (Heigl-Evers, 1978).

Mit Hilfe der Interventionen der Therapeutin wurde es den Gruppenmitgliedern dann allmählich möglich, die Aufmerksamkeit von diesem Patienten auf die je eigenenen Phantasien, Phantasien von einem aggressiv willkürlichen inneren Objekt, zu lenken und somit die per Verschiebung auf den genannten Patienten abgewehrten und in bezug auf das eigene Bewußtsein latenten Anteile wahrzunehmen. Das Geschehen konnte nun unter dem Aspekt der reziproken Latenzrepräsentanz (Heigl-Evers, 1967, 1978) verstanden werden: Während der phasenweise zum 'Sündenbock' gewordene Patient die latenten aggressiven Triebimpulse, eine latente willkürlich-aggressive Objektrepräsentanz der meisten anderen Gruppenteilnehmer repräsentierte, empfanden diese manifest die Angst vor solchen Triebimpulsen, die der 'Sündenbock' überwiegend mit Hilfe des Mechanismus der Affektisolierung abwehrte. Die allmähliche Bearbeitung dieses Konflikts im Verlauf der Gruppenpsychotherapie hatte zur Folge, daß sich die Atmosphäre unter den Patienten wieder entspannte.

Über die Teilnahme eines Patienten an der Gruppenpsychotherapie wird unter den individuumzentrierten und verlaufsorientierten Aspekten des integrierten Gesamtbehandlungsplans entschieden, wie er für jeden unserer Patienten entworfen wird. Dabei steht am Anfang der Behandlung in unserer Tagesklinik immer die Einzelpsychotherapie, ein Vorgehen, mit dem unser Konzept sich von dem anderer Tageskliniken unterscheidet (vgl. Zwiebel, 1984, S. 118). Nach unserer Erfahrung ist es in der dyadischen Beziehung der Einzelpsychotherapie eher möglich, die beim Patienten bestehende Nähe- und Distanz-Toleranz einzuschätzen, die - neben anderen Kriterien - für die Indikation zur Behandlung in einer Gruppe von Bedeutung ist.

Die tiefenpsychologisch fundierte oder analytisch orientierte Gruppenpsychotherapie ist ein aus der Theorie und Methode der Psychoanalyse abgeleitetes Verfahren. Es ist hinsichtlich Zielsetzung und Interventionsstil auf der einen Seite von der psychoanalytisch-interaktionellen Gruppenpsychotherapie und auf der anderen Seite von der sozusagen klassischen analytischen Gruppenpsychotherapie abzugrenzen (siehe dazu Heigl-Evers, 1978). Dieses Gruppenverfahren wurde als eine der drei Gruppenmethoden des sogenannten Göttinger Modells beschrieben (siehe dazu Heigl-Evers, 1978; Heigl-Evers und Heigl, 1973, 1975, 1979a, 1979b; siehe auch Heigl-Evers und Heigl, 1982a, 1983b).

Bei Anwendung der tiefenpsychologisch fundierten Gruppenpsychotherapie richtet sich die Aufmerksamkeit des Therapeuten und, über die Entwicklung von Arbeitsbeziehungen, zunehmend auch die der Teilnehmer auf die Phänomene der sogenannten psychosozialen Kompromißbildungen: Intrapersonelle Konflikte manifestieren sich im Gruppenprozeß interpersonell. Im Inneren des Einzelnen resultieren aus den einander widerstrebenden Kräften unbewußter Konflikte immer wieder gleichfalls unbewußte Kompromißbildungen. Im interpersonellen Geschehen werden die einander widerstrebenden Kräfte solcher Konflikte von verschiedenen Personen repräsentiert. Daraus resultiert ein interpersonelles dynamisches Kräftespiel, das in psychosozialen Kompromissen immer wieder zu einem - vorläufigen - Ausgleich kommt und das Gegenstand der Interventionen des tiefenpsychologisch fundiert vorgehenden Gruppenpsychotherapeuten wird. Indem der Therapeut seine Interventionen auf die psychosozialen Kompromisse und auf die individuellen Anteile des einzelnen Gruppenteilnehmers daran richtet, wird jeweils die Gesamtheit der Gruppenteilnehmer therapeutisch angesprochen und erfaßt.

Solche Kompromisse kommen häufig aufgrund projektiver Identifikationen zustande: abgespaltene konflikthaft erlebte Anteile des Selbst werden im anderen deponiert und dort kontrolliert, geschützt, auch insgeheim genossen. Freilich folgt nicht jede psychosoziale Kompromißbildung diesem Entstehungsmuster. Vielmehr sind, insbesondere bei neurotisch erkrankten Patienten, hier auch die interaktionellen Niederschläge der in solchen Gruppen in der Regel multilateralen Übertragung wirksam (siehe dazu König, 1982).

Das therapeutische Vorgehen in der tiefenpsychologisch fundierten Gruppenpsychotherapie ist durch Begrenzung der Regression, durch die Herstellung einer positiven Übertragung auf den Therapeuten, durch Zentrierung auf multilaterale Übertragungsphänomene und auf eine intensive Widerstandsbearbeitung gekennzeichnet, ferner durch Konfrontation und durch Klarifikation, Klarifikation vor allem von Affekten und der Zusammenhänge ihrer Entstehung, weniger dagegen durch genetische Deutung (zum Interventionsstil in der analytischen Standardtechnik vgl. Greenson, 1973). Dabei wird die Begrenzung der Regression vor allem durch eine relativ hohe Frequenz der Interventionen erreicht, ferner dadurch, daß eine unilaterale Übertragung auf den Therapeuten nicht gefördert wird und daß auf die Deutung und Rekonstruktion frühgenetischer Inhalte verzichtet wird.

Will man die tiefenpsychologisch fundierte Gruppenpsychotherapie zu der von Freud (1917-20) vorhergesagten Psychotherapie fürs Volk im Sinne von Kupferlegierungen des "reinen Goldes" der Psychoanalyse rechnen, dann müßte sie, wie Freud es sich gleichfalls vorgestellt hatte, in ihren wirksamsten und wichtigsten Bestandteilen durch Entlehnungen "von der strengen, der tendenzlosen Psychoanalyse" (Freud, 1918/19, S.19) gekennzeichnet sein. Dazu gehört vor allem der Stellenwert, welcher der Beachtung und Bearbeitung des Widerstands bei dieser Behandlung eingeräumt wird. Bei Anwendung dieser Methode unter den Rahmenbedingungen einer voll- oder teilstationären Psychotherapie mit ihrem im Vergleich zur ambulanten Behandlung größeren Maß an sozialer Nähe und, damit verbunden, einer größeren Angst vor sozialen Konsequenzen eigenen Verhaltens, ist auch mit speziellen Ausformungen von Widerständen zu rechnen. So kann es beispielsweise zur Bildung und Hütung gemeinsamer Geheimnisse und zu vorherigen Absprachen über gemeinsames Handeln bzw. Verhalten in der Gruppensitzung unter den Teilnehmern kommen.

Der Frage nach der Indikation und Differentialindikation für eine tiefenpsychologisch fundierte Gruppenpsychotherapie muß die Klärung der Indikation für eine teilstationäre Therapie überhaupt vorausgegangen sein, wie wir bereits erörtert haben. Bei dieser Klärung spielt das Kriterium der Nähetoleranz eine besondere Rolle: Die Fähigkeit des Patienten, den Tag mit anderen Patienten gemeinsam zu verbringen und zu gestalten, Psychotherapie in einer Patientengemeinschaft durchzuführen, ist sorgfältig einzuschätzen. Therapie in der Tagesklinik setzt voraus, daß der Patient die Bedingungen der Pluralität für sich nutzen kann, wie sie z.B. von Hannah Arendt (1960) beschrieben wurden als: unter mehreren sein, in einer Vielheit einzigartig sein, nicht souverän sein, der – relativen – Unvorhersehbarkeit der Folgen des eigenen Tuns ausgesetzt sein (siehe dazu Heigl-Evers und Heigl, 1970; Heigl-Evers, 1978).

Die meisten der Patienten, die in unserer Tagesklinik behandelt werden, nehmen, nachdem die Behandlung mit einer Einzeltherapie begonnen hat, auch an einer Gruppenpsychotherapie teil. Über den Beginn einer gruppenpsychotherapeutischen Behandlung wird, gemäß den Prinzipien des integrierten Gesamtbehandlungsplans, individuum- und phasenzentriert entschieden. Manche Patienten nehmen freilich über längere Zeit oder für die Gesamtdauer ihres Aufenthaltes in der Tagesklinik nicht an Gruppenpsychotherapie teil; eine solche Kontraindikation ist zum Beispiel bei Kranken mit schwerer Borderline-Störung gegeben, zu deren Symptomatik häufig eine ausgeprägte Nähe-Intoleranz gehört. Auch bei Patienten mit präpsychotischen Zustandsbildern wird in den meisten Fällen auf eine gruppenpsychotherapeutische Behandlung verzichtet. Bei diesen schwerst gestörten Patienten ist das Einhalten der Minimalanforderungen der Tagesklinik – Zusammenleben mit anderen, Einhalten der getroffenen Vereinbarungen – über lange Zeit der Behandlung nicht oder nur sehr eingeschränkt möglich; die Entwicklung der Fähigkeit, solchen Anforderungen zu entsprechen, ist hier vielmehr das Behandlungsziel. Abweichend von den sonstigen Regeln des Zusammenlebens in der Tagesklinik werden mit solchen Patienten Sondervereinbarungen getroffen. Bei der Therapieplanung muß jedes Angebot, insbesondere auch das einer Therapie in der Gruppe, sorgfältig überlegt und dosiert werden; das kann dazu führen, daß beispielsweise Gestaltungstherapie bei diesen Patienten nicht, wie sonst üblich, in der Gruppe, sondern in einer Zweierbeziehung angeboten wird.

Ist die Indikation zur Gruppenpsychotherapie gestellt, wobei es sich in der Regel um die Kombination mit einer Einzeltherapie handelt, dann stellt sich die Frage, ob im konkreten Fall das psychoanalytisch-interaktionelle oder aber das tiefenpsychologisch fundierte Gruppenpsychotherapieverfahren eine größere Wirksamkeit verspricht. Diese Differentialindikation wird aufgrund der Diagnose geklärt: Steht für die teilstationäre Psychotherapie die Bearbeitung von entwicklungspathologischen Anteilen der Erkrankung des Patienten, mit anderen Worten: steht die Entwicklung von noch defizitären Ich-Funktionen im Vordergrund, dann entscheiden wir uns für die psychoanalytisch-interaktionelle Gruppenpsychotherapie; bestimmen dagegen konfliktpathologische Anteile das klinische Bild, handelt es sich also um eine überwiegend neurotische Erkrankung, dann entschließen wir uns zu einer tiefenpsychologisch fundierten Gruppenpsychotherapie.

Bei der Klärung dieser Differentialindikation spielt die Einschätzung bestimmter Ich-Funktionen und, ganz allgemein, die des Ausmaßes der Ich-Stärke eine Rolle. Bestimmte Funktionen des Ichs dürfen nicht schwerer beeinträchtigt sein. So muß die Realitätsprüfungsfunktion, d.h. die Fähigkeit, zwischen Innen- und Außenreizen zu unterscheiden, ausreichend verfügbar sein. Die Fähigkeit zur therapeutischen Ich-Spaltung (Sterba, 1934), also die Fähigkeit zur Spaltung in ein erlebendes und in ein beobachtendes Ich, sollte gleichfalls vorhanden sein. Die Spannungs- und Frustrationstoleranz sollte soweit ausgebildet sein, daß der Patient der Regel der freien Interaktion folgen kann. Die Angsttoleranz sollte ausreichen, um sich mit ängstigenden Konflikten auseinandersetzen zu können, ohne hierbei von Panik überflutet zu werden. Die Neigung zu einer malignen Regression (Balint, 1970) sollte ausgeschlossen werden können. Die Abwehrmechanismen des Ichs sollten nicht überwiegend primitiver Art sein wie projektive Identifikation, Spaltung, primitive Idealisierung und Entwertung und Verleugnung; vielmehr sollten die Abwehrmechanismen des Patienten überwiegend einem höherstrukturierten Niveau entsprechen. - Die Erfahrung lehrt, daß Patienten mit Anteilen einer Borderline-Störung, die unter regressiven Bedingungen auch zum Rückgriff auf primitive Abwehrmechanismen neigen, von der tiefenpsychologisch fundierten Gruppenpsychotherapie durchaus profitieren können, sofern bei ihnen ein ausreichendes Maß an Ich-Stärke vorhanden ist. Patienten mit ausgeprägter Borderline-Störung sollten jedoch, vor allem in der Anfangsphase der teilstationären Behandlung, mit einer nicht-aufdeckenden Gruppenpsychotherapie behandelt werden.

Die Ziele einer teilstationären Psychotherapie, die, da es sich um eine zeitlich relativ begrenzte Behandlung handelt, auch entsprechend begrenzt werden müssen, sollten ebenso wie der Behandlungsauftrag, den der Patient formuliert, vor Aufnahme in die Tagesklinik ausführlich besprochen werden. Unsere Erfahrung lehrt, daß in dieser Vorphase nicht nur eine gründliche Diagnostik und Differentialdiagnostik, sondern auch die Klärung der Behandlungsziele und die Formulierung des Behandlungsauftrags vor allem im Dienste der Motivierung und der Einleitung einer Arbeitsbeziehung sehr wichtig und ernstzunehmen sind. Dies gilt erneut auch für die Phase vor Beginn der Gruppenpsychotherapie dann, wenn der Patient schon einige Zeit in der Tagesklinik behandelt worden ist. In einem ausführlichen Vorgespräch zur Gruppenpsychotherapie werden diese Ziele geklärt, wird deren Realisierbarkeit angesprochen, wird der Patient aufgefordert, für den neu bevorstehenden therapeutischen Prozeß einen Behandlungsauftrag zu formulieren und wird er mit der Regel der freien Interaktion bekannt gemacht. Ferner werden einige Empfehlungen, so zur Regelmäßigkeit der Teilnahme wie zum Absagemodus, gegeben, um die Arbeitsbeziehung (König, 1974) zu festigen.

Im folgenden wollen wir uns anhand von kurzen Ausschnitten aus zwei aufeinanderfolgenden Gruppenpsychotherapiesitzungen vor allem mit der Widerstandsbearbeitung in der tiefenpsychologisch fundierten Gruppenbehandlung beschäftigen. Dabei sei eine Bemerkung zu den besonderen Bedingungen, unter denen diese Gruppensitzungen stattfanden, vorausgeschickt. Als Universitätsklinik haben wir neben der Patientenversorgung auch Lehr- und Forschungsaufgaben zu erfüllen. Zu den Aufgaben der Lehre gehört u.a. die Vermittlung psychotherapeutischer Verfahren. Die beiden gruppenpsychotherapeutischen Sitzungen, aus denen wir die folgenden Beispiele entnehmen, gehörten zu einer Reihe von insgesamt dreißig Sitzungen, die zu Demonstrationszwecken vor einer Einwegscheibe stattfanden und die gleichzeitig auf Video-Tonbänder aufgezeichnet wurden. In Auswirkung vielfältiger Verpflichtungen konnte eine der Autorinnen die Leitung der Gruppentherapie nicht kontinuierlich übernehmen; sie wurde wiederholt von ihrer Kollegin vertreten. So kam es während der relativ kurzen Sequenz von dreißig Sitzungen zu einem häufigeren Therapeutinnenwechsel. Dies mag auf den ersten Blick recht problematisch erscheinen. Wir haben jedoch die Erfahrung gemacht, daß, eine gute Beziehung zwischen den beteiligten Therapeutinnen und eine kontinuierliche wechselseitige Information zwischen den beiden vorausgesetzt, dieses Problem durchaus zu lösen ist. Natürlich war zu erwarten, wie es dann auch geschah, daß die Patienten den Widerstand gegen die Bearbeitung ihrer Konflikte auch an die veränderten äußeren Bedingungen, besonders an den Therapeutinnenwechsel, sozusagen anheften würden, anders ausgedrückt, in den äußeren Umständen quasi reale Begründungen bzw. Rationalisierungen für ihre Widerstände entdecken würden. In diesem Zusammenhang ist an Überlegungen von Greenson zu erinnern, die sich auf die besondere Schwierigkeit in der Widerstandsbearbeitung beziehen, die sich dann einstellen, wenn "mit den unbewußten Widerständen des Patienten Realitätsfaktoren vermischt sind" (1973, S.130). In solchen Fällen ist darauf zu achten, daß der Realitätsanteil an den Widerständen, und sei er noch so gering, als solcher anerkannt werden muß, um im nächsten Schritt die unbewußten, irrationalen Anteile des Widerstandes mit Hilfe geduldiger Analyse bearbeiten zu können.

Die Therapiegruppe, von der wir berichten, bestand aus sieben Mitgliedern, vier Männern und drei Frauen. Die Indikation zur tiefenpsychologisch fundierten Gruppenpsychotherapie konnte bei sechs dieser Teilnehmer eindeutig gestellt werden; bei einem der Patienten handelte es sich jedoch um eine Grenzindikation. Bei ihm fanden sich impuls-neurotische Anteile; er neigte zu aggressiven Impulsdurchbrüchen vor allem in Situationen, in denen Wünsche, die er an Personen richtete, die er als bedürfnisbefriedigende Objekte erlebte, nicht erfüllt wurden. Aus zwei Gründen entschieden wir uns bei diesem Kranken für die Behandlung mit der tiefenpsychologisch fundierten Methode. Zum einen waren die Ich-Funktionsdefizite, vor allem im Bereich der Impulskontrolle und der Frustrationstoleranz, bei diesem Patienten nicht durchgängig wirksam und daher nicht so schwerwiegend, zum anderen schien die Gruppe aufgrund ihrer Zusammensetzung insgesamt stabil genug, um die Problematik dieses Teilnehmers behandelbar erscheinen zu lassen.

Die folgenden Vignetten stammen aus der 15., von U.Henneberg-Mönch, und aus der 16., von A.Heigl-Evers geleiteten Gruppensitzung. Zunächst die Anfangsphase der 15.Sitzung:

> Nach der Begrüßung erfolgte ein längeres, etwa zehn Minuten dauerndes Schweigen.

Therapeutin: Was mag denn wohl dagegen sprechen, sich zu äußern.

Herr A.: Ich find momentan unsere Gruppe unmöglich; der B. sagt nichts mehr, weil er Angst hat, was zu sagen. Und F. und C. sagt auch nicht viel, die hängt sich erst dann rein, wenn was auf dem Tisch ist. Beim E., da kann ich gewisse Ängste verstehen, also, obwohl er gestern auch so komische Ansichten zur Gruppe geäußert hatte, wir hätten was gegen ihn, aber das ist gar nicht der Fall, und der G., das ist ähnlich wie bei C., die, der geht erst darauf ein, wenn was auf dem Tisch liegt, dann begreift er eigentlich gar nichts.

Frau F.: Nee, ich will auch hier nichts sagen.

Herr A.: Und was die D. sich erlaubt, die ist ja nicht da, aber ich find, das ist ja auch unmöglich, entweder ist sie hier in der Gruppe oder sie ist nicht in der Gruppe.

Frau C.: Du hast schon recht, hier kommen schon verschiedene Komponenten zusammen. Was diese Gruppe hier tatsächlich unmöglich macht, das sind einmal wir, das ist einmal dieser ständige Therapeutenwechsel, und dann ist es, daß die D. ganz sporadisch mal reinguckt, auch niemals irgendwas hier darüber sagt, warum sie nur sporadisch kommt. Also sind wir Nullen. Brauchen das nicht irgendwie mal ein bißchen, eh, ja so näher zu bringen, was die Gründe sind oder so, also, die gehört hier überhaupt nicht hier rein. Und heute ist sie schon wieder nicht da. Und jetzt haben wir Sie, diese Woche haben wir Sie die ganze Zeit gehabt, dann kommt wieder Frau Heigl, dann werden Sie es wieder mal übernehmen, das stinkt mir auch ganz gewaltig. Wie's grade kommt. Können wir noch ein paar Therapeuten holen, dann haben wir genauso wenig Bezugspersonen. Wenn die Gruppe an sich schon so instabil ist, dann ist es doch absolut unmöglich, daß dann auch noch die Therapeuten ständig, also im Zweierwechsel das hier abhalten.

Herr A.: Ja, aber eins verstehe ich nicht, C., Du suchst immer den Schlagabtausch zwischen Dir und dem Therapeuten, irgendwie willst Du gar nicht auf Deine Sachen eingehen.

Frau C.: Nee, will ich hier auch nicht, weil ich diese Art der

	Gruppe nicht gewollt habe, und die Möglichkeit für mich ist ganz einfach im Moment nur, daß ich mich hier mit meinen Problemen nicht einbringe. Am Tisch besprechen wir Sachen, die sehr wichtig für mich sind, da zeig ich dann, daß ich Eure Resonanz will und daß ich das mit Euch bespreche. Aber im Moment hier will ich das nicht und tue ich das nicht. Das ist auch eine Abwehr gegen die Therapeuten.
Herr A.:	Nun, eine Gruppe ohne Therapeuten gibts ja nicht.
Frau C.:	Nee, das nicht. Wenn man uns drüben gelassen hätte und nur Frau Mönch dann unsere Therapeutin gewesen wäre, dann wär es also für mich ganz sicher gewesen, daß ich mich mit meinen Problemen ganz direkt in die Gruppe eingebracht hätte.
Frau F.:	Mhm, das ist bei mir genauso.

- Kurze Schweigepause -

Herr A.:	Und was sagen die anderen?
Herr B.:	Wenn Du mich jetzt so damit meinst, so, ja, ich weiß nicht, was ich noch dazu sagen soll. Das ist ja nicht neu, das Thema, ne, das ist ja schon Asbach insofern, so lange wir die Gruppe haben, so lange ist das Thema auch da schon, ne. Und lange habe ich dagegen mit dem Kopf dagegen gerannt, lange, und was hat es gebracht, gar nichts. Ich wüßte auch nicht, warum ich noch groß was sagen soll. Ich hätte was zu sagen, ja, okay, klar, aber davor hat mir gezeigt, daß die Resonanz da gar nicht da ist. Und wenn ich sag, Leute sagt mal was, dann fühlen die anderen sich wohl überfordert, ne, ein Stück weit kann ich es auch verstehen, ne. Ich hab es langsam verstanden, was die anderen damit meinen, und ich wüßte nicht, was ich da noch sagen soll. Langsam habe ich es auch für mich satt, keine Lust mehr, wenn keine Resonanz irgendwo da ist.

Während des gesamten Verlaufs der Gruppensitzung wird über das Schweigen geredet. Dabei ist ein Patient, Herr A., im Sinne der "Identifizierung mit dem Angreifer" mit der Therapeutin und der Therapie identifiziert. Er bemüht sich, in Identifizierung mit der Therapeutin, die Gründe für das Schweigen herauszufinden. Er will aber auch nicht mit einem eigenen Thema oder einem eigenen Problem beginnen, weil er nicht "vorangehen" möchte. Ein weiterer

Patient, Herr B., ist ebenfalls mit dem Schweigen nicht einverstanden: "Ja, was ich für mich sagen möchte noch, mein Schweigen, das richtet sich nicht, das richtet sich nur gegen die, die gegen das ganze Schweigen, also ich schließ mich insofern aus. Ich schweige nicht mit, sondern ich schweige gegen das Schweigen. Ich sag, was ihr macht, will ich nicht, nein, und alleine, da ist das Ganze zu klein, die Gruppe, die Gruppe, das bringt es nicht. Dann schweige ich für mich alleine und nicht für die Gruppe. Das möchte ich aber ganz schwer unterschieden haben für mich". Auch er hält am Thema "Schweigen" fest, weil er nicht "Alleinunterhalter" sein möchte. Ein dritter Patient, Herr E., hält die Situation für so unzumutbar, daß er lieber die Therapie abbrechen würde als sich einzubringen. Herr G. ärgert sich über das Schweigen, kann sich aber auch nicht entschließen, über etwas anderes als über das Schweigen zu reden. Er thematisiert seine Zwiespältigkeit. Schlußendlich findet er auch das Schweigen unzumutbar, er erlebt es als "absurdes Theater". Eine Patientin, Frau D., ist ohne Nennung von Gründen nicht zur Gruppensitzung erschienen. Frau C. und Frau F. bekräftigen beide ihr Schweigen; Frau F., indem sie ausdrücklich sagt, daß sie nichts sagen will; Frau C., indem sie den Spieß herumdreht und zum Ausdruck bringt, daß sie sich nicht beteiligen will an einer Sache, die sie nicht akzeptiert.

Die Therapeutin bleibt im weiteren bei der Widerstandsbearbeitung, indem sie zum einen das Schweigen als etwas Gemeinsames in dieser Gruppensitzung anspricht, zum anderen die jeweiligen Gruppenteilnehmer mit ihren jeweiligen Anteilen an dem Gemeinsamen anspricht.

Gegen Ende der Gruppensitzung wird deutlich, daß sich das Widerstandsschweigen der Gruppe bzw. das gleichfalls als Widerstand wirksame Reden über das Schweigen einmal gegen Personen richtet, nämlich gegen die Therapeutinnen, die durch den Therapeutenwechsel, durch Einwegspiegel und Videoaufzeichnungen die Gruppe so verändert haben, daß sie instabil, inkonstant und unakzeptabel geworden sei. Ferner tauchen apersonale Gegebenheiten auf, die als störend, behindernd, gegnerhaft und feindselig erlebt werden: Die Atmosphäre, die Wand, gegen die man redet. Von einzelnen wird, in Identifizierung mit dem Angreifer "Therapeuten und Therapie", das Verhalten der Mehrheit, das widerständige, schweigende Verhalten als Gegner erlebt. Der Gegner, das Element des Gegners, mit dem sich alle Gruppenteilnehmer in unterschiedlicher Weise auseinandersetzen, ist also etwas Diskontinuierliches, Inkonstantes, Unstabiles, etwas, das sich verweigert, das alleinläßt und das nicht versteht. Dieses gegnerische Element wird in unterschiedlicher Weise personal repräsentiert erlebt: In den Therapeutinnen, unausgesprochen vor allem in der nicht anwesenden Frau Heigl-Evers, in der nicht anwesenden Frau D., in den trotzig schweigenden präsenten Teilnehmerinnen C. und F. Das gegnerische Prinzip bleibt also in all diesen Repräsentanten zumindest ähnlich. Dabei sind sich während dieser Gruppensitzung im Grunde alle einig, daß es gegenüber einem so unzuverlässigen, nicht konstanten, nicht Verläßlichkeit und Sicherheit anbietenden Objekt nur das Verweigern per Passivität, per Schweigen gibt. Ein aktiverer Protest wird hier und da vorsichtig versucht, kommt aber nicht zum Zuge. Dieses Objekt ist so gefährlich. daß man sich vor ihm verborgen und gedeckt halten muß, daß man es sich nicht offen zum Gegner machen darf. Gegen Ende der Gruppensitzung wird von einem Teilnehmer, von Herrn B., gemutmaßt, daß es sich bei dem nicht Ausgesprochenen, bei dem per Schweigen bzw. per Reden über das Schweigen Abgewehrten um aggressive Impulse oder Gefühle handeln könnte.

Wie dies häufig zu beobachten ist, führte das konstante Bearbeiten des Widerstandes in der darauffolgenden Sitzung, der von Frau Heigl-Evers geleiteten 16.Sitzung, zu Äußerungen der Patienten über die abgewehrten Impulse und Affekte. Zu Beginn der Gruppensitzung wurde zunächst noch einmal das Schweigen aus der vorangegangenen Sitzung thematisiert.

    Therapeutin: Ja, da war eben so ein Austausch von Blicken und auch Austausch von einem bestimmten kleinen Lachen.
    Frau F.: ...Und darüber, wenn jetzt also wieder das große Schweigen losgeht und dann einer knurrt, daß Sie evtl. sagen könnten, sind Sie anderer Meinung, oder wie meinen Sie das jetzt so. Deswegen haben wir jetzt gesagt, daß das Knurren des Magens von Ihrer Sicht aus so eine Unmutsäußerung sein könnte, deswegen.
    Therapeutin: Ja, stimmen Sie dem zu, daß das so sein könnte?
    Frau F.: Ich stimme dem nicht zu.
    Therapeutin: Stimmen dem nicht zu. Aber eins, da habe ich eben aufgehorcht, als Sie sagten, wenn das große Schweigen anhebt. Das klingt in meinen Ohren fast so, als ob das etwas Geplantes sei.

Frau F.: Nein. Sonst merkt man das ja nicht so, wenn der Magen knurrt.
Therapeutin: Wessen Magen hat denn hier geknurrt?
Frau D.: Das war meiner.
Therapeutin: Ah ja, gut. Ja, Sie haben eben gesagt, daß die Dinge möglicherweise verschieden sind, also verschieden auch beurteilt, etwa knurrende Mägen.

– Kurze Schweigepause –

Therapeutin: Als ich reinkam, kriegte ich so mit, daß hier so ein relativ lebhaftes Geplauder war. Seitdem ich hier sitze, ist Schweigen, von Ihnen schon so ein bißchen voraus-, also vorausgesehen.
Frau F.: Weil es das letztemal auch Schweigen war. Hier wird halt sehr viel geschwiegen und deswegen ...
Therapeutin: Auch nachdem die Therapeutin, nachdem Frau Henneberg-Mönch erschienen war, fing das dann auch so an mit ihr, mit ihrem Erscheinen?
Frau F.: Daß wir da geschwiegen haben?
Therapeutin: Ja.
Frau F.: Ja, das ist immer so, seit wir hier in der Gruppe sind. Allein deswegen, weil wir die Mikrophone anschalten, dann ... ist bei mir dann auch immer so[1].
Therapeutin: Ihr Schweigen richtet sich gegen das Mikrophon?
Frau F.: Und die Leute hinter der Scheibe.
Therapeutin: Und die Leute hinter der Scheibe. Ja, was mögen Sie denen gegenüber fühlen, gegenüber Mikrophon und Leuten hinter der Scheibe.
Frau F.: Ja, ich bin der Meinung, daß es sie nichts angeht, was ich hier zu sagen habe. Und da ich dieser Meinung bin, sag ich halt diese Dinge, die ich in der anderen Gruppe sagen würde oder wenn wir nicht hier sind, die sage ich dann halt erst gar nicht.
Therapeutin: Also Sie sitzen hier, um per Schweigen gegen das Mikrophon und die Leute hinter der Scheibe und damit auch gegen mich zu protestieren?
Frau F.: Ja.
Therapeutin: Schweigen des Protestes, oder Schweigen als einzig möglicher Ausdruck von Protest. Ich habe den Eindruck, daß Sie sich doch relativ schwach fühlen müs-

---

[1] Es handelt sich um Kleinmikrophone, die jeder Teilnehmer zu Beginn der Sitzung an seiner Kleidung befestigt.

Tiefenpsychologisch fundierte Gruppenpsychotherapie 163

> sen mir gegenüber, wenn Sie nur per Schweigen protestieren können.
>
> Frau F.: Ja, das ist ein Zeichen von Resignation, da ich gegen diese Situation nichts machen kann. Da bleibt mir letztendlich nichts anderes übrig als zu schweigen.
>
> Therapeutin: Also ich bin jemand, dem gegenüber Sie keine andere Möglichkeit sehen als zu resignieren.

Etwas später macht Frau F. dann deutlich, daß sie etwas in der Gruppensituation erlebt, das sie kennt.

> Frau F.: Ja, da hatte ich auch schon mit meiner Einzeltherapeutin drüber gesprochen, ich wollte das auch hier mal in die Gruppe bringen, daß ich mich so fühle, wie ich mich schon immer gefühlt habe in solchen Situationen ... hingegangen, weils mir schlecht geht und daß die Leute, die sagen, sie wollen mir helfen, und was früher meine Eltern gemacht haben, dann hingehen und so in meinen Wunden dann noch extra drin rumbohren. Da fühl ich mich halt unheimlich mies bei und da bleibt mir nichts anderes übrig als zu schweigen.

Auch Herr B. ist jetzt in der Lage, genauer sagen zu können, was er befürchtet, nämlich daß die Leute hinter der Scheibe auf etwas, das er sagt, negativ reagieren könnten. Nachdem die Therapeutin vor allem klarifizierend auf Herrn B. eingegangen ist, bezieht sie die Befürchtung des Patienten bezüglich der Leute hinter der Scheibe auf das Widerstandsverhalten der Gruppenteilnehmer.

> Therapeutin: Also die Frage, was denken die Leute von mir, die sich ja, glaub ich, in jeder Lebenssituation immer stellt. Denn man wird ja, glaub ich, nie erfahren, nicht, was die Menschen, mit denen man hier zu tun hat, mir nahe oder ferner stehend, was die so alles von einem denken, nicht, glaub ich, erfährt man nie vollständig. Ich bin sicher, daß ich auch hier bei weitem noch nicht vollständig erfahren habe, was Sie hier im Kreise von mir denken oder halten oder ...
>
> Herr B.: War das jetzt eine Frage an die Gruppe insgesamt?
>
> Therapeutin: Das war zunächst mal eine Feststellung, ja, ich hab überlegt, daß das hier eine Situation ist, die

	uns Menschen begleitet, daß wir immer nur einen Teil von dem erfahren, was andere von uns denken und halten, nehme ich an, oder sehe ich das falsch?
Herr B.:	Ist gut möglich. Ich weiß nicht genau.
Therapeutin:	Ich meine, ich fänd es schon interessant, über meine Wirkung hier noch mehr zu erfahren, daß, aber ...
Herr E.:	Ich find das ja eine ganz schöne Sauerei, was mit uns getrieben wird.
Therapeutin:	Sauerei?
Herr E.:	Ja.
Therapeutin:	Ah ja. Ja, daß ...
Herr E.:	Deshalb werde ich wahrscheinlich auch kurz oder lang es hier aufgeben und weggehen ... aber daß man gezwungen wird, hierher zu gehen, und wo es einem so mies geht ... und daß mir von meinem Einzeltherapeuten überhaupt nicht geholfen wird, die ganzen Wochen, nicht gearbeitet wird, weil es dann im Endeffekt heißt, ich sag, ich könnt mit dem Mann nicht mehr arbeiten, obwohl ich schon mehrere Male versucht habe, daß es dann heißt, wir dürfen von dem Konzept nicht abgehen, Sie müssen noch weitermachen. Ich merke, seitdem ich das Problem mit mir rumschleppe, daß ich immer aggressiver werde, immer mehr zurückfalle. Bevor ich dem Jähzorn verfalle, hör ich hier auf, weil mir das nichts mehr bringt, weil mir nur noch schlecht ist.
Therapeutin:	Sie fürchten Ihren Jähzorn, Herr E.?
Herr E.:	Ja. Ich habe meinen Einzeltherapeuten mehrere Male darauf angesprochen, nicht, er möchte mit mir die Gründe suchen, warum ich diese panische Angst davor habe und versuche, mit ihm darüber zu arbeiten, der aber überhaupt nicht darauf eingeht, mir nur vorwirft, ich würde darauf so reagieren, wenn ich meinen Willen nicht kriegen würde. Das ist eine absolute Sauerei, wenn er mich mit einem anderen Namen anredet.
Therapeutin:	Das ist mir ja mal passiert, Herr E., mit dem anderen Namen, nicht? Sie meinen doch jetzt sicher auch mich, oder?
Herr E.:	Nein.
Therapeutin:	Sie meinen Ihren Einzeltherapeuten?
Herr E.:	Ja, bei Ihnen kann ich das verstehen ...

Der Versuch der Therapeutin, den Ärger von Herrn E. auf sie anzusprechen, kann von dem Patienten noch nicht aufgegriffen werden. Wie im weiteren Verlauf der Gruppensitzung deutlich wird, macht es ihm noch zuviel Angst, sozusagen den Gegner im Auge zu haben, weil er befürchtet, seinen Jähzorn nicht kontrollieren zu können. Die Therapeutin geht darauf ein und bearbeitet mit ihm die für ihn in der aktuellen Gruppensitzung weniger gefährliche Situation, die er mit seinem Einzeltherapeuten erinnert. Das Empfinden der Wut auf das nicht anwesende Objekt 'Einzeltherapeut' ist das, was der Patient in dieser Situation zulassen und ansatzweise bearbeiten kann.

An diesem Beispiel läßt sich auch recht gut verdeutlichen, was wir unter Belassen der positiven Übertragung verstehen: Die Interventionen, hier das Eingehen auf die weniger gefährliche Situation mit dem nicht anwesenden bösen Objekt, bewirken, daß die negative Übertragung auf den Gruppentherapeuten nicht noch weiter anwächst.

Mit diesen kurzen Abschnitten aus zwei aufeinanderfolgenden Gruppensitzungen sollte ein kleiner Einblick in die gruppentherapeutische Arbeit in unserer Tagesklinik gegeben werden; einige Elemente der hier angewandten tiefenpsychologisch fundierten Gruppenpsychotherapie, vor allem Elemente der Widerstandsbearbeitung, sollten verdeutlicht werden.

Es ist zu bedenken, daß es sich hier um eine kurze Sequenz aus einem sich über viele Sitzungen erstreckenden Gruppenprozeß handelt, daß dieser wiederum Teil eines Gesamtbehandlungsplans ist und daß die teilstationäre Behandlung als solche für die meisten Patienten ein Glied in einer Kette darstellt. Es ist der Regelfall, daß bei allen schwer Gestörten, handele es sich nun um Symptomneurosen oder um strukturelle Ich-Störungen, eine ambulante Behandlung angeschlossen wird. Die Ergebnisse dieser Therapien sind aus klinischer Sicht als befriedigend zu bezeichnen.

3.2.5 Die Anwendung der psychoanalytisch-interaktionellen Gruppenpsychotherapie in der Tagesklinik

ANNELISE HEIGL-EVERS, URSULA HENNEBERG-MÖNCH
und CELAL ODAG

Gruppentherapie gehört zum methodischen Grundbestand des in unserer Klinik eingesetzten individuumzentrierten, verlaufsorientierten, integrierten Gesamtbehandlungsplans. Gruppentherapie ist bei unseren Patienten in der Regel indiziert, wenngleich auch Kontraindikationen bestehen können. Das wurde für die tiefenpsychologisch fundierte Gruppenmethode des Göttinger Modells bereits dargestellt.

Neben der tiefenpsychologisch fundierten setzen wir aufgrund einer entsprechenden Differentialindikation auch die psychoanalytisch-interaktionelle Gruppenmethode ein. Beide Gruppenverfahren werden in der Regel mit einer entsprechenden Einzeltherapie - tiefenpsychologisch fundiert oder aber psychoanalytisch-interaktionell - kombiniert, wobei die Einzeltherapie als die Methode der Wahl in der Eingangsphase der Behandlung gelten kann; sie wird zu einem dafür geeignet erscheinenden Zeitpunkt - verlaufsorientiert - durch die entsprechende Gruppenmethode ergänzt.

Die von uns vorgenommene Unterscheidung in die beiden genannten Vorgehensweisen, die tiefenpsychologisch fundierte sowie die psychoanalytisch-interaktionelle Einzel- und Gruppenpsychotherapie, orientiert sich an einer Einteilung psychogener Störungssymptome und -syndrome nach zwei Kategorien, einer konfliktpathologischen und einer entwicklungspathologischen. Folgt man einer solchen - idealtypischen - Unterscheidung (siehe dazu S.57ff), dann lassen sich zwei Interventionstypen beschreiben, die jeweils auf eine der beiden Kategorien ausgerichtet sind. Es handelt sich um das Interventionsprinzip der 'Deutung' und, dagegen abgegrenzt, um das Interventionsprinzip der 'Antwort'.

Deuten als therapeutisches Prinzip folgt der Sequenz: Zuhören, Beobachten, Deuten (Brenner, 1979, S.28). Der Analytiker informiert, indem er deutet, den Patienten im weitesten Sinne über seine unbewußten Konflikte und erklärt ihm deren Entstehungszusammenhänge und Inhalte. Damit Deutungen therapeutisch wirksam werden können, sollte sich der Therapeut um die Grundeinstellung von Abstinenz (im therapeutischen Prozeß beim Patienten oder auch beim Therapeuten auftauchende Triebwünsche werden nicht befriedigt) und von Neutralität (der Therapeut versucht, zum Es, zum Ich und zum Über-Ich des Patienten eine etwa gleich weite Distanz einzuhalten, wie A. Freud es formuliert hat) bemühen. Die Verwendung von 'Deuten' als wichtigster Interventionsform in einem psychoanalytisch-psychotherapeutischen Prozeß macht es erforderlich, daß der Therapeut in seiner psychosozialen Individualität (Laplanche und Pontalis, 1977, S. 332) nur reduziert in Erscheinung tritt, daß insbesondere Aussagen über sein 'Ich' zur Ausnahme gehören. Das hat entsprechende Auswirkungen auf die inhaltlichen und sprachlichen Formulierungen solcher Interventionen.

Dominieren im klinischen Erscheinungsbild entwicklungspathologische Phänomene, dann erscheint ein therapeutisches Vorgehen gemäß dem Prinzip 'Antwort' indiziert. Die Aufmerksamkeit des Therapeuten wird vornehmlich auf den manifesten interaktionellen Prozeß ausgerichtet, auf die verbalen und nonverbalen Äußerungen der Patienten und auf die dadurch beim Therapeuten ausgelösten emotionalen und assoziativen Reaktionen sowie auf deren Umsetzung in emotional authentische, wenngleich hinsichtlich der Expressivität selektiv gestaltete Interventionen. Die Grundhaltung der Neutralität ist beim 'antwortenden' Intervenieren zu vermeiden; der Therapeut stellt sich als ein 'ausreichend gutes' Objekt (siehe dazu Winnicott, 1974) dar und damit als potentielles Introjekt und als Gegenstand von Identifizierungen für den Patienten, das die Wirksamkeit von pathologischen frühen Objekten herabsetzen und aufheben soll, indem auf diese Weise allmählich Ganzobjektbeziehungen ermöglicht werden.

Sich als ein 'ausreichend gutes' Objekt verfügbar zu machen heißt: sich dem Patienten erbarmend zuzuwenden, indem man sich durch die Verstrickungen seines individuellen frühkindlichen Schicksals, in die er schuldlos geraten ist, bewegen läßt; das setzt voraus, daß der Therapeut die in seinem Inneren durch das z.T. 'unerträgliche' Verhalten des Patienten angesprochenen Aggressionen, die auch archaisch-destruktive Anteile haben können, zuläßt und - wozu in der Regel neben der Supervision auch der Austausch in der Mitarbeiter-Gesamtgruppe notwendig ist - sie versteht und verarbeitet.

Bestimmen Syndrome das klinische Bild, die der entwicklungspathologischen Kategorie zuzuordnen sind, und beeinflußt der Therapeut den Gruppenprozeß nach den Entscheidungsregeln des Intervenierens in der psychoanalytisch-interaktionellen Gruppenpsychotherapie, dann treten unter dem Einfluß eines solchen Vorgehens bei den Gruppenteilnehmern folgende Verhaltensregulierungen betont in Erscheinung: Die Teilnehmer sind in einer solchen Gruppe einer weitgehend "offenen" Situation ausgesetzt; die Gruppe ist wegen bzw. infolge der Einführung der Regel der freien Interaktion und der damit verbundenen vorübergehenden Dispensierung üblicher sozialer Konventionen und Normen minimal strukturiert. Die Gruppenteilnehmer sind bemüht, die - ängstigende - "Offenheit" der Situation dadurch zu reduzieren, daß sie sich auf eine gemeinsame Definition dieser Situation einigen. Die Gruppenteilnehmer verständigen sich, mehr unausdrücklich als ausdrücklich, darüber, wie sie die jeweilige Situation in der Gruppe verstanden wissen und an welchen Rollenzuweisungen und normativen Verhaltensregulierungen sie sich orientieren wollen. Das schließt einen Prozeß des 'Aushandelns' von Normen ein, die in der jeweiligen Phase des Gruppenverlaufs gültig sein sollen (Heigl-Evers und Schulte-Herbrüggen, 1977; Streeck, 1980).

Die Gruppenleistungen der Situations-Definition und des Aushandelns von Normen werden inhaltlich stark bestimmt durch die Objekt- und Selbst-Repräsentanzen sowie die Selbst-Objekt-Beziehungen, die sich bei präödipal gestörten Patienten im aktuellen Erleben und Verhalten unmittelbar manifestieren, d.h. nicht des Vehikels eines vom Therapeuten zu fördernden Übertragungsprozesses bedürfen und auch nicht gegen eine übertragungsfreie Beziehung (therapeutische Ich-Spaltung, Sterba, 1934) abgegrenzt sind.

> "Zwischen dem Entwicklungsniveau der Objektbeziehungen und Ich-Funktionen der einzelnen Gruppenteilnehmer einerseits und den sich entwickelnden Gruppennormen andererseits besteht ein enger Zusammenhang. Die normative Definition "offener" Situationen in der Gruppe entwickelt sich jeweils abgestimmt auf die aktuell möglichen Objektbeziehungen und die aktuell verfügbaren Funktionen des Ichs einer Mehrheit der Gruppenteilnehmer. Das Ich eines jeden, so könnte man sagen, bemüht sich in der Gruppe per Beteiligung am Prozeß des Normenaushandelns darum, nur solche interpersonellen Situationen zustande kommen zu lassen, die seine eigene Orientierung und Sicherheit, Sicherheit im Sich-Selbst-Fühlen und in der Beziehung zu den anderen, ausreichend gewährleisten." (Heigl-Evers und Streeck, 1985, S.171-200).

Was kann eine solche Gruppentherapie, charakterisiert durch das Interventionsprinzip 'Antwort', bei der Behandlung der Patienten in unserer Tagesklinik leisten?

Das 'Definieren der Situation', wie es zustandekommt, wenn sich Patienten in der Pluralität einer minimal strukturierten, und das heißt "offenen", Kleingruppe befinden, bedeutet: Der Patient erlebt und kann mit Hilfe des vom Therapeuten geförderten Gruppenprozesses allmählich auch verstehen, mit Hilfe welcher Vorstellungen und Gefühle, die der Gesamtheit seiner inneren Ressourcen (Erinnerungen, Phantasien, Empfindungen, Gefühle, Gedanken) entstammen, er das Zusammensein mit anderen in der Gruppe in seine bisherigen Erfahrungen einordnet, wie er es erlebt und interpretiert. Diese Definition gewinnt eine zusätzliche Gültigkeit dadurch, daß sie mit den entsprechenden Definitionen der anderen - unausdrücklich oder ausdrücklich - abgestimmt werden muß, und daß sich infolgedessen alle der gemeinsamen Situationsdefinition gemäß verhalten.

Das 'Aushandeln von Gruppennormen' bzw. der Prozeß des 'Aushandelns von Gruppennormen' läßt die Regulationsmechanismen erlebbar und - allmählich - verstehbar werden, mit deren Hilfe der Einzelne zusammen mit den anderen die Grenzen seiner Erträglichkeit, seiner Toleranz für Nähe und Distanz, Angst, Scham- und Schuldgefühle, Depression und libidinöse Erregung schützt; der Patient kann in der Gruppe wahrnehmen, wie eingeengt sein Verhaltensspielraum wegen der Notwendigkeit solcher Schutznormen ist.

Die ausgehandelten Normen tragen nicht nur den Unlust-Intoleranzen Rechnung, sondern auch den bei den Einzelnen außerdem bestehenden sonstigen Ich-Funktions-Defiziten; sie sind in der Regel für den Einzelnen ich-synton, also nicht weiter zu hinterfragen und damit schlechthin gültig. Über alternative oder Gegen-Normen, die von seiten des Therapeuten, aber auch von einem Gruppenmitglied oder einer Untergruppe vorgeschlagen werden können, werden solche Defizite für den Betroffenen erkennbar und bearbeitbar; indem der Therapeut eine zur Auffüllung der Defizite anregende Norm vertritt, bietet er sich für diese Defizite zunächst als Hilfs-Ich an. Zu einem psychoanalytisch-interaktionellen Gruppenprozeß gehört es also, anders als bei der tiefenpsychologisch fundierten Gruppenpsychotherapie, daß Alternativ-Normen, Gegen-Normen angeboten und vertreten werden, die intragruppale Spannungen (personelle Spannungen in der Gruppe) zwischen den Inhalten von Norm und Gegennorm erzeugen und zu klärenden Auseinandersetzungen führen.

Es stellt sich ferner die Frage, was eine solche Gruppentherapie im Vergleich zu einer entsprechenden - psychoanalytisch-interaktionellen - Einzeltherapie therapeutisch bewirken kann, welches die hier bestehenden Differentiae spezificae sind.

Der Patient ist mit den anderen in einer solchen Gruppe nicht nur in Gestalt eines um Hilfe bemühten und dafür bezahlten Experten konfrontiert, sondern daneben auch mit einer Pluralität von Personen, die in ähnlicher Weise hilfsbedürftig sind wie er selbst und die gleichfalls über keine therapeutische Kompetenz verfügen (hier kommt das Element der Schicksalsanteiligkeit oder Leidensgemeinschaft ins Spiel, das nach Yalom, 1974, einen wesentlichen Heilfaktor in Gruppen darstellt). Handelt es sich in der Einzeltherapie also um einen einzigen und zudem professionell geschulten Partner, so gibt es in der Gruppe außerdem eine Mehrzahl von Laien, deren Verhalten anderen Regeln unterworfen ist als das des Therapeuten, in dieser Art von Gruppentherapie vor allem der Empfehlung, sich um Freimütigkeit der Mitteilung zu bemühen, soweit sie dem Einzelnen möglich und soweit sie ihm hinsichtlich der anderen zumutbar erscheint. Das hat ganz spezielle Möglichkeiten, einerseits den anderen wahrzunehmen und andererseits zu erleben, wie man selbst von anderen wahrgenommen wird, zur Folge. Hier können sich Defizite in der interpersonellen Wahrnehmung darstellen, können überprüfbar und veränderbar werden. Diese Wahrnehmung als ein Teil bzw. als ein Aspekt der Realitätsprüfungsfunktion wird beim Patienten durch seine inneren Repräsentanzen von seinem Selbst und seinen frühen Objekten und von deren Beziehung bestimmt. Damit rückt auch die Funktion der Objektbeziehung in den Wirkungsbereich der psychoanalytisch-interaktionellen Gruppentherapie.

Während sich in der Dyade der an der Psychoanalyse orientierten Einzeltherapien vorzugsweise die Beziehungsmuster der frühen dyadischen Beziehungen des Patienten abbilden, reproduzieren sich in der Pluralität der Therapiegruppe aufgrund des hier immer präsenten 'Dritten' sowohl frühe Triangulierungen wie ödipale Dreiecksspannungen wie auch die Gesamtheit der Eltern-Geschwister-Familie in ihren wechselnden Konstellationen, wie aber auch - besonders bei präödipal gestörten Patienten - pathologische Teilobjekte, die mit Hilfe primitiver Abwehr- und Schutzmechanismen (primitive Spaltung, primitive Idealisierung und Entwertung, primitive Leugnung, Projektion, projektive Identifikation) reguliert werden.

Solche Teilobjektbeziehungen und die dazugehörigen Abwehrmechanismen können sich unter den Rahmenbedingungen einer solchen Gruppe, und hier speziell unter den Bedingungen einer Tagesklinik, besonders deutlich und damit therapiezugänglich darstellen. Gespaltene ebenso wie idealisierte und wie entwertete Objekte können sich für den einzelnen Patienten in den Teilnehmern der Gruppe abbilden, etwa im Therapeuten einerseits und in der Patienten-Gruppe andererseits oder in zwei Untergruppen der Gesamtgruppe oder in der Gesamtgruppe und der Mitarbeiter-Gruppe oder auch in einzelnen Therapeuten oder Nicht-Therapeuten der Tagesklinik.

Die interaktionelle Gruppe ist also ein Instrument, das geeignet erscheint, auf die pathologischen Objekte bzw. deren Repräsentanzen und die dazugehörigen Beziehungen, die aus dyadischen Frühphasen stammen, einzuwirken. In der Gruppe können diese Objekte einmal durch Einbeziehung von Dritten in ihrem Gestörtheitsgehalt erkennbar werden; so können, wie gesagt, Spaltungsmechanismen durch die Präsenz von sowohl 'guten' wie 'bösen' Objekten in der Gruppe selbst direkt erlebt und einer Überprüfung zugänglich gemacht werden. Idealisierungen sowie Entwertungen können gleichfalls in der Gruppe unmittelbar erfahren und hier von anderen Teilnehmern relativiert werden. Es geht bei diesen schwer gestörten Patienten darum, durch Einführung des Dritten in das therapeutische Setting die pathologischen dyadischen Beziehungen zu verbessern dadurch, daß der Dritte - sei er der Therapeut oder ein Mitpatient - alternative Wahrnehmungsweisen zur Verfügung hat. Auf diese Weise kann sich die Realitätsprüfung in ihren verschiedenen Aspekten einüben und verbessern lassen, hier speziell der Wahrnehmung der Unterschiede zwischen den Repräsentanzen der Objekte, den Repräsentanzen des Selbst, der damit verbundenen Affekte; auch die Differenzierung von Vergangenheit und Gegenwart kann auf diese Weise gefördert werden.

Sofern Ereignisse im Stationsleben in der interaktionellen Gruppe thematisiert werden, sind in Gestalt der anderen Gruppenteilnehmer in der Regel Zeugen zugegen, die die Vorfälle miterlebt haben, zu deren einseitiger Interpretation der betroffene Patient oft neigt. Auch hier ergibt sich eine Kontrolle der Realitätsprüfung dadurch, daß es Augen- und Ohrenzeugen von konflikthaften Vorfällen in der Außenwelt der Station gibt. Solchen Zeugen gegenüber ist eine verzerrende Interpretation auf die Dauer schwer aufrechtzuerhalten. Auch die Erfassung von Defiziten der Wahrnehmung ebenso wie der Antizipation (Subfunktion des Urteilens) der Wirkung des eigenen Verhaltens auf andere ist in Zusammenhängen von Vorgängen und Vorfällen aus dem gemeinsamen Stationsalltag häufig gegeben.

Neben anderen Fähigkeiten des Ich ist bei präödipal gestörten Patienten nicht selten auch die 'Gruppenfähigkeit' mehr oder weniger begrenzt, woraus schließlich auch eine Kontraindikation für die Gruppentherapie resultieren kann. Es geht darum, die Nähe des Zusammenseins mit anderen in der Pluralität einer Kleingruppe soweit ertragen zu können, daß - zusammen mit den anderen - immer wieder eine Kohärenz der Gruppe entwickelt werden kann, die ausreicht, deren Auflösung zu verhindern. Eine herabgesetzte Gruppentoleranz, die in der Regel eine Einschränkung der Fähigkeit, den je anderen differenziert wahrzunehmen, einschließt, führt häufig zu einseitig verzerrter und/oder vereinfachter Wahrnehmung: Das geschieht mit Hilfe von Spaltungen oder auch dadurch, daß die Gesamtheit der anderen als diffuses globales Objekt ohne personale Züge erlebt wird, das entweder etwas total Bedrohendes darstellt oder totale Bedürfnisbefriedigung verbürgt und dann als etwas Verschlingendes erlebt werden kann. Während bei Patienten mit Konfliktneurosen solche Übertragungsphantasien sich im therapeutischen Prozeß erst allmählich entwickeln, sind sie bei Patienten mit strukturellen Ich-Störungen von vornherein manifest und bestimmen deren interpersonelles Verhalten.

Um das bislang Dargelegte zu veranschaulichen, möchten wir im folgenden als ein Beispiel aus der Kasuistik unserer Tagesklinik eine der hier durchgeführten psychoanalytisch-interaktionell geleiteten Gruppentherapie-Sitzungen beschreiben:

> Zu Beginn dieser Sitzung herrscht Schweigen. Einige Gruppenmitglieder machen grimmige Mienen; die wenigen Blickkontakte, die zu beobachten sind, vollziehen sich zwischen den Gruppenteilnehmern, die Therapeutin wird kaum angesehen. Sie hat den Eindruck, daß hier "dicke Luft" ist. Sie vermutet, daß die Patienten z.T. Ärger zurückhalten, der möglicherweise massiv ist. Sie weiß jedoch nicht so recht, womit dieser Ärger zu tun haben könnte, da sie dafür keine Anhaltspunkte findet, wenn sie an die letzten Sitzungen und an deren Verlauf zurückdenkt. Nachdem sie das Schweigen angesprochen hat - etwa wie folgt: "Sie schweigen, schauen zum Teil vor sich hin, zum Teil schauen

Sie sich an, mich dabei weniger, und ich würde Ihr Schweigen gern verstehen" ... und nach einer kurzen Pause weiter: "Also ein bißchen kommt es mir so vor, als läge hier einige Spannung, vielleicht auch Ärger in der Luft" -, gestaltet sich der Verlauf der Sitzung zunächst recht zäh. Es wird beispielsweise über Termine gesprochen, über Dinge, an die man denken müsse, wobei sich nicht so recht ein Thema entwickelt. Die Therapeutin hat den Eindruck, es soll etwas vor ihr verschwiegen, in dieser Sitzung nicht angesprochen werden - so, als gäbe es ein stillschweigendes Übereinkommen, eine bestimmte Sache nicht anzusprechen, darüber nichts zu sagen. Nach einiger Zeit äußert sich die Therapeutin etwa wie folgt: "Es ist ja möglich, daß ich mich irre, aber irgendwie kommt es mir so vor, als wären die meisten von Ihnen mit etwas beschäftigt, daß es aber hier zu gefährlich ist zu sagen, womit Sie beschäftigt sind. Aber wie gesagt, vielleicht irre ich mich ja auch." Darauf tauschen die Patienten wortlos Blicke aus, wobei mehrere einer bestimmten Patientin auffordernd wirkende Blicke zuwerfen. Diese wird dann von einer anderen Patientin angesprochen in dem Sinne, daß sie doch sagen solle, was losgewesen sei. Die angesprochene Patientin sagt dann - mit Schärfe in der Stimme, beinahe zischend, außerdem in empörtem Ton -, sie habe vor der Sitzung einen Streit mit einer der beiden Krankenschwestern gehabt. Es sei um das Fahrgeld gegangen, das die Schwester vergessen habe rechtzeitig auszuzahlen. Wenn sie Schwester in der Klinik wäre, ihr würde so etwas sicherlich nicht passieren. Und überhaupt, man könne sich auf die Schwester gar nicht so richtig verlassen, die würde oft etwas vergessen. Fast alle Patienten beteiligen sich nun an der Aufzählung der "Missetaten" dieser Krankenschwester. So habe sie z.B. vergessen, Termine rechtzeitig weiterzugeben, oder sie habe versäumt, genügend Brot zu bestellen. Die Therapeutin hat zunehmend den Eindruck, sie nähme an einer Gerichtsverhandlung teil, bei der - in Abwesenheit des Angeklagten - über diesen verhandelt wird; dabei scheint ihr, daß der Angeklagte nicht nur als schwer schuldig geworden betrachtet wird, sondern auch wenig Chancen hat, Gnade zu finden, ja, daß ihm nicht einmal ein Verteidiger zugebilligt wird. Es wird ein Bild von der betreffenden Krankenschwester entworfen, in dem sie sich als völlig unzuverlässige Mitarbeiterin der Klinik zeigt. Die vorgebrachten Argumente, die gegen sie sprechen, drücken in unterschiedlichem Maße eine Verurteilung aus. Da von keinem der Patienten etwas geäußert wird, das dieses Bild relativiert, vermutet die Therapeutin, daß zu diesem Zeitpunkt der Gruppensitzung von allen Gruppenteilnehmern die Norm vertreten wird, daß ein Vergessen als ein schweres Vergehen zu beurteilen ist. Damit verbunden wird als weitere Norm deutlich: Wenn man eine Aufgabe oder Verpflichtung übernommen hat, muß man diese perfekt erledigen; da gibt es gegenüber Versäumnissen kein Pardon.

Die Therapeutin versteht die Äußerungen der Gruppenteilnehmer als Ausdruck archaisch-strenger Überich-Forderungen. Sie entschließt sich, in ihrer Intervention auf diese Äußerungen zu antworten und sagt etwa folgendes: "Ich merke, wie mir etwas unwohl zumute wird, während ich zuhöre, wie Sie über Frau X reden. Ich könnte schon verstehen, wenn Sie ärgerlich wären (dabei spricht sie die einzelnen Patienten noch einmal hinsichtlich der verschiedenen von ihnen vorgebrachten Punkte an), aber ich würde Frau X deswegen nicht verurteilen oder abwerten wollen. Also für meine Ohren hört sich das doch sehr streng und ein bißchen gnadenlos an. So wie ich Frau X kenne, hat sie ja auch andere Seiten." Daraufhin sagt die Patientin, die über ihren Streit mit der Krankenschwester berichtet hatte, an die Therapeutin gerichtet mit Wut in der Stimme, daß sie sich habe denken können, daß die Therapeutin Frau X in Schutz nehmen würde; sie steht jetzt unter der Einwirkung eines Spaltungsmechanismus: die 'nur guten' Patienten und die 'nur böse' Krankenschwester! Es werden dann im weiteren Vermutungen geäußert des Inhalts wie: "Alle stecken unter einer Decke" oder "Eine Krähe hackt der anderen kein Auge aus". Von mehreren Patienten wird vermutet, die Therapeutin würde nichts auf Frau X kommen lassen, egal, was die auch gemacht haben könnte. Es wird die Meinung vertreten, daß die Patienten eben immer die Dummen sind, ohnmächtig der übermächtigen Macht der Mitarbeiter-Gruppe ausgeliefert. Hier wird deutlich, wie blitzschnell sich die Übertragung auf die Therapeutin konstelliert, in der sie zu einer übermächtigen Gestalt wird, die ihre Macht willkürlich ausspielt, immer nur zu ihrer Gruppe, zu "ihren Leuten" hält, die sich also von den anderen Mitgliedern der Mitarbeiter-Gruppe auch nicht unterscheidet bzw. abgrenzt. Die Therapeutin antwortet dann etwa wie folgt: "Ich fühle mich da nicht so richtig wahrgenommen, und das stört mich etwas. Ich hatte ja gesagt, daß ich es schon verstehen könnte, wenn es Sie ärgerte, daß Frau X beispielsweise vergißt, Ihnen einen Termin rechtzeitig zu geben, sodaß Sie dann den Termin versäumen. Das würde mich auch ärgern. Mich hatte nur eben sehr beschäftigt, daß Sie so empört auf dieses Verhalten reagierten, daß an der Frau X so gut wie kein gutes Haar mehr gelassen wurde. Es schien ja alles nur noch schlecht zu sein, was sie macht. Und ich dachte so bei mir, nun ja, natürlich würde ich darauf achten, Termine rechtzeitig weiterzugeben, aber ich weiß, mir passiert es ja auch ab und zu, daß ich etwas vergesse, auch wenn ich mich sehr bemühe. Und ich würde schon damit rechnen, daß der andere sich dann ärgert, aber ich würde doch hoffen, etwas Verständnis zu finden im Hinblick auf eigene Versäumnisse."

Im weiteren Verlauf dieser Sitzung wird dann noch mehrfach erwogen, ob die Therapeutin nicht doch gemeinsame Sache mit Frau X machte. Gegen Ende der Sitzung wird es der Therapeutin dann etwas mehr geglaubt, daß sie Verständnis für einen Ärger der Patientin in diesem Zusammenhang hätte, jedoch nicht so recht für eine solche Empörung, wie sie hier geäußert wurde, daß sie vielmehr auch Verständnis für das Vergessen der Kollegin hat. Am Schluß der Sitzung berichten außerdem einige Patienten, wie sie mit sich selbst umgehen, wenn ihnen ein Fehler unterläuft, wenn sie eine Schwäche haben oder zeigen. In dem Erzählten wird die Strenge gegen sich selbst, verbunden mit Selbst-Anklagen, Selbst-Vorwürfen und Selbst-Abwertung deutlich; es werden jedoch auch z.T. etwas mildere Töne hörbar.

In dieser Sitzung wurde die erkennbare Übertragung - die Therapeutin ist ein übermächtiges Wesen, das in willkürlicher Weise Macht ausübt, immer nur zu ihresgleichen, zu den anderen Mächtigen hält und nicht zu denjenigen, die diesen Mächtigen schutzlos-ohnmächtig ausgeliefert sind - von ihr nicht angenommen und in ihrer weiteren Entfaltung gefördert, um schließlich mit Hilfe von 'Deutungen' dem Verständnis der Patienten nähergebracht zu werden; die Therapeutin dementiert vielmehr diese Sicht ihrer Person, indem sie sich im Sinne ihrer persönlichen Identität als Realperson darstellt. Das geschieht z.B. in der zuvor beschriebenen dreischrittigen Intervention.

"Ich merke, wie mir etwas unwohl zumute wird, während ich zuhöre, wie Sie über Frau X reden."

In diesem ersten Schritt einer psychoanalytisch-interaktionellen Intervention wird eine authentische emotionale Antwort gegeben: Die Therapeutin spürt eine gewisse Aversion gegenüber dem Verhalten der Patienten und bringt diese, nach Prüfung ihrer Angemessenheit, zum Ausdruck.

"Ich könnte schon verstehen, wenn Sie ärgerlich wären (wenn Ihnen das und das mit der Krankenschwester passiert)."

In diesem zweiten Schritt ihrer Intervention spricht die Therapeutin den aggressiven Affekt an, der nach ihrer Meinung einer solchen Situation angemessen wäre, nämlich Ärger. Sie übernimmt damit eine Hilfsich-Funktion, was die Affektdifferenzierung anbetrifft: Sie erwartet hier nicht Empörung, die zu einer Total-Verurteilung oder Abwertung führt, sondern eine andere Form von Aversion: Ärger über ein bestimmtes Verhalten.

> "Aber ich würde Frau X deswegen nicht so verurteilen und entwerten wollen. Also für meine Ohren hört sich das doch sehr streng und ein bißchen gnadenlos an. So wie ich Frau X kenne, hat sie ja auch andere Seiten."

Hier übernimmt die Therapeutin die Hilfsich-Funktion des Urteilens, wie es ihr realitätsangemessen erscheint, in Abgrenzung gegen das gnadenlose, entwertende Urteil der Patientin.

Wir hoffen, gezeigt zu haben, daß der therapeutische Umgang mit Widerstand und Widerstreben bei Anwendung der psychoanalytisch-interaktionellen Gruppenpsychotherapie sich deutlich von dem Vorgehen bei der tiefenpsychologisch fundierten Gruppenpsychotherapie unterscheidet: unter Verzicht auf Neutralität bezieht die Therapeutin hier Stellung; ihre Stellungnahme ist hinsichtlich des emotionalen Gehalts authentisch, sie ist inhaltlich zentriert auf die in der betreffenden Prozeßphase bestimmenden Ichfunktions-Defizite und sie ist abgestimmt auf die Toleranzgrenzen der Patientin.

3.2.6 Musiktherapie – Spielraum, Übergangsraum, Zwischenraum

Überlegungen zur Funktion einer künstlerischen Therapie

MECHTILD LANGENBERG

Musiktherapie gehört zum festen therapeutischen Repertoire unserer Tagesklinik; sie ist eine der im Therapieraum eingesetzten Methoden. Der Ort des kreativen Spiels kann als ein Zwischen-Raum mit eigenen Qualitäten und Möglichkeiten der therapeutischen Verwendung betrachtet werden; er soll im folgenden beleuchtet werden.

Die von mir praktizierte aktive Musiktherapie arbeitet mit der Methode der freien Improvisation, bei der von Musiktherapeutin und Patient gemeinsam hergestellte musikalische Produkte das Verstehen seelischer Wirklichkeit ermöglichen und Veränderungsprozesse bewirken können. Freies musikalisches Spiel zu einer künstlerischen Behandlungsform zu entwickeln, die psychoanalytische Prinzipien und Erkenntnisse einbezieht und dabei die spezifischen musikimmanenten Wirkkräfte nutzt, war das Ziel der Londoner Musiktherapeutin Priestley (Priestley, 1975, 1982, 1983)[1]: "Die Musiktherapeutin ist aufgrund der gemeinsamen Improvisation ständig in Bereitschaft, Gefühle aufzunehmen, zum Ausdruck zu bringen und durch ihr Spiel zu kanalisieren - anders als der Psychotherapeut, der schweigt, wenn der Patient spricht, oder der Gestaltungstherapeut, der den Patienten in Ruhe läßt, solange er malt. Die Tatsache, daß die Musiktherapeutin beständig Emotionen aufnimmt und kanalisiert, macht sie im besonderen Maße empfänglich für Gegenübertragungsgefühle; in manchen Fällen wird sie diese sofort durch ihr Spiel zum Ausdruck bringen und darüber sprechen, in anderen Fällen wird sie sie für sich behalten, bis sie das Gefühl hat, der Patient sei nun eher bereit, sie zu akzeptieren" (Priestley, 1983, S.81).

Eine spezifische Qualität der musiktherapeutischen Situation ist die "handelnde" Beziehung von Therapeut und Patient, in der die innere Beteiligung beider Personen durch die improvisierte Musik ausgedrückt und dadurch gleichsam materialisiert, konkretisiert, im Sinne von Hannah Arendt 'öffentlich' (Arendt, 1960; Heigl-Evers und Heigl, 1968) wird. Mit Hilfe des interdisziplinären Ansatzes der Musiktherapie wird versucht, über ein künstlerisches Medium einen Zugang zu schöpferischen Potentialen zu erschließen bzw. zu eröffnen und dabei die Psycho-Logik seelischer Prozesse am musikalischen Werk sichtbar, hörbar, erlebbar und reflektierbar zu machen. Im Gesamtbehandlungsplan der Tagesklinik ist es das Ziel, verlaufsorientiert und nach der Notwendigkeit eines jeden Patienten, also individuumzentriert, die Behandlung zu planen und mehrdimensionale therapeutische Angebote zu machen. Die Dimension

---

[1] Zusammen mit einem ihrer ersten Schüler, J.Th.Eschen, vermittelte sie diese neue Technik im Mentorenkurs Musiktherapie in Herdecke, einem Pilotstudiengang für Aufbaustudiengänge (Eschen, 1982). Analytische Musiktherapie wird in jüngster Zeit von Priestley als exploratorische Musiktherapie bezeichnet, um die Zielrichtung der Arbeit deutlicher zu machen (Priestley, 1983, 18.Anmerkung).

des kreativen Spiels trifft einen Bereich, der von Winnicott mit der Entdeckung der Übergangsphänomene und Übergangsobjekte beschrieben worden ist (Winnicott, 1979).

Zutreffend für den Spielraum der Musiktherapie scheint mir vor allem seine Bedeutung als Quelle für die Entwicklung kultureller Phänomene zu sein. Ein solch "intermediärer Bereich" muß sich, um wirksam zu werden, ein Stück dem unmittelbaren methodischen Zugriff entziehen, da versucht wird, sich der "Magie des Schöpferischen" zu nähern (Winnicott, 1979). Neben der Fähigkeit zu spielen, die wir beim Patienten zu nutzen versuchen, geht es um die Objektverwendung: die Art und Weise, wie wir sie zulassen und fördern, hat therapeutische Konsequenzen. Dabei wird beobachtet, wie der Patient mit Objekten umgeht und wie er sie für die Inszenierung und Bewältigung seiner seelischen Wirklichkeit verwendet. Hier ergibt sich ein Ansatz, der im Gesunden, Natürlichen des Patienten, in seiner ursprünglichen Kraft, liegt. Die Methode der Musiktherapie besteht im Zulassen dieser Art des Spiels, liegt in einem Erfahrungsbereich, den auch das Kind braucht, um seine schöpferischen Potentiale zu finden, zu erfinden, um die magische Kontrolle in der Handhabung von Objekten zu erleben, und um ihr ent-wachsen zu können zum Verständnis einer Realität außerhalb seines Selbst. Das geht nur, wenn dieser Zwischenbereich erfahren werden darf, wenn eine Widersprüchlichkeit dadurch, daß sie akzeptiert wird, einen positiven Wert bekommt (Winnicott, 1979, S. 25).

Die Möglichkeit, sich ohne Druck auf einen Spielbereich einlassen zu dürfen, auf einen Freiraum zwischen Ich und Nicht-Ich, ermöglicht erst das Entstehen von innerer und äußerer Realität und die Fähigkeit, zwischen beiden Bereichen zu oszillieren. Daß von dieser Lebensqualität in der weiteren Entwicklung etwas erhalten bleibt, drückt sich im Bedürfnis des Menschen nach Kunst, Philosophie und Religion aus. Ob kulturelle Phänomene erlebt und genossen werden können, hängt von der Erfahrung mit den frühen Übergangsräumen ab. In dieser Quelle für schöpferisches Handeln manifestiert sich eine Lebensform, die in lebendiger Beziehung zur Innen- und Außenwelt bleibt und entlastende sowie genußvolle Funktionen hat.

Kohuts Gedanken der Spannungsregulierung beim Musikhören sowie seine Auffassung der kathartischen Wirkung von Musik treffen in unserem Zusammenhang einen Teilbereich der Therapie (Kohut, 1977). Er spricht Funktionen an, die in der Technik rezeptiver

Musiktherapie genutzt werden, in der die Patienten Musik <u>hörend</u>, nicht <u>selbst spielend</u> erleben (Schwabe, 1978). In der aktiven Musiktherapie dagegen wird der schöpferische Prozeß durch die Methode der freien Improvisation in Gang gebracht und das Schaffen-Können vom Patienten selbst erlebt. Das künstlerische Medium stellt somit durch seine Unmittelbarkeit über die Sinne eine Nähe zum Affektbereich her. Im scheinbar Undifferenzierten, Ungeformten setzen wir an und geben dem Patienten das Gefühl, mit eigenem Klang zu existieren, woraus sich im Lebendig-Machen der Instrumente der Beziehungsprozeß in Szene und Handlung umsetzt. Dieser Zugang zum Seelischen über Be-handlung von Musik macht hörbar und erlebbar, was zum Teil nicht oder noch nicht hörbar und fühlbar war. Die Art und Weise des Patienten, eine Beziehung herzustellen, stellt sich in dieser Zwischenwelt des schöpferischen Spiels dar.

Die Therapie in der Tagesklinik konfrontiert den Patienten durch das tägliche Kommen und Gehen mit dem Thema der Trennung. Zwischen ambulanter und stationärer Psychotherapie stellt die Tagesklinik einen Behandlungsraum eigener Art dar, der von der Nähe zur realen Lebenssituation des Patienten stärker geprägt ist als der vollstationäre. Der Aspekt der Trennungsbewältigung ist ein wichtiger Teil in der teilstationären Behandlung.

Im Spiel der Kinder wird Trennungsbewältigung in der Benutzung von Übergangsobjekten deutlich. In unserem Zusammenhang interessiert dabei das Wie, die Umgehensweise mit Objekten. Wie behandelt der Patient Instrumente, die Musik, die Beziehung zur mitspielenden Therapeutin, wie drückt er, in solcher Weise behandelnd, seine seelische Wirklichkeit im künstlerischen Medium aus? Wie spielt der Patient mit dem lebendigen Klangmaterial, welche Vermeidungs- oder Lösungsstrategien verwendet er in der Beziehung zur Musik und zum Behandlungsinstrument 'Musiktherapeutin'? In diesen Strategien liegen Lösungsmöglichkeiten für frühe Erfahrungen und Konflikte. Wir setzen über die Spielaufforderung dort an, wo einmal Lebensbewältigung 'erspielt' worden ist; so konnte zum Beispiel die neurotische Notlösung eines Konflikts hervorgebracht werden. Im Wiederbeleben solcher Ausgangssituationen wird in der Gestalt des musikalischen Spielprozesses oft Unerwartetes in der Behandlung zur Erscheinung gebracht. Nach einer Improvisation äußerte sich ein Patient folgendermaßen: "In der Musik, da kommt es immer raus". Ich erinnere an Freuds Darstellung des Garnrollenspiels, in der er im Spiel des Kindes die Trennungsbewältigung bei Abwesenheit der Mutter erkennt, die ein Kind ausdrucksvoll inszeniert und so erträgt (Freud, 1920). Auch Winnicott bringt überzeugende Beispiele vom Binden und Trennen durch Fadenspiele der Kinder (Winnicott, 1979).

Wir können im freien musikalischen Spiel, in der Formung und Gestaltbildung von seiten des Patienten an den entstehenden Werken diese Übergänge vom Ich zum Nicht-Ich in der Entwicklung von völliger Abhängigkeit zur Identität (Erikson, 1979) beobachten und im gemeinsamen Spiel miterleben. Dabei interessiert uns, wie der Patient es macht, wie er zum Beispiel seine Konfliktbewältigung in Form einer Notlösung entwickelt. Im Wiedererleben der pathogenen Konflikte kann das Spiel für den Patienten Ausgangsort für Neues und für den Therapeuten zugleich diagnostisch aufschlußreich sein.

Je nach Indikation und Absprache der Behandlungsziele ist jedoch eine Modifikation der musiktherapeutischen Situation notwendig, die ich im folgenden an zwei Beispielen beschreiben möchte. So kann es, wenngleich die Grundregel der freien Improvisation beibehalten wird, in einigen Fällen notwendig werden, daß die mitspielende Musiktherapeutin den Prozeß des gemeinsamen Spiels stärker strukturiert.

Für die Indikation zur Musiktherapie im Rahmen der Tagesklinik-Behandlung gilt allgemein, daß in jedem Einzelfall überlegt wird, an welchem Punkt der Gesamttherapie die musikalische Dimension für den Patienten als zusätzliches spezielles Verfahren angezeigt ist. Winnicott lenkte die Aufmerksamkeit auf den Bereich des Spiels, der hier noch einmal dargestellt ist (vgl. Abb. 1):

Abbildung 1

Dieses "Derivat des Spiels" machen wir uns in der Musiktherapie
zunutze. Gemeinsam von Therapeutin und Patient hergestellte Produkte geben die spezifische Begegnung mit einem lebendigen künstlerischen Medium Musik und die Möglichkeiten, sich auf dieses Medium und auf die mitspielende Therapeutin zu beziehen. Dieses Spezifikum des gemeinsamen Herstellungsprozesses in der Musiktherapie führt zu Überlegungen eines Handlungsmodells, welches im dritten Bereich, in der folgenden Zeichnung als Schnittmenge bezeichnet (vgl. Abb.2), ein gemeinsames Produkt entstehen läßt
(Langenberg, o.J.).

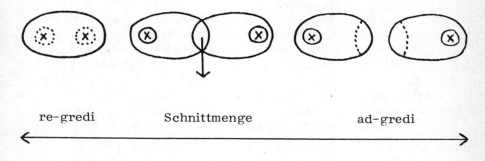

Abbildung 2

Im Miteinander-Spielen überschneiden sich bei der Begegnung
zweier Individuen Bereiche, in denen jeder noch der Eigene ist,
aber auch Gemeinsames mit dem anderen tut. Aus dieser Schnittmenge fällt ein gemeinsames musikalisches Produkt, das vom Beziehungsvorgang geprägt ist. Zu solchen psychologischen Formbildungsprozessen herausfordernd (Salber, 1969, 1977) wirkt sowohl das Material 'Musikinstrumente' als auch das lebendige Behandlungsinstrument in der personalen Begegnung von Musiktherapeutin und Patient. Improvisationen, die über die freie
Spielregel entstehen, sagen etwas Grundsätzliches über den Patienten aus, verbinden Ebenen, wie es ähnlich in Tagträumen geschieht (Oszillieren zwischen Primär- und Sekundär-Prozeß).

Wir beginnen im Formlosen, bringen das Material und uns selbst
im Spielvorgang in Bewegung und schaffen ein gemeinsames musikalisches Werk. Das Bild des Zwischenraums, von mir im Werkprozeß als Schnittmenge bezeichnet, erscheint auch bei Winnicotts
Darstellungen des Spielens: "Psychotherapie geschieht dort, wo

zwei Bereiche des Spielens sich überschneiden: der des Patienten und der des Therapeuten. Psychotherapie hat mit zwei Menschen zu tun, die miteinander spielen. Hieraus folgt, daß die Arbeit des Therapeuten dort, wo Spiel nicht möglich ist, darauf gerichtet ist, den Patienten aus einem Zustand, in dem er nicht spielen kann, in einen Zustand zu bringen, in dem er zu spielen imstande ist" (Winnicott, 1979, S.49).

Im musiktherapeutischen Feld scheint mir die Zeitqualität der Musik eine besondere Erfahrung und Voraussetzung zur Spielfähigkeit zu sein. "Um zu kontrollieren, was außen ist, hat man zu handeln, da es nicht ausreicht, zu denken oder zu wünschen. Handeln braucht Zeit, Spielen ist Handeln" (Winnicott, 1979, S.52). So kann der Patient oft leichter im Spiel mitteilen, welche Kräfte in ihm wirksam sind und sich im anschließenden Gespräch das Erlebte bewußt machen. Die therapeutische Wirkung geschieht im Bewußt-Werden des 'Gemachten'. Dabei gehören das Spielen und Herstellen der musikalischen Produkte sowie das Sprechen über den Herstellungsprozeß zusammen, wobei das Bewußt-Werden eines Problems sowohl im Spielprozeß selbst als auch in der anschließend auftauchenden Assoziation geschehen kann.

Zwei kasuistische Beispiele mit unterschiedlichen Schwerpunkten in der musiktherapeutischen Arbeit sollen nun die beiden Hauptwirkkräfte dieses Mediums zeigen, das Ganzheitliche mit der dazugehörigen Notwendigkeit zur partiellen Abhängigkeit, und das Separierende, das aus der Beziehung Herausdrängende.

Damit der Leser sich das Geschehen besser vorstellen kann, beschreibe ich zunächst den Musiktherapie-Raum. Er ist ausgestattet mit einem ausdrucksbreiten Instrumentarium. Da sind chromatische Xylophone und Metallophone, ein erweitertes Orff-Instrumentarium, Trommeln, Becken, Schlagwerk, Flöten, Folklore-Instrumente, Instrumente also aus Holz oder Metall, Instrumente zum Schlagen, zum Streicheln, zum Streichen, zum Zupfen, für die Hände, für den Mund, in den Arm zu nehmen, harte und weiche Instrumente, Instrumente, die Klänge und Geräusche wiedergeben und solche, die Töne produzieren. Außerdem gibt es ein Klavier - von seiner Außenverkleidung befreit, um es auch im Innenraum zu nutzen und um zu sehen, wie es funktioniert. - Dieser Raum macht neugierig, lädt dazu ein, die Instrumente zu berühren, sie zum Klingen zu bringen, sinnlich zu spielen.

Die Einzelmusiktherapie von Herrn A. fand in einem Zeitraum von fünf Monaten einmal wöchentlich statt, insgesamt über 21 Sitzungen. Der im Beitrag von Beck (Abschnitt 3.2.3) ausführlicher beschriebene Patient mit einer Störung auf strukturell niedrigem Niveau erforderte eine spezielle Modifikation des musiktherapeutischen Settings. Da Herr A. dazu neigte, sich selbst und andere grenzenlos zu überfordern, war es wichtig, die therapeutische Situation deutlich zu strukturieren. Er kam auf eigenen Wunsch in die Musiktherapie mit Erwartungen, über das Medium Musik neue schöpferische Erfahrungen und Entspannungen zu erleben. Dabei zeigte sich schon in der ersten freien Improvisation, daß er mit dem Beziehungsangebot des gemeinsamen Spielens überfordert war.

Der präverbale Ansatz der Musiktherapie ermöglichte es diesem Patienten, eines seiner Probleme wiederzuerleben und im musikalischen Werk zu inszenieren. Vom integrativen Ansatz des Gesamtbehandlungsplans aus gesehen war es zum einen wichtig, dem Patienten die Möglichkeit zu geben, seine frühen Erfahrungen in einem Medium, das sich vor allem im präverbalen Raum entfaltet, zur Verfügung zu stellen; andererseits ihm auch genügend Reizschutz und Regulierungsmöglichkeit von Nähe und Distanz zu geben, damit Strukturen auf einem höheren Niveau entwickelt werden konnten.

Nachdem er in einer ersten Improvisation überschwemmende Nähe erlebt hatte, die in ihm eine archaische Angst vor Verschmelzung mobilisierte, entwickelte er allmählich mehr Nähe-Distanz-Regulierungsfähigkeit, indem er im Schutze der Beziehung zur zuhörenden Therapeutin solistisch spielte. Er nutzte den Spielraum der Musiktherapie ähnlich wie ein Kind, das sich in Anwesenheit der Mutter mit seinen Spielzeugen beschäftigt und seine innere Wirklichkeit im Spiel szenisch gestaltet. So war es über lange Zeit hin meine Aufgabe, seinem Spielen zuzuhören und im Entwicklungsprozeß der Therapie für ihn auf seine Aufforderung hin und gemäß seinem Bedürfnis als Mitspielerin wieder zur Verfügung zu stehen. Ohne durch direkte Reaktion auf der präverbalen Ebene des Klanges bedroht zu sein, konnte er im Laufe seiner musikalischen Spiele aggressive und libidinöse Anteile differenzieren lernen. Dabei behielt er die Initiative der Beziehungsgestaltung, indem er zum gemeinsamen Spiel oder zur Abgrenzung aufforderte.

Unter den Aspekten der musiktherapeutischen Situation gesehen, war für Herrn A. das ganzheitliche Prinzip über lange Phasen der

Therapiegestaltung wichtig. Es ging für ihn darum, sich in eine
Geborgenheit hineinzutrauen und allmählich die Angst zu verlieren, dabei verschlungen zu werden. In der hergestellten Zweierbeziehung sollte er lernen, sich als ein abgegrenzter Mensch erleben zu können. In Absprache mit den anderen hier beteiligten
Therapeuten schien es mir wichtig, dem Patienten einen Raum zur
Verfügung zu stellen, in dem er mehr Zugang zu seinen eigenen
Gefühlen gewinnen konnte. Im Medium Musik konnte er sich fühlen, den von ihm erzeugten Klang wahrnehmen, die von ihm gewählten Formen unterscheiden, die ihm Sicherheit gaben im Finden, Wiederholen, Absichern. Erst allmählich wurde er auch in
der Musikgestaltung bereit, sich auf Begegnungen einzulassen,
ohne dabei die von ihm gefundenen, seine eigenen Formen und
spezifischen Klangmuster zu verlieren. Um dieses Gefühl, existent
zu sein, noch deutlicher zu beschreiben, möchte ich noch einmal
Winnicott zitieren: "Wenn man diesen Bereich als Teil der Ich-Organisation auffaßt, kommt man zu der Einsicht, daß es sich um
einen Teil des Ich handeln muß, der nicht Körper-Ich ist, also
um einen Ich-Bereich, der nicht auf körperlichen Funktionsmustern, sondern auf körperlicher Erfahrung aufbaut. Diese Erfahrung gehört zu den nicht-orgiastischen Objektbeziehungen, einer 'ichgerichteten Beziehung', und zwar am Übergang von Kontinuität zum Nebeneinander" (Winnicott, 1979, S.117).

Herr A. entwickelte dieses "Kontinuum von Raum und Zeit", diese grundlegende Erfahrung, zu sein, zu existieren, ohne durch
einen in seine Grenzen eindringenden anderen bedroht zu sein,
auch im Zeit- und Gestaltungserleben der musikalischen Improvisation. Das von ihm favorisierte Instrument, die Gitarre, symbolisierte in erster Linie seine Nähe- und Abhängigkeitswünsche.
Die Gitarre wird in den Arm genommen, auf den Schoß genommen,
gezupft, gestreichelt, Saiten werden durch unmittelbare sinnliche
Berührung zum Klingen gebracht. Das Klavier, favorisiertes Instrument der Therapeutin mit dem entsprechend festgelegten
Platz, schien für den Patienten sowohl Geborgenheit und Schutz
als auch Macht und Verführung zur Grenzenlosigkeit zu symbolisieren.
Wenn der Patient am Klavier spielte, schien er es zur Sicherung
und Ausweitung eines Grundgefühls von unbedrohter Existenz
zu nutzen. Das Klavier schien für ihn ein sicherer Raum zu sein,
den die Therapeutin, auch stellvertretend durch das Klavier,
gewährleistete und aufrechterhielt. Dort war immer wieder der

Platz, um die wiederbelebte ängstigende Beziehung zu den Eltern ("verkehrte Welt", siehe Abschnitt 3.2.3) zu entwickeln, im Solospiel, in der Anwesenheit der Therapeutin, die zuhörte. Damit vermied er die musikalische Begegnung, um zunächst sich selbst zu finden und die gefundene Form abzusichern, wonach er dann wieder bereit sein konnte, sich erneut auf eine musikalische Beziehung einzulassen. Das schien ihm in Momenten der Unsicherheit am besten mit dem Klavier zu gelingen, dem Hauptinstrument der Therapeutin.

Das musiktherapeutische Angebot mußte bei dieser Behandlung mit dem Ziel modifiziert werden, daß eine größtmögliche Anpassung an die Bedürfnisse nach Schutz und Sicherung des Raumes für den Patienten möglich wurde. Erst dann konnte er sich auf die Suche begeben nach seinem eigenen Klang, was zunächst bedeutete, sich zu schützen gegen fremde Klänge. Seine Themenschwerpunkte fand Herr A. meist in der Eingangsimprovisation und dem darauffolgenden Gespräch, so daß wir die von ihm benannten Bereiche in einer gemeinsamen assoziativen Improvisation bearbeiten konnten.

Häufig entwickelte er musikalische Formen, um sie sodann oftmals zu wiederholen, durch Wiederholungen im eigenen musikalischen Spiel oder durch die Reaktionen der Musiktherapeutin, die entweder verbal waren oder sich als musikalische Antwort darboten. Sein Solospiel der 7.Sitzung beispielsweise nannte er: sich finden, Inseln vergrößern, sichern, erkunden. Die 8.Sitzung brachte dann nach der längeren Phase der Solospiele den Wunsch nach einem Zusammenklang mit einer Begrenzung. Wichtig war hier, daß Herr A. die Begrenzung setzen konnte, bevor er sich auf das gemeinsame Spiel einließ. In den nächsten Sitzungen wechselten Solospiele mit gemeinsamen Improvisationen, wobei der Patient immer wieder daran arbeiten konnte, seine Position im gemeinsamen Spiel zu sichern. Danach wurde "Kommen und Gehen" unser Thema; die letzten Improvisationen nannte er: ich will Nähe, manchmal will ich allein sein; ich bin ich, du bist du; Eigenes machen.

Ab der 16.Sitzung nahmen wir die Improvisationen mit dem Kassettenrecorder auf. Es wurde für den Patienten ein wichtiges Kontrollerleben anzuhören, was er soeben produziert hatte; so geschah das Wiedergeben seiner eigenen musikalischen Einfälle auf verschiedenen Ebenen: einmal durch die zuhörende, dann mitspielende Therapeutin, zum anderen durch das Wiederanhören der entstandenen Werke vom Tonband. In der Musiktherapie von Herrn A.

wurden aus dem formlosen, archaisch überwältigenden Erleben heraus Ansätze für eigene Formbildung gewonnen. "... das Selbstgefühl entsteht auf der Basis eines nicht-integrierten Zustandes, der jedoch - definitionsgemäß - vom einzelnen nicht beobachtet oder bemerkt wird und der verlorengeht, wenn er nicht von einem anderen Menschen, zu dem Vertrauen besteht und der das Vertrauen rechtfertigt und auf das Abhängigkeitsbedürfnis eingeht, wahrgenommen und zurückgespiegelt wird" (Winnicott, 1979, S. 73).

Um sich selbst in der Musik deutlicher spüren zu können, brauchte der Patient die Therapeutin, zunächst ihr Instrument, später dann ihr von seinem abgegrenztes Spiel. Die Musik schien ihm helfen zu können, die Quellen schöpferischer Potentiale zu finden.

Das Reflektieren nach dem Spielen und das Wiedereintauchen in die Musik geschahen in der Therapie als ein Wechselspiel der Ebenen, um die Integration der gemachten Erfahrungen zu gewährleisten. Wir ließen also die schöpferischen musikalischen Impulse zu, damit sie sich in der Beziehung zu Instrument und Therapeutin gestalten können und so als eine Form von Sprache begreiflich wurden. In den frühen Phasen der Musiktherapie mit Herrn A. war es besonders wichtig, den Klang- und Formfindungsprozeß nicht durch Mithandeln zu stören. Erst später war die Herausforderung und daher Abgrenzung in einem Dritten, dem gemeinsamen musikalischen Werk, möglich (vgl. Abb. 3).

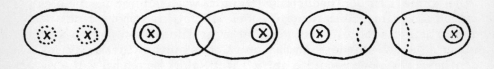

von der Einheit zur Trennung;
(vgl. Langenberg, 1983)

Abbildung 3

Im integrierten Gesamtbehandlungsplan bilden die Erkenntnisse aus dem diagnostischen Prozeß eine wichtige Grundlage für die Planbarkeit der Behandlung. Im Fall von Herrn A. war die Gefährdung durch seine präpsychotische Entwicklung besonders zu beachten. Dem Wunsch des Patienten, Musiktherapie zu haben, kamen wir nach, da es sinnvoll erschien, einen "intermediären Raum" zur Verfügung zu stellen, in dem der Patient neue Erfahrungen machen konnte. Geplant wurde für den Patienten der präverbale Ansatz einer künstlerischen Therapie, die ihm auf einer frühen Entwicklungsstufe eine Beziehung anbot, in der in erster Linie zum Zwecke des Reizschutzes ein Rahmen aufrechterhalten wurde, der es ermöglichte, schöpferische Spielprozesse zuzulassen, um Strukturbildung zu fördern.

Für schwergestörte Patienten ist demnach das musiktherapeutische Setting mit seiner Grundregel der freien Improvisation zielgerichtet zu modifizieren. Auf einer Stufe, auf der es um die Stabilisierung der Grenzen von Selbst und Objekt geht, kann sich der Patient in der ersten Zeit der Behandlung nur im Spiel und in der szenischen Gestaltung ausdrücken, und er braucht dabei die Strukturierungshilfen der Therapeutin. Begegnung und Beziehung im reiferen Sinne sind noch nicht möglich, da das Gegenüber noch nicht durchgängig vom Selbst getrennt erlebt werden kann. Die Musiktherapeutin achtet darauf, was der Patient für seine Entwicklung jeweils braucht und richtet danach ihr therapeutisches Handeln.

Die Nutzbarmachung des musiktherapeutischen Angebots geschieht individuumzentriert unter verschiedenen Aspekten. Während es bei Herrn A. primär um die Errichtung und Stabilisierung der Selbst- und Objektgrenzen und die damit verbundene Regulierung von Nähe und Distanz ging, geschah die "Objektverwendung" in der Musiktherapie von Herrn B. anders. Sein Behandlungsauftrag war, zu lernen, Trennungen und Getrennt-Sein zu ertragen, was im folgenden Beispiel in der Inszenierung seines Ambivalenz-Konflikts verdeutlicht werden soll. In dieser Phase der Therapie war es für den Patienten wichtig, sich aus der Geborgenheit und großen Nähe zu seiner Mutter zu lösen, wozu auch die Bearbeitung seiner Aggressionsproblematik notwendig war.

Herr B. hatte während seines teilstationären Aufenthalts insgesamt 36 Sitzungen Musiktherapie, die zunächst einmal, ab der 18. Sitzung zweimal wöchentlich stattfanden. Mit dem Einzelpsychotherapeuten besprach ich die Indikation zur Musiktherapie; diese sollte wegen der schweren Kontaktstörung des Patienten als wichtige Dimension in die teilstationäre Behandlung eingeführt werden.

Herr B. war im affektiven Ausdrucksbereich sehr gehemmt und geängstigt, was bei ihm vor allem auf der Angst vor dem Durchbruch seiner aggressiven Impulse beruhte. Kreativer Affektausdruck war durch eine innere Blockade beeinträchtigt; seine Fähigkeit, libidinöse Affekte auszudrücken, war ebenfalls gehemmt. Dafür hatte er eine rege Phantasietätigkeit; er gab sich Tagträumereien hin, die er über eine lange Zeit in der Behandlung nicht mitteilen konnte. Seine Angst bestand darin, daß die phantasierten Impulse durchbrechen könnten.

In der Musiktherapie sollte dem Patienten schrittweise ein schützender und stützender Erlebnisraum zur Verfügung gestellt werden, der ihn über das Medium Musik an seine Tagträume heranführte und es ermöglichte, diese so in die Behandlung einzubeziehen. Auf der Ebene der sich einstellenden Übertragung konnte das Erlebte in die Beziehung eingehen und über die Gestaltung bewußt be-griffen werden, sowohl als musikalisches Werk als auch über Worte.

Der Austausch unter den Therapeuten zur Information über die jeweils aktuelle Übertragungskonstellation war wichtig. So erlebte ich als Musiktherapeutin den Patienten in seinem Bestreben, zum Mann zu werden, während der Einzelpsychotherapeut mehr zu einer idealisierten Vater-Figur wurde. Die so entstandene ödipale Konstellation konnten wir für die Entwicklung des Patienten fruchtbar machen. In der Entwicklungstendenz der Musiktherapie offerierte der Patient mir gegenüber anfangs eine betont männliche Verführungshaltung, die sich sehr bald, etwa nach der 6. Sitzung, hin zu mehr kindlichen Anlehnungs- und Versorgungswünschen entwickelte, was sich auch in den musikalischen Produktionen dokumentierte. Aus dieser regressiven Position heraus entwickelte er dann zunehmend eine reifere, abgegrenztere Position, und dies vollzog sich parallel zu den Erfahrungen in der Einzelpsychotherapie.

In beiden Therapieformen zeigten sich zunehmend seine Ambivalenzkonflikte. Der Patient konnte, vermittelt über das Medium Musik, Impulsen nachspüren, die ihn sonst zu sehr geängstigt hätten. In der Einzelpsychotherapie stand die Bearbeitung der Abwehr im Vordergrund, in der Musiktherapie wurde mehr gehandelt. Diesen zweistufigen Zugangsweg hielten wir bei Herrn B. für sehr fruchtbar. Die abgewehrten Impulse wurden in der Musiktherapie deutlicher und sichtbarer, im Erleben greifbarer. Hier konnte er diese Impulse freisetzen und ihnen in der musikalischen Gestaltung gleichzeitig Form geben.

Aus der 14.Sitzung dieser Behandlung greife ich nun eine Szene heraus, um am gemeinsamen musikalischen Produkt das Problem des Patienten deutlich werden zu lassen und die Bearbeitung im musiktherapeutischen Feld aufzuzeigen. Im Verlauf einer musiktherapeutischen Sitzung entwickeln sich, meist durch die Einfälle während und nach der freien Eingangsimprovisation, Themenbereiche, die zum Bearbeitungsschwerpunkt der "follow up improvisation" oder der "assoziativen Improvisationen" werden (Priestley, 1975, 1982, 1983; Eschen, 1983; Langenberg, 1983). Bei der hier vorgestellten Szene handelt es sich um die Eingangsimprovisation mit Herrn B. Dabei wird die Improvisation als Beziehungsvorgang gesehen, in dem sich etwas Seelisches ins Werk setzt. Beim Anhören der Improvisation kann durch die Anmutungsqualität das Problem des Patienten zum Ausdruck kommen. Daher beschreibe ich jetzt zunächst die Eindrücke eines nicht am musikalischen Beziehungsprozeß beteiligten Dritten, die beim Anhören der Improvisation geäußert wurden. Sie sind aus einer Fülle von Beschreibungsmöglichkeiten ausgewählt und sollen bei der Vorstellung der Musik helfen, die im Zusammenhang dieses Textes nicht hörbar gemacht werden kann:

Die Musiktherapeutin spielt Klavier, Herr B. spielt Xylophon und Becken. Der nicht beteiligte Dritte, der das Produkt über ein Tonband hörte, sagte dazu: "Das macht Schwierigkeiten zu hören, die Musik beklemmt und bedrängt. Es fallen kleine Explosionen und Kämpfe auf, und dann dieser erstaunliche Harmonisierungsversuch am Schluß. Gefühle von einer Schloßsituation, altem Gemäuer, wo etwas eingepfercht ist und schreit. Dann ist auf einmal die Spannung weg, und die Übereinstimmung verwundert, da die beiden doch durch kampfartige Situationen gegangen sind, als ob etwas hingenommen würde. Die Beruhigung ist keine positive Lösung, eher wirkt sie wie Kampfaufgabe. Die Töne passen, aber etwas stimmt nicht. Wieso kommt es so überraschend vom Gegeneinander zum Miteinander? Das Schlagzeug scheint Harmonie kaputtmachen zu wollen, sich aufzulehnen. Das Schlagen wirkt wie ein Signal, der Kampf wirkt weniger aggressiv, mehr wie ein Nicht-Mitmachen,

Hin- und Herspringen. Verweilangebote werden nicht angenommen. Zu Angeboten will er nicht hin, damit ist er nicht zu packen." Auf einen Nenner gebracht könnte man die Eindrücke des Zuhörers so fassen: Da ist eine Situation, in der sich ein Muster durchsetzt, das man als "Sich-nicht-packen-lassen" bezeichnen könnte. Der Unruheeindruck ist stark, eine Tendenz zum Wegspringen drückt sich aus, dennoch werden Angebote zum Bleiben gemacht.

Nun sollen, um die Szene abzurunden, kurz meine Gedanken während des Spiels und dann die hernach geäußerten Einfälle des Patienten dazu folgen. Während des Spiels verstärkte sich beim Patienten der Drang - so erlebte ich es -, in etwas rein- oder etwas aufbrechen zu wollen. Mein Impuls war, etwas Ruhiges dagegenzusetzen, wobei ich merkte, wie schwer es wurde, überhaupt Eigenes zu entwickeln. Mir kam das Bild von einem Vogel im Netz in den Sinn, der wild versucht, sich zu befreien, dessen Schwingen aber anscheinend behindert sind. Ich versuchte, musikalisch den Raum zu erweitern, aber es gelang nicht.

Nach dem Spiel äußerte der Patient seine Gefühle: Er habe etwas machen wollen, aber immer gemeint, sich auf mich einstellen zu müssen. Von dem Eigenen, was er wolle, habe er keine rechte Vorstellung. Er sei angriffslustig geworden, habe sich aber gestoppt, weil es wohl zu laut und chaotisch würde, er habe lieber aufgehört. - In einer späteren Sitzung konnte er sich erinnern, bei Wutausbrüchen von seinen Eltern im Zimmer eingesperrt worden zu sein, bis er sich wieder beruhigt hatte.

Ich teilte dem Patienten mein Bild des gefangenen Vogels mit und das damit verbundene beschwerliche Gefühl, sich auszubreiten, Platz zu schaffen. Der Patient meinte daraufhin, er habe etwas aufrechterhalten müssen, etwas, das man nicht fangen könne, ein Tier. Mein Nachfragen, was es denn sein könnte, brachte ihn auf die Eidechse. Dieses "Eidechsengefühl" machten wir zum Thema der folgenden assoziativen Improvisation. Der Patient zögerte noch etwas zu akzeptieren, daß die im Spielprozeß entstandene Gestalt mit ihm zu tun haben könnte. Er schilderte dann seine Eingangsvorstellung für das folgende Spiel: Die Eidechse sitze irgendwo, solle gefangen werden und flitze weg. Mein Einfall, daß dies ein wechselwarmes Tier sei, erheiterte ihn, und wir ließen uns wieder auf eine Improvisation ein, diesmal in dem Rahmen der aus der Eingangsimprovisation entstandenen Thematik "Eidechsengefühl". So bekam der Patient über den Spielprozeß, durch seine eigenen geäußerten Einfälle sowie die der Therapeutin, einen Zugang zu seinen Tagträumen, machte sich bewußt, was er erlebt hatte, und brachte es sowohl spielerisch als auch verbal in die Beziehung ein.

Hier möchte ich mit der Beschreibung der Szene einhalten und versuchen herauszufiltern, was sich im Beziehungsvorgang der musiktherapeutischen Situation eingestellt und in der musikalischen Improvisation ins Werk gesetzt hatte. Die Kontaktstörungen des Patienten hatten sowohl Anteile einer präödipalen als auch einer neurotischen Störung. Die Bearbeitung der Nähe-Distanz-Problematik war unser Ziel. Der Patient hatte seine inneren Gründe, Kontakte zu vermeiden, ein Verhalten, unter dem er jetzt litt, das ihn aus- und einschloß, dessen Schutzfunktion sich ahnen ließ. In der Musiktherapie setzte der Herstellungsprozeß, die Herausforderung durch Instrumente und Klang und das Beziehungsangebot der Therapeutin aus der entstehenden Spannung Gegenkräfte frei. Dies bildete sich im musikalischen Werk ab.

Für Herrn B. war das "Eidechsengefühl" ein Lösungsversuch, mit widerstrebenden Gefühlen, "wechselwarmen" Zuständen fertigzuwerden. Er erlebte in unseren Spielen immer wieder das Eingeklemmt-Sein, seine Befreiungswünsche und auf der anderen Seite Angst, bekannte Formen zu verlassen, sich in diesem freien Raum auch bedroht zu fühlen und Schutz suchen zu müssen. - Die rege Phantasietätigkeit dieses Patienten war von der Realität gänzlich isoliert gewesen, so daß er seinen kreativen Bereich gar nicht hatte leben können.

In der Unmittelbarkeit der musiktherapeutischen Situation wirken gleichzeitig verbindende und ablösende Elemente, die einen Raum zur eigenen Gestaltung verfügbar machen. Für Herrn B. konnten durch diese Kräfte die abgewehrten Impulse deutlicher und sichtbarer, daher im Erleben greifbarer werden. Im Tun mit der Therapeutin erlebte dieser Patient immer beide Seiten: Er konnte sich gefahrloser verbinden mit Klang, Instrument, Form neben und mit der Therapeutin, und er konnte sich entbinden durch abgrenzende, die Individualität und Andersartigkeit betonende Gestaltbildungen.

In der musiktherapeutischen Arbeit mit Herrn B. war das Begegnungselement in den gemeinsamen Improvisationen das wichtige

Medium zur Bearbeitung seiner Problematik. Während es bei Herrn A. vor allem darum ging, sich vertrauensvoll in eine Beziehungssituation hineinwagen zu können, um ein unbedrohtes Seingefühl zu entwickeln, war für Herrn B. der Handlungsaspekt entscheidend, um ihn aus einer passiven Erwartungshaltung herauszulocken zur Abgrenzung und zur Individuation.

An den beiden Fallbeispielen mit jeweils unterschiedlichen Schwerpunkten sollte verdeutlicht werden, daß in der musiktherapeutischen Situation gleichzeitig ganzheitliche und separierende Elemente wirksam sind und zum Zwecke der Behandlung genutzt werden. Es spielen Bindungs- und Entbindungsprozesse eine Rolle und fordern aktiv zum Leben heraus.

3.2.7 Konzentrative Bewegungstherapie in der Tagesklinik

GERHARD STANDKE

Die Konzentrative Bewegungstherapie ist ein weiteres Element unseres teilstationären Psychotherapie-Angebotes. Durch die Einbindung dieser Therapie in den Gesamtbehandlungsplan stellt sich dem Therapeuten die Aufgabe, individuumspezifisch und verlaufsorientiert formulierte bzw. fortgeschriebene Ziele einer Behandlung ganz konkret und situativ im Sinne eines Erfahrungsangebots so zu gestalten, daß der Patient seine bisherigen pathologischen Verhaltens- und Reaktionsweisen erkennen kann. Vor diesem Hintergrund wäre er dazu anzuregen, nach neuen Wegen und Umgangsformen mit sich und anderen zu suchen und sie erlebnismäßig zu verarbeiten. Die KBT soll eine Ergänzung, Erweiterung und Vertiefung der therapeutischen Erfahrungen für den Patienten anbieten.

Ziel dieses Beitrags ist es, konkretere Vorstellungen davon zu entwickeln, wie dies etwa in der Auseinandersetzung mit der in den Beiträgen dieses Buches immer wieder auftauchenden Problematik der Regulierung von Nähe und Distanz aussehen kann. Im Sinne unserer Bemühung, die Behandlungen integrativ zu gestalten, wird dabei Bezug genommen auf eine Kasuistik, die in Abschnitt 3.2.2 von Henneberg-Mönch im Rahmen der Beschreibung der analytisch-interaktionellen Behandlungstechnik geschildert worden ist.

Es wurde dargestellt, daß eine der teilstationären Behandlung vorausgehende stationäre Psychotherapie von der Patientin deshalb abgebrochen wurde, weil sie durch die ihr angebotenen Deutungen auf einer Phantasie-, Vorstellungs- und Symbolebene angesprochen wurde, der sie sich aufgrund ihrer schweren Ich-Funktionsdefizite nicht gewachsen zeigen konnte. Sie geriet in Panik und entwickelte massive Flucht- und Weglauftendenzen - zeitweilig mit suizidalen Episoden. Sie erlebte ihre ganze Umgebung als "böse", sah sich vollständig überfordert und war entsprechend bestrebt, sich mit allen Mitteln zu schützen. Henneberg-Mönch beschreibt, daß es für sie als Einzeltherapeutin in der Arbeit mit dieser Patientin sehr lange darum ging, als verläßliches und vertrauenswürdiges Objekt wahrgenommen werden zu können, dem man sich ein Stück weit zur eigenen Entlastung überlassen kann, mit dem man sich möglicherweise als Einheit erleben darf.

Ohne auf diese Kasuistik eingehen zu wollen, möchte ich kurz skizzieren, wie sich aus dem Gesichtswinkel eines Therapeuten für Konzentrative Bewegungstherapie auf die hier geschilderte Situation eingehen ließe:

Offensichtlich versucht sich die Patientin vor einer massiven äußeren Bedrohung durch Weglaufen bzw. Flucht zu schützen; d.h., um Schutz und Sicherheit ein Stück weit erleben zu können, muß sie eine möglichst große räumliche Distanz zwischen sich und dem bedrohlichen und bösen 'Außen' herstellen. Aufgrund ihrer tatsächlich sehr ängstigenden Erfahrung mit den Bezugsobjekten in der frühen Kindheit schien dieser Schutz subjektiv für sie dann am größten zu sein, wenn das bedrohliche und ängstigende 'Außen' nicht mehr zu sehen war. Zugleich wird aus diesem Zusammenhang heraus verständlich, daß die Patientin besonders dann in panikartige Zustände geraten mußte, wenn dieses bedrohliche und ängstigende 'Außen' nicht an einem realen Objekt festgemacht werden konnte und sozusagen, subjektiv gesehen, überall existent war, aber trotzdem nicht greifbar wurde. Für die Patientin schien es damit auf der anderen Seite schon auch notwendig zu sein, ihre Gefühle und Empfindungen an realen äußeren Objekten festmachen zu können, um auf diesem Wege eine Entlastung von eigener Angst zu erreichen. Nur durfte ein solches Objekt einerseits auf keinen Fall zu nahe rücken, mußte andererseits doch ständig kontrollierbar und verfügbar sein und hatte vor allem nicht überraschend zu reagieren, wenn nicht erneut Reizüberflutungen verbunden mit Fluchttendenzen ausgelöst werden sollten.

Im Hinblick auf den Grad der Ausdifferenzierung der Ich-Funktionen zeigte sich die Patientin damit nicht nur in sehr starkem Maße abhängig von der Anwesenheit realer Objekte, sondern auch die Gestaltung der Beziehung zu ihnen war abhängig von ganz konkreten optischen, akustischen und taktilen Wahrnehmungen und ließ sich auch nur auf dieser Ebene regulieren. Nur bedingt waren ihr zunächst Abstraktionen von ganz konkreten körpergebundenen Erlebnisweisen möglich. D.h., eine Vorstellungs- oder Phantasieebene existierte für sie kaum, auch sprachlich schien sie an sehr unmittelbare und ursprüngliche Wahrnehmungen gebunden zu sein.

Zu vermuten waren aufgrund dieser sehr körpergebundenen und konkreten Erlebnisweisen auch Körperschemastörungen und Schwierigkeiten bei der Differenzierung von Selbst- und Objektrepräsentanzen. Henneberg-Mönch schildert ausführlich, wie psychoanalytisch-interaktionell - also auf einer stärker verbalen Ebene - aufgrund dieser diagnostischen Vorüberlegungen auf die Patientin eingegangen worden ist.

Die spezifischen Möglichkeiten der Konzentrativen Bewegungstherapie im Umgang mit einer solchen Patientin orientieren sich an ihrer konkret-bildhaften Erlebensweise und sind zunächst ganz darauf ausgerichtet, neue, verschiedene Wege im Umgang mit sich selbst und mit der Umwelt zu erfahren bzw. auszuprobieren (vgl. dazu auch Stolze, 1979a, S.467). Die Sprache bzw. die Worte spielen dabei nach Stolze (1982, S.327) bei diesem Ausprobieren oder auch Üben insofern eine große Rolle, als sie das Bildhaft-konkrete meistens enthalten, in dieser Ursprünglichkeit aber vielfach dem Erleben nicht mehr zur Verfügung stehen bzw. nie zur Verfügung gestanden haben.

Eine wesentliche therapeutische Möglichkeit der Konzentrativen Bewegungstherapie wird also in der Verknüpfung bzw. Wiederverknüpfung des bildhaft-konkreten Sinnes der Worte oder der Sprache und den auf der Vorstellungs- und Phantasieebene existierenden Abstraktionen dieses ursprünglichen Sinns gesehen. So schreibt Stolze: "Ich möchte abschließend eine Behauptung wagen: Im (Wieder-)Auffinden des ursprünglichen bildhaft-konkreten Sinns solcher Worte läßt sich unser ganzes Leben, nicht nur das Körperliche, sondern auch das Seelische und Geistige, als Tätigkeit begreifen, die dann auch im Bewegen inszeniert (und im Dienst des Erinnerns und Durcharbeitens reinszeniert) werden können" (Stolze, 1982, S. 330).

In ähnlicher Weise sieht Becker (1981) in der Bearbeitung der mangelnden Symbolisierungsfähigkeit eine spezielle Möglichkeit der Konzentrativen Bewegungstherapie. Er beschreibt diese mangelnde Symbolisierungsfähigkeit vor allem in bezug auf psychosomatische Patienten und versteht darunter deren "Unfähigkeit zur Phantasie und sprachlichem Ausdruck von Affekten, ein Gebundensein an konkretes Handeln und Angewiesensein auf die Realpräsenz der Objekte" (Becker, 1981, S. 70). Entwicklungspsychologisch sieht er die Möglichkeit zur Symbolbildung in Abhängigkeit von der Fähigkeit des Kindes, zwischen Phantasie und Fakten, zwischen inneren und äußeren Objekten, zwischen primärer Kreativität und Wahrnehmung zu unterscheiden (ebd., S. 71). Nach seiner Ansicht liegt der wesentliche Schlüssel bei der Frage nach der Wirkungsweise und Effektivität im therapeutischen Geschehen bei der KBT in der Möglichkeit der Nachentwicklung der Symbolisierungs- und Abstrahierungsfähigkeit und damit des Trennungs- und Individuationsprozesses. Dabei besteht nach seiner Ansicht diese "Nachreifungsmöglichkeit" in einem Bereich, "den die klassische Analyse in beträchtlichem Maße bereits voraussetzt" (Becker, 1981, S. 71).

Ich möchte an dieser Stelle noch einmal auf die einleitend dargestellte Fall-Skizze zurückgreifen, um deutlich werden zu lassen, wie diese Möglichkeiten der Nachentwicklung - und dieser Begriff scheint treffender als Nachreifung zu sein - praktisch aussehen und gesteuert werden könnten. In der Einzelarbeit ließe sich diese Patientin beispielsweise darauf aufmerksam machen, daß die Anwesenheit eines anderen im gleichen Raum für sie möglicherweise dann recht erträglich ist, wenn dieser in einer relativ großen Entfernung zu ihr verbleibt. Möglicherweise würde man die Patientin dazu anregen, sich während der Therapie den für sie günstigsten Platz im Raum zu suchen, um die Anwesenheit des Therapeuten als erträglich erleben zu können. Dabei könnte sie ausprobieren, ob es für sie günstiger ist, den Therapeuten im Blickfeld zu haben oder sich etwa ganz von ihm abzuwenden.

All dies wären Arbeitsangebote, die für sich genommen immer nur einen kleinen Schritt in einem längeren therapeutischen Prozeß bedeuten und - wie schon angesprochen - wesentlich durch den Therapeuten gesteuert verlaufen. Erst zu einem wesentlich späteren

Zeitpunkt ließen sich vermutlich neue Elemente in die Behandlung dieser Patientin einführen. Die Annäherung an und möglicherweise der Umgang mit Gegenständen - wie etwa einem Seil, einem Ball, einer Kugel - ließe sich ausprobieren. Eventuell wäre als Anregung für die Patientin auch denkbar, den Abstand zu diesen Gegenständen ganz zu überwinden und die Kugel oder den Ball aufzugreifen. Es wäre dann für sie wichtig herauszufinden, wie sich die Wahrnehmung des jeweiligen Gegenstandes verändert; wie es sich auf die eigene Befindlichkeit auswirkt, wenn dieser im wahrsten Sinne des Wortes "be-griffen" wird bzw. begriffen ist. Schließlich sollte im Rahmen eines solchen Prozesses auch der Therapeut in das Blickfeld der Patientin geraten und wahrgenommen werden können. Ein weiterer Vorschlag könnte daher z.B. sein, auf jene Veränderungen zu achten, die sich bei Annäherung an den Therapeuten ergeben. Vielleicht könnte die Patientin in Ansätzen herausfinden, wann sie anhalten muß, wann sie zu ihrem Ausgangspunkt oder zu irgendeinem anderen Punkt im Raum zurückkehren möchte.

Die hier gegebenen Hinweise auf die Art des Umgangs mit dieser Patientin sollten nicht dazu dienen, einen kontinuierlichen Behandlungsprozeß in der Konzentrativen Bewegungstherapie darzustellen. Vielmehr ging es darum, die Art und Weise möglicher Angebote für Patienten prinzipiell zu veranschaulichen. Die Arbeit mit der Konzentrativen Bewegungstherapie bekommt, wie vielleicht deutlich geworden ist, dadurch einen pädagogischen Akzent (Kost, 1980), daß hier, nach Abschluß der diagnostischen Vorüberlegungen, dem Patienten auf einer bildhaft-konkreten Ebene vom Therapeuten Angebote gemacht werden, die die "Konzentration" auf einen spezifischen Aspekt seiner selbst oder seiner Beziehung zur Außenwelt ermöglichen (Stolze, 1979a, S.466). Der Therapeut ist damit nicht nur Übertragungsobjekt wie in der verbalen tiefenpsychologisch fundierten Psychotherapie, sondern hat darüber hinaus eine sehr aktive, ja steuernde Rolle insofern, als er die Situation erst schaffen muß, die für den Patienten Möglichkeiten zum Ausprobieren und Üben beinhalten soll. "Der Therapeut muß also Situationen herstellen, die von den Patienten beispielhaft oder symbolisch erfahren werden können für die Art der Beziehungen zu sich selbst, zu ihrem Lebensraum, zu den Menschen in ihrer nächsten Umgebung, zur Gesellschaft und zur Welt ihrer Arbeit. Seine 'oft recht schwierige' Aufgabe besteht einerseits darin, die Probleme seiner Patienten in den geschaffenen Situationen zu erkennen; andererseits muß er die Probleme in einfache, jetzt und hier erlebbare Interaktionen der Patienten innerhalb ihrer eigenen Körperlichkeit und zwischen dieser und der Umwelt - gegeben durch Raum, Gegenstände und Mitpatienten - übersetzen" (Stolze, 1979a, S. 467).

Neben der Konzentration auf bestimmte Aspekte des eigenen Selbst bzw. der Beziehung zur Umwelt - in unserem Beispiel die Konzentration auf die räumliche Vorstellung von Nähe und Distanz mit dem Ziel einer Nachentwicklung defizienter Ich-Funktionen - ist es wichtig, die Patienten zum Vergleich anzuregen; zum Vergleich eigener Wahrnehmungen durch die Veränderung des eigenen Standortes und zum Vergleich mit den Wahrnehmungen anderer. "Wichtig ist der Vergleich: Zwischen rechts und links, zwischen vorher und nachher, zwischen Ablauf mit offenen Augen und mit geschlossenen Augen, zwischen dem Übungsangebot jetzt und dem gleichen in einer Stunde oder einer Woche. So kann ich überprüfen: Hat sich für mich, für mich ganz allein etwas verändert und wenn ja, wie?" (Schönfelder, 1982, S. 4).

In unserem Fallbeispiel bietet sich der Patientin die Möglichkeit zum Vergleich zwischen Selbst- und Fremdeinschätzung nicht nur dadurch, daß sie ihre Distanz vom Therapeuten verändert und ihre unterschiedlichen Wahrnehmungen als Abbild vom gleichen Objekt begreifen lernt. Dies geschieht auch durch die Rückmeldung des Therapeuten, in der zum Ausdruck kommen sollte, was sich für ihn aktuell im Hier und Jetzt durch das Tun und Ausprobieren der Patientin verändert. Neben der Konstanz der Bilder von der eigenen Person wie von den Objekten könnte ein Ziel der Behandlung dieser Patientin unter dem Aspekt von Nähe und Distanz in der Erkenntnis bestehen, daß sich die Entfernung zu verschiedenen Menschen durchaus unterschiedlich gestalten läßt, daß ferner Wünsche oder Vorstellungen in bezug auf diese Entfernungen durchaus nicht mit dem realen Abstand vom anderen übereinstimmen müssen.

Mit diesen Hinweisen deutet sich vielleicht schon an, daß wir im Rahmen des integrierten, individuumzentrierten Behandlungsplans, so wie er von Heigl-Evers im Abschnitt 2.2 charakterisiert worden ist, die Konzentrative Bewegungstherapie vor allem im Sinne der Nachentwicklung defizitärer Ich-Funktionen bei Patienten mit strukturellen Störungen anwenden. Wir lehnen uns hier an einen Vorschlag von Becker (1981, S. 12) an, der darauf hinweist, daß beim Umgang mit der KBT in besonderer Weise unser Wissen über "die Bedeutung prä- und averbaler, d.h. sensomotorischer Anteile in der frühkindlichen Entwicklung" Anwendung findet. "Durch Konzentration auf das Körper-Selbst wird eine Intensivierung des Körper-Raumbildes erreicht ... Ein weiterer Aspekt ist ... das Wahrnehmen der belebten und unbelebten Objektwelt ... Konkretes Wahrnehmen über taktile, manuelle, visuelle Erforschung des Raumes und seiner Gegenstände. In 'Konzentration' konfrontieren mit den eigenen Körpergrenzen, Eins-Sein und Getrennt-Sein, Abgegrenzt-Sein von der Umwelt, Geben und Nehmen, Beherrschen, Beherrscht-Werden, Eindringen in den Raum, Erforschen, Durchdrungen-Werden, Zuwendung zu Gegenständen und Personen ... Ein weiterer Bereich von Bedeutung ist die Kommunikation im Sinne der sozialen Bezogenheit zu anderen Gruppenmitgliedern..." (vgl. dazu Becker, 1981, S.12).

Um Mißverständnissen vorzubeugen, sei folgendes bemerkt: Die Einordnung in unseren Gesamtbehandlungsplan unter der genannten Indikation soll nicht zum Ausdruck bringen, daß wir ein konfliktzentriertes Vorgehen in der KBT in Frage stellen. Auch wird nicht in Zweifel gezogen, daß die KBT mehr leisten kann als in der von uns ausgeübten Form der Anwendung zum Ausdruck kommt.

Patienten mit psychoneurotischen Störungen nutzen sicher die Angebote des Therapeuten anders als jene, bei denen es um eine Behandlung vorwiegend struktureller Störungen geht. Wie Becker (1981, S.86) betont, wird der freie Wahrnehmungs-, Bewegungs- und Handlungseinfall als Parallele zur freien Assoziation in der Psychoanalyse bei der Behandlung von Psychoneurosen größere Bedeutung haben als die Verfolgung einer spezifischen Zielvorstellung. Auch werden die Wahrnehmungen nicht mehr ausschließlich konkretistisch, sondern in ihrer Symbolik erlebt und als Wiederkehr verdrängter Triebimpulse und Konflikte verstanden werden können. Entsprechend bekommen dann in der Phase der verbalen Bearbeitung des in der praktischen Arbeit Erlebten Assoziationen und Erinnerungen einen zentralen Stellenwert in der therapeutischen Arbeit (vgl. dazu Stolze, 1979b). Ähnliches gilt für Prozesse der Übertragung und Gegenübertragung, die in anderen Zusammenhängen ausführlich dargestellt worden sind (Becker, 1981, S.77f; Dilthey, 1971).

Wir haben uns dazu entschieden, Konzentrative Bewegungstherapie in der oben dargestellten Weise zu verwenden, weil uns in bezug auf die hier angesprochenen Problemstellungen am deutlichsten wird, daß die aus der Analyse abgeleiteten verbalen Verfahren hier an Grenzen stoßen, weil sie zum Teil Ich-Leistungen voraussetzen, zu denen Patienten mit strukturellen Störungen vielfach gar nicht in der Lage sind. Insofern liegt aus unserer Sicht die spezielle Leistungsfähigkeit der KBT entwicklungspsychologisch gesehen am Beginn einer Reihe psychotherapeutisch notwendiger Techniken, an deren anderem Ende die Psychoanalyse mit den für diese Behandlungsform notwendigen Voraussetzungen, von Freud definiert als fiktives Normal-Ich, einzuordnen wäre.

Durch die Konzentration auf einen spezifischen Aspekt bei der Gestaltung der Beziehung zu äußeren Objekten - nämlich jenem der Regulierung von Nähe und Distanz - habe ich versucht, einige Elemente des praktischen Umgangs mit der KBT zu veranschaulichen. Dabei ist die Vielfalt der Möglichkeiten zur Bearbeitung eines solchen Aspekts natürlich nur angedeutet worden, das praktische Vorgehen erweist sich zudem noch als stark abhängig vom jeweiligen Patienten, der jeweiligen Situation und natürlich auch vom jeweiligen Therapeuten.

Noch weniger als eine umfassende Konzeption der Bearbeitung von Nähe- und Distanzproblemen kann es einen vollständigen Entwurf der Praxis der Konzentrativen Bewegungstherapie überhaupt geben, da die Möglichkeiten zur Konzentration auf spezifische Aspekte des eigenen Selbst sowie spezifische Beziehungen zur Umwelt unendlich groß sind. Gräff (1983, S.13) stellt fest: "KBT ist immer anders, wenn ihr der Spielraum eingeräumt wird, den eine kreative Methode lebendig macht". Insofern geht es auch für den einzelnen Therapeuten - besonders auch für den Anfänger - nicht ausschließlich darum, irgendwelche idealen Vorbilder nachzuahmen, sondern im ganz wörtlichen Sinne den eigenen Weg in der KBT zu finden und darin von den anderen verstanden und angenommen zu werden bzw. entsprechend in eine Auseinandersetzung mit ihnen eintreten zu können.

Die KBT ist - wie gesagt - phänomenologisch nur schwerpunktmäßig faßbar (vgl.dazu Becker, 1981, S.11), wohl aber auf der Ebene der Beschreibung:

> "Das konzentrative Sich-Erspüren und Bewegen (die Konzentrative Bewegungstherapie) ist eine tiefenpsychologisch orientierte, einzel- und gruppentherapeutische Arbeitsweise. Sie läßt sich sowohl mit aktiv-klinischen als auch mit analytischen Methoden verbinden. Durch Sensibilisierung der Selbst- und Fremdwahrnehmung werden Assoziationsketten angestoßen, die zu produktiven Auseinandersetzungen mit dem eigenen Ich gleichzeitig auf den Ebenen der sensiblen und senso-motorischen Körper-

erfahrung, der Emotionalität und der reflektierenden Selbsteinsicht führen können. Die differenzierte Wahrnehmung ermöglicht einen Vergleich eigener Einstellungen und eigenen Verhaltens zu verschiedenen Zeiten, in verschiedenen Situationen, im Umgang mit verschiedenen Gegenständen und Materialien, sowie mit verschiedenen Partnern bzw. einer Gruppe. Das Erproben neuer Wege kann fixierte Haltungen und Fehlerwartungen abbauen; die Fähigkeit, zu wählen und zu entscheiden, wird wiedergewonnen und weiterentwickelt. Wesentlich ist dabei - in Abgrenzung von anderen psychotherapeutischen Methoden -, daß Leibliches nicht ausgeklammert wird; vielmehr bildet es Grundlage und Beziehungsfeld für individuell-eigengesetzliche physische, psychosomatische und psychische Abläufe. Die aktualisierten Inhalte werden so konkret erfahrbar; die Problematik wird "begreifbar" und kann weiter bearbeitet werden, entweder mehr durch die Be-Deutung der Körpererfahrung im Hier und Jetzt oder mehr durch eine verbale Interpretation der aus der bewußten und unbewußten Erlebensgeschichte aufgetauchten Inhalte. Auf beiden Wegen können neue Entwicklungen angeregt werden im Sinne einer Persönlichkeitserweiterung" (vgl. dazu Stolze, 1977, S.1252; Stolze, 1984, S.221).

Historisch betrachtet geht die Konzentrative Bewegungstherapie zurück auf Elsa Gindler, die sich selbst nicht als Psychotherapeutin, sondern eher als Pädagogin begriffen hat, ihre Arbeit aber nicht auf das "Erlernen" bestimmter Bewegungen ausgerichtet hielt, sondern auf die Behandlung bzw. Aufhebung körperlicher Störungen durch "Konzentration" (1926, S.227). Unter Konzentration verstand E.Gindler dabei die innere Bereitschaft, die "natürliche Beweglichkeit" einzelner Körperteile wahrzunehmen und die Auswirkungen dieser Beweglichkeit auf andere Körperteile zu erfassen. R.Cohn (1955) führt unter Rückgriff auf E.Gindler aus, daß die Konzentration die Arbeit an der "natürlichen Bewegung", an den individuellen Bewegungsmöglichkeiten bedeutete und ausdrücklich gegen schablonenhafte Gedanken und Bewegungen - wie etwa den Drill auf dem Kasernenhof - und die damit verbundenen Interessen gerichtet war.

Nach der Darstellung von Cohn war die entspannende Wirkung der Konzentration für E.Gindler aber auch durchaus das Ergebnis einer Eigenerfahrung in Verbindung mit einer sehr schweren körperlichen Erkrankung. "Sie (E.Gindler, d.Verf.) kam auf den Gedanken, sich auf körperliche Empfindungen und Abläufe sowohl im Zustand der

Ruhe als auch im Zustand der Bewegung zu konzentrieren. ...
Zu ihrem Erstaunen erlebte sie, daß schon durch bloße Bewußtmachung und die Bereitschaft zu einer Änderung verspannte Muskeln dazu neigen, sich zu entspannen, daß die eingeschränkte Atmung dazu neigt, tiefer und freier zu werden, und daß Kreislaufstörungen meist nachlassen. Sie sah, daß die Beachtung eines Körperteils oder einer Körperfunktion meist alle anderen Körperteile und -funktionen beeinflußt" (Cohn, 1955, S.249).

Ohne im einzelnen auf die Entwicklung in der Zeit nach E.Gindler einzugehen (vgl. dazu Cohn, 1955; H.Lechler, 1982), sei darauf verwiesen, daß die Einführung dieser Methode in Deutschland H.Stolze zu danken ist. Auch die Bezeichnung dieses Verfahrens als "Konzentrative Bewegungstherapie" geht auf ihn zurück (Stolze, 1958, S.15). Wie an anderer Stelle schon betont, versteht Stolze (1983) die Konzentrative Bewegungstherapie als ein tiefenpsychologisch fundiertes Psychotherapieverfahren im Sinne von Heigl-Evers und Heigl (1982a). Nach diesen beiden Autoren definiert sich das Konzept tiefenpsychologisch fundierter Psychotherapie wesentlich durch die drei folgenden Ziele:

- Fokussierung auf die die Symptomatik auslösende Situation;
- Fokussierung auf das pathogene Feld, in dem sich die auslösenden Konflikte immer wieder konstellieren;
- Fokussierung auf die interpersonellen Beziehungen zwischen Patient und Therapeut, in denen die inneren Konflikte des Patienten ihren Niederschlag finden.

Nach Stolze (1983, S.212) finden sich nicht nur diese Elemente in der KBT wieder, sondern darüber hinaus wird nach seiner Vorstellung mit der Anwendung dieser Methode "die Dimension des Empfindens und Erfahrens, also des Erlebens" (S.213) in den therapeutischen Raum einbezogen. Ein weiterer zusätzlicher Akzent wird durch Stolze insofern gesetzt, als nach seiner Auffassung tiefenpsychologisch fundierte Psychotherapie "den Aspekt des gewordenen und werdenden Menschen und damit den interaktionellen Ansatz" (S.213) miteinschließt. Dieser meint, kurz gesagt, "Stützung und Begleitung des Patienten mit der Möglichkeit, eine Nachreifung defizienter Ich-Anteile zu fördern" (S.213). Es sei an dieser Stelle noch einmal daran erinnert, daß besonders dieser Aspekt im Rahmen des individuumzentrierten integrierten Gesamtbehandlungsplanes berücksichtigt wird.

Dies gilt auch für die von Stolze erwähnte Veränderung der "professionell analytischen Schutzhaltung", wie er sie unter Hinweis auf Heigl bezeichnet. Diese veränderte Haltung des Therapeuten zeichnet sich vor allem dadurch aus, daß der Therapeut häufiger Anregungen zu verändertem Verhalten gebe, daß er sich mehr als Person in den Therapieprozeß einbringe und er schließlich häufiger "Hier-und-Jetzt-Deutungen (im Sinne von Verdeutlichung)" in den therapeutischen Prozeß einbringe.

Diesen Überlegungen kann ich nach unseren Erfahrungen in der Tagesklinik nur zustimmen, sie finden in unserer alltäglichen praktischen Arbeit ihren Niederschlag. Allerdings stellen diese Erwägungen aus meiner Sicht nicht ausschließliche Spezifika der Konzentrativen Bewegungstherapie dar, sondern finden im Rahmen des Göttinger Modells (Heigl-Evers und Heigl, vgl. dazu auch Abschnitt 2.5 in diesem Buch) bei der Konzeptualisierung der psychoanalytisch-interaktionellen Technik schwerpunktmäßig ihre Berücksichtigung. Die Anwendung dieser Spezifika ist besonders indiziert bei Patienten mit sogenannten Frühstörungen (Kernberg, 1978; Blanck und Blanck, 1978, 1980), "bei denen wegen des Fehlens des Normal-Ichs die Gefahr einer malignen Regression besteht und von daher ein klassisches analytisches Vorgehen u.E. kontraindiziert ist" (Heigl und Ibenthal, 1984, S.89). Wörtlich heißt es bei Heigl und Ibenthal (1984, S.89): "Das therapeutische Vorgehen ist hier diagnostisch an der Psychoanalyse und ihrer Krankheitslehre, speziell an ihrer Ich-Psychologie und Ich-Pathologie orientiert; der Interventionsstil ist interaktionell, d.h., der Therapeut antwortet auf den Patienten mit eigenen Empfindungen, Gefühlen und auch Meinungen im Sinne selektiver Expressivität. Der Therapeut übernimmt dabei Hilfs-Ich-Funktionen von dem Patienten, i.e. er übernimmt passager und stellvertretend für den Patienten solche Ich-Funktionen, die bei diesem defizitär sind."

Im Sinne einer Konkretisierung der Interventionstechnik des Therapeuten im Rahmen der psychoanalytisch-interaktionellen Psychotherapie weisen Heigl-Evers und Streeck (1983, S.15; 1985) darauf hin, daß das diagnostische Urteil sich dabei an der "vorherrschenden Objektbeziehung ('primitive Übertragung'; Kernberg, 1978) sowie den damit einhergehenden Fähigkeiten und Beeinträchtigungen des Ichs" orientiert. Die Interventionstechnik des Therapeuten stellen sich die Autoren vor dem Hintergrund des analytischen Verstehens im gelungenen Fall wie folgt vor: "Es kommt zu einem fortlaufenden Spiel von Antwort und Gegenantwort, in dem sich, ähnlich wie in der Beziehung zwischen Mutter und Kind (vgl. Anna Freud, 1968), beim Patienten eine Entwicklung vollzieht und woraus im Idealfall ein Dialog zwischen zwei psychisch erwachsenen Individuen resultiert. Um dieses entwicklungsfördernde Wechselspiel von Antwort und Gegenantwort aufrechtzuerhalten und auf den jeweiligen Entwicklungsstand des Patienten abzustimmen, ist der Therapeut aktiv darum bemüht, eine Beziehung zu pflegen, in der er seinen Patienten in seinem besonderen So-Sein mit seinen besonderen Beeinträchtigungen jederzeit akzeptiert und dem Patienten dies durch seine Haltung zu vermitteln sucht. Der Patient kann sich damit in einer Weise wahrgenommen und ernstgenommen fühlen, wie es in seinen alltäglichen Sozialbeziehungen wahrscheinlich selten geschieht" (vgl. dazu Heigl-Evers und Streeck, 1983, S.13; 1985).

Es scheint mir sehr interessant zu beobachten, daß psychotherapeutische Verfahren, die sich vom Ursprung her so unterscheiden wie die Psychoanalyse und die Konzentrative Bewegungstherapie, vermehrt aufeinander Bezug nehmen und, bezogen auf spezielle Patientengruppen, bei der Weiterentwicklung ihrer Technik durchaus Parallelen und Ergänzungen aufweisen. Parallelen zeigen sich insofern, als mittlerweile ähnliche Ziele mit unterschiedlichen Techniken verfolgt werden. Ergänzungen und Verknüpfungen scheinen insoweit zu bestehen, als mit der Konzentrativen Bewegungstherapie Zugang zu einem Erfahrens- und Erlebensbereich entsteht, der von der Psychoanalyse vielfach bereits vorausgesetzt wird, der aber auch z.B. bei Anwendung der psychoanalytisch-interaktionellen Therapie angestrebt wird, bzw. der mit Hilfe der psychoanalytisch-interaktionellen Therapie angestrebt werden kann.

3.3 Realitätsraum

3.3.1 Bedingungen und Bedeutung sozialtherapeutischer Angebote im Rahmen der psychotherapeutischen Tagesklinik

KLAUS HOFFMANN

Es geht nunmehr um die Angebote, die den Patienten im Realitätsraum unserer Tagesklinik gemacht werden. In diesem Beitrag, der ein erstes Resümée der persönlichen Erfahrungen mit der sozialtherapeutischen Arbeit in der teilstationären Psychotherapie ist, möchte ich versuchen, Aspekte der sozialtherapeutischen Arbeit sowie der sozialen Realität der Patienten zu veranschaulichen, ohne den Leser mit Daten und Statistiken zu überfrachten.

Durchschnittsalter, Geschlechtszugehörigkeit, Wohnsituation, Schulbildung, Berufstätigkeit, ökonomische Situation der Patienten, aber auch allgemein-wichtige gesellschaftliche Daten wie der Prozentsatz der Arbeitslosigkeit, Meldungen über drastisches Absinken des Krankenstandes in den Betrieben "auf den Stand von olympiareifen Belegschaften", wie es im Juli 1983 in einer dpa-Meldung hieß, Anstieg des Medikamentenkonsums - dies alles sind Faktoren, die sich auf die sozialtherapeutischen Angebote der Tagesklinik auswirken und im nachfolgenden Beitrag aufgegriffen werden.

Das soziale Spektrum der in der Tagesklinik behandelten Patienten reicht von der arbeitslosen Sozialhilfeempfängerin ohne Schulabschluß, aus einer völlig desolaten sozialen Situation kommend, bis zum Akademiker in leitender Position mit ökonomisch breit abgesichertem Hintergrund (vgl. Abb. 1 und 2).
Grundlage aller folgenden Abbildungen und Tabellen[1] ist, wenn nicht anders vermerkt, die Auswertung der sozialen Daten der ersten 97 Patienten, die in der Tagesklinik behandelt wurden.

---

1 Ich danke Herrn Ulrich Bender, Zivildienstleistender in der Tagesklinik, für die Anfertigung der Abbildungen.

Schulbildung:

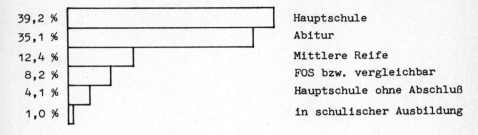

- 39,2 % Hauptschule
- 35,1 % Abitur
- 12,4 % Mittlere Reife
- 8,2 % FOS bzw. vergleichbar
- 4,1 % Hauptschule ohne Abschluß
- 1,0 % in schulischer Ausbildung

Abbildung 1

Berufliche Situation:

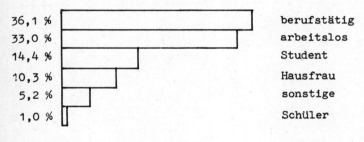

- 36,1 % berufstätig
- 33,0 % arbeitslos
- 14,4 % Student
- 10,3 % Hausfrau
- 5,2 % sonstige
- 1,0 % Schüler

Abbildung 2

Auf den Aspekt der Arbeitslosigkeit wird im weiteren Verlauf des Beitrags ausführlicher eingegangen.
56 % der Patienten waren Frauen, 44 % Männer. Der Altersdurchschnitt betrug 32,7 Jahre bei den Frauen und 33,3 Jahre bei den Männern (vgl. Abb. 3).

Altersverteilung der Patienten

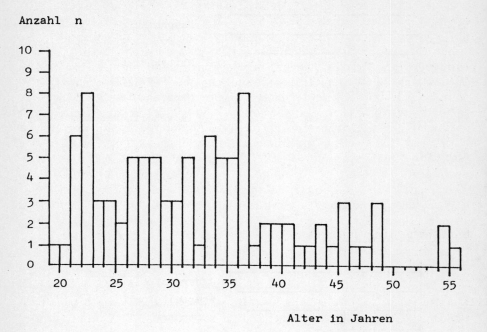

Abbildung 3

Die hier und im folgenden beschriebenen sozialen Faktoren bilden bei aller Bedeutung, die ihnen zuzumessen ist, sicher nicht die markanten spezifischen Bedingungen, die die sozialtherapeutische Arbeit in einer Tagesklinik von der in einer vollstationären Einrichtung unterscheiden. Auch eine Gegenüberstellung statistischer Sozialdaten von Tagesklinik-Patienten und vollstationär behandelten Patienten läßt keine deutlichen Unterscheidungsmerkmale erkennen.

Besonderheiten der teilstationären gegenüber der vollstationären Psychotherapie bestehen in den unterschiedlichen Rahmenbedingungen. Anders als bei der vollstationären Therapie erfolgt bei der tagesklinischen Behandlung nur eine zeitweise, d.h. stundenweise, einem Arbeitstag vergleichbare Herausnahme aus dem sozialen Alltag (vgl. Heigl, 1978; s.a. Abschnitt 1.3 in diesem Band). Dies hat zur Folge, daß die Entlastung des Patienten von den Konflikten seines sozialen Alltags geringer ist als in einer vollstationären Behandlung (wie z.B. von Konflikten in der Familiensituation, der Berufssituation, der sozioökonomischen Situation, der sozialen Kontakte). Die soziale Realität (äußere Realität) des Tagesklinik-Patienten läßt sich in den Realitätsraum der Tagesklinik (klinisches Umfeld; siehe dazu Abschnitt 2.2) und seinen sozialen Alltag (soziales Umfeld) unterteilen. Bedingt durch den täglichen Wechsel von Tagesklinik und sozialem Alltag wird letzterer zum aktuellen Gegenstand der Behandlung. Die dem vollstationären Patienten im Regelfall offenstehende Möglichkeit des Rückzugs auf sein eigenes Zimmer (vgl. van Veen, 1978) ist in der Tagesklinik nicht vorhanden. Hier gibt es nur die Möglichkeit, sich in Gemeinschaftsräumen aufzuhalten, da nur solche statt individueller Räume zur Verfügung stehen. Nicht nur von den Patienten wird dies bisweilen als Mangel empfunden, so daß eine Erweiterung des Raumangebots wünschenswert erscheint (s.a. Abschnitt 3.3.2).

Als Mitarbeiter im sogenannten Realitätsraum gestalte ich das Gemeinschaftsleben der Tagesklinik mit. So nehme ich u.a. an Kaffee- und Teerunden sowie an Stationsversammlungen teil und habe somit täglichen Kontakt mit den Patienten. Es ergeben sich im informellen Gespräch zahlreiche Anknüpfungspunkte, über aktuelles Geschehen den sozialen Alltag des Patienten in die Behandlung miteinzubeziehen (vgl. Groth, 1982).

Auch die relative Nähe des Wohnorts (vgl. Abb. 4) ermöglicht dem Patienten, in Verbindung mit dem beschriebenen täglichen Wechsel von Tagesklinik und sozialem Alltag, eine oft direkte, unmittelbare Umsetzung von z.B. mit dem Sozialarbeiter erarbeiteten Handlungsschritten (Behördentermine, Gespräche mit Arbeitgeber u.ä.). Hierdurch wird auch eine sozialtherapeutische Arbeit "vor Ort", d.h. im sozialen Umfeld des Patienten während des Aufenthalts in der Tagesklinik möglich (z.B. gemeinsame Termine von Sozialarbeiter und Patient bei Institutionen).

Entfernung vom Wohnort:

Düsseldorf   61,0 %
bis 20 km   19,5 %
bis 50 km   19,5 %

Abbildung 4

Um differenzierte Aspekte sozialtherapeutischer Arbeit in der Tagesklinik im Vergleich zur vollstationären Arbeit deutlich zu machen, wird das Thema nachfolgend anhand des Verlaufs der Arbeit mit einem der Patienten - nennen wir ihn Herrn M. - dargestellt.

Vor der Aufnahme in die Tagesklinik befand sich Herr M. in ambulanter Psychotherapie. Ende 1981 fand ein erstes Gespräch zwischen dem ambulant behandelnden Psychotherapeuten, Herrn M. und dem Sozialarbeiter statt. Thema war die Fragestellung, inwiefern die reale Lebenssituation des Patienten eine Aufnahme in die Tagesklinik notwendig erscheinen ließ. Hierbei erschien es vor allem wichtig, seinen ausgeprägten sozialen Rückzugstendenzen und seiner sozialen Isolierung mit einer zeitlich begrenzten Entlastung von seinem sozialen Alltag entgegenzuwirken. Die weitere Auseinandersetzung mit und somit auch Übungsmöglichkeiten in seinem sozialen Umfeld sollte aber erhalten bleiben. Zum damaligen Zeitpunkt schien eine ambulante Psychotherapie für den Patienten nicht ausreichend zu sein.

Zur weiteren Abklärung führte Herr M. in der Folgezeit mit mir etwa zehn ambulante Beratungsgepräche; er war damals 23 Jahre alt. Zu seiner sozialen Anamnese ergab sich folgendes: Nach dem Besuch verschiedener Schultypen (ohne Abschluß) kam es im Alter von 15 bis 17 Jahren zu einem längeren Aufenthalt in einer psychiatrischen Klinik. 1981 scheiterte sein Versuch, das Abitur zu machen; er verließ die Schule mit dem Zeugnis der Mittleren Reife. Nach einem Versuch, sich von der Familie (Eltern und zwei Geschwister, damals im Alter von 15 und 18 Jahren) zu lösen und allein zu wohnen, lebte er nun erneut bei den Eltern. Außerhalb der Familie waren die sozialen Kontakte sehr eingeschränkt. Es sei noch erwähnt, daß es sich um eine Familie der gehobenen Mittelschicht handelte; der Vater hatte sich bis zum Geschäftsführer eines mittelständischen Unternehmens emporgearbeitet, die Mutter führte den Haushalt. Die ökonomischen Verhältnisse waren gesichert und gut.

In dem Zeitraum, in dem die Beratungsgepräche stattfanden, nahm Herr M. einen Job an. Er beabsichtigte dann, sich einen Ausbildungsplatz zu suchen, wobei ihm die Berufssparte noch völlig unklar war. Nachdem Herr M. einen mit mir verabredeten Termin nicht wahrgenommen hatte, erhielt ich nach längerer Zeit von ihm einen Brief, aus dem ich eine Stelle zitieren möchte:

"... Dieser Brief soll in gewisser Weise klarstellen, warum ich unseren letzten Termin nicht eingehalten habe - bewußt, denn es war eine Farce, 'Hilfe von außen' oder was auch immer, ist eine Illusion. Weder habe ich - nachdem wir darüber gesprochen haben - mich krankenversichern lassen, noch ist irgendein Brief losgegangen. Das konnte ich nicht. Ich habe - glaube ich - nach all den Jahren so etwas wie 'Willen' total aus den Augen verloren. Von meinen Eltern habe ich keine Hilfe zu erwarten, sie tolerieren, daß ich hier Wochen/Monate völlig isoliert auf meinem Zimmer sitze, ohne etwas für mein späteres Leben zu tun. Wie oft habe ich real über meinen Alltag gesprochen, ich will keine kleinen Schritte mehr. Mein Vater wird mir nie echt helfen, selbst beim Briefeschreiben um die Lehrstelle nicht, ohne auszunutzen, daß ich zu ihm komme und ihn bitten muß ..."
Die Grundstimmung des Briefes beunruhigte mich, ich nahm nach Absprache mit dem Therapeuten Kontakte mit dem Patienten und seinen Eltern auf, und einen Monat später wurde Herr M. in die Tagesklinik aufgenommen.

Vor der weiteren Darstellung des Verlaufs einige grundsätzliche Überlegungn zur Sozialtherapie: Ich verstehe sie nicht als neue Methode, sondern als einen mehrdimensionalen Handlungsansatz (vgl. Dorst und Leffers, 1980), der davon ausgeht, daß sowohl psychische Faktoren als auch die Faktoren der sozialen Realität Grundlagen für die Krankheit und sonstige Störung des Menschen sind. "Sie (die Sozialtherapie, der Verf.) bezieht sich auf die Menschen in ihren komplexen sozialen Zusammenhängen. Sie kümmert sich um ihre persönlichen Beziehungen untereinander, um ihre ökonomischen und ihre Wohnverhältnisse, um ihre Arbeitssituation, ihre Probleme in und mit Institutionen wie Schule, Heime, Ämter usw. Denn all diese sozialen Faktoren können ursächlich beteiligt sein, wenn Menschen sich nicht mehr sozial zurechtfinden oder erkranken, wenn sie von Krankheiten nicht genesen oder mit Behinderungen kein erträgliches Leben führen können" (Richter, 1978, S.146).

Sozialtherapie im Rahmen einer psychotherapeutischen Tagesklinik kann nur integrierter Bestandteil einer Gesamtbehandlung (siehe dazu Zauner, 1972, 1975, 1978; Heigl, 1981) sein, die der Zusammenarbeit der verschiedenen Professionen einen wesentlichen Stellenwert einräumt (siehe dazu Abschnitt 2). Der Informationsaustausch mit allen Mitgliedern des Teams und kollegiale Supervision sind wesentliche Grundlagen einer verlaufsorientierten Planung sozialtherapeutischer Angebote. In Teamsitzungen vertrete ich in erster Linie die Aspekte der sozialen Realität des Patienten. Der Schwerpunkt liegt hierbei mehr auf der Darstellung sozialer Faktoren, die im sozialen Umfeld, d.h. außerhalb der Tagesklinik erkennbar werden, während z.B. die Krankenschwester hauptsächlich die Aspekte des Realitätsraums der Tagesklinik einbringt. Dies ist eine Ergänzung, vielleicht manchmal auch ein "Gegengewicht" zu der mehr auf intrapsychische Phänomene ausgerichteten Betrachtungsweise von Einzel- und Gruppenpsychotherapeuten (vgl. Stucke-Schramm, 1983; Groth, 1982).

Zwecks sozialtherapeutischer Indikationsstellung wird von mir eine soziale Diagnose (vgl. Kutter, 1974) erstellt. In Form eines oder mehrerer freien Interviews erhebe ich sozialanamnestische Daten und Fakten (vgl. Christian, 1965). Der Patient wird dabei nicht nur als Individuum, sondern im Kontext der für ihn wichtigen gesellschaftlichen und sozialen Gegebenheiten untersucht, d.h. Problemdefinitionen werden nicht intraindividuell erfaßt, sondern werden in Kategorien wie: soziale Prozesse, Lebensbedingungen, Milieu, Interaktionen mit Bezugspersonen, soziale Umfelder wie Nachbarschaft und Arbeitswelt, zu beschreiben und zu begreifen versucht (siehe dazu Dorst und Leffers, 1980; Meinhold und Guski, 1984).

> Im Fall von Herrn M. umfaßte die soziale Diagnose folgende Bereiche:
> - Berufliche Entscheidungsfindung (evtl. weiterer Schulbesuch?),
> - fehlende soziale Kontakte im sozialen Umfeld,
> - Wohnsituation,
> - finanzielle Abhängigkeit von den Eltern.

Dabei stand zunächst die berufliche Entscheidungsfindung im Vordergrund, und ich bot ihm dazu Einzelberatungsgespräche an. In diesen Gesprächen versuchte ich, ein "Beratungshandeln" anzubieten, d.h. ich unterstützte die eigene Handlungskompetenz des Patienten soweit wie möglich und bot ihm dort Hilfe an, wo ihm eigene Handlungsschritte noch nicht möglich waren. Grundgedanke war hierbei die "Hilfe zur Selbsthilfe". Die Problemstellung (berufliche Entscheidungsfindung) war Herrn M. klar. In den Gesprächen wurden Möglichkeiten der Informationsbeschaffung im Sinne von Handlungsplanung (Problemlösungsstrategien) besprochen. Ein weiterer Schritt bestand in der konkreten Umsetzung in Handlungsschritte (z.B. Besuch von Institutionen, Beratungsstellen u.ä.). Hier zeigte sich, daß er noch nicht in der Lage war, die erarbeiteten Handlungsschritte tatsächlich nachzuvollziehen. So wurde es notwendig, daß ich mit Herrn M. gemeinsam verschiedene Ämter und Informationsstellen aufsuchte. Zunächst war er auch hier kaum in der Lage, an die zuständigen Angestellten selbst die notwendigen Fragen zu stellen. Zu diesem Zeitpunkt übte ich stützende und unterstützende Funktionen für ihn aus. Nach jedem solcher Termine im sozialen Umfeld außerhalb der Tagesklinik erfolgte eine Reflexion nach Kriterien wie Urteilsfunktion, Realitätsprüfung, Selbst- und Fremdwahrnehmung. Ein ähnliches methodisches Vorgehen ergab sich beim Führen von Telefongesprächen, Aufsetzen von Briefen usw. Allmählich entwickelte sich bei Herrn M. eine eigenständige Handlungskompetenz, und er war in zunehmendem Maße in der Lage, die mit mir erarbeiteten Handlungsschritte selbständig in angemessener Weise umzusetzen. Bezüglich der ursprünglichen Problemstellung (berufliche Entscheidungsfindung) entschied sich Herr M. nach einiger Zeit für den Beruf des Werbekaufmanns und wollte sich eine entsprechende Ausbildungsstelle suchen. Als er das in Angriff nahm, wurde er mit der gesellschaftlichen Realität "Lehrstellenmangel" konfrontiert. Nachdem er fünfzig erfolglose Bewerbungen geschrieben hatte, zögerte er Einzelberatungsgespräche bei mir hinaus und wollte schließlich keine Termine mehr angeboten bekommen. Durch Austausch mit seiner Einzelpsychotherapeutin wurde mir deutlich, daß ihn zu diesem Zeitpunkt seine innerseelischen Probleme an die Grenze seiner Belastbarkeit geführt hatten. Verlaufsorientiert verhielt ich mich nun für einen längeren Zeitraum abwartend mit Angeboten gegenüber Herrn M.

Hierzu ein kurzer allgemeiner Exkurs. Bei zahlreichen Patienten konnte ich feststellen, daß sie in ersten Gesprächen mit mir ihre Motivation darlegen, Bedingungen ihres sozialen Alltags verändern zu wollen; sie machen deutlich, daß auch ihr Entschluß, sich in einer Tagesklinik behandeln zu lassen, teilweise darin begründet ist. Ich kann unseren Patienten dann oft, obwohl im Gegensatz zur klassischen Sozialarbeit die Fürsorge bzw. die Versorgung nicht vorrangiges Ziel modernen sozialtherapeutischen Handelns ist, direkte Hilfe z.B. in Form von konkreten Auskünften oder gemeinsamem Handeln im sozialen Feld anbieten. Die Patienten erfahren dann, daß sie mit ihren sozialen Problemen nicht allein sind, und erleben zumeist eine Entlastung. Durch die intensive Beschäftigung mit der innerpsychischen Problematik in der Psychotherapie werden im Verlauf der Behandlung dann bestimmte Konflikte und Problemsituationen des sozialen Alltags (z.B. Arbeitsplatzsuche, Schuldenregulierung) von den Patienten für einen gewissen Zeitraum als sekundär betrachtet und hintangestellt. Der Einzeltherapeut vermag dann darüber zu informieren, ob bei dem Betreffenden ein Verleugnungsmechanismus wirksam ist oder ob bei der Bearbeitung seiner intrapsychischen Probleme die Toleranzgrenze erreicht oder überschritten wurde. Es kann auch sein, daß, wie Stucke-Schramm (1983) beschreibt, die Beschäftigung mit den Problemen des sozialen Alltags als "frostiges Kontrastprogramm" zum engeren Therapiegeschehen erlebt wird. Die Fragen, ob und wann ich den Patienten auf die Probleme seiner sozialen Realität anspreche und welche Angebote ich ihm mit welcher Intensität mache, können nur, orientiert am Ablauf des therapeutischen Prozesses, durch Austausch und Abstimmung mit den anderen Teammitgliedern, insbesondere dem Einzelpsychotherapeuten, jeweils beantwortet werden. Wie ich beobachten konnte, sind viele Patienten im letzten Drittel ihrer Behandlungszeit wieder stärker motiviert, noch während ihres Tagesklinik-Aufenthalts Probleme ihrer sozialen Realität zu bearbeiten.

Im Beispiel des Herrn M. erschien unter Berücksichtigung seiner von mir beschriebenen sozialen Probleme und Konflikte neben der Einzelberatung auch soziale Gruppenarbeit angezeigt. Herr M. nahm dann auch kontinuierlich an der einmal wöchentlich angebotenen sozialtherapeutischen Gruppe teil. In der sozialtherapeutischen Gruppe können Patienten über die Belange ihres sozialen Alltags, mit dem sie unter den Bedingungen einer tagesklinischen Therapie ja weiter täglich konfrontiert werden, sprechen und durch fachspezifische Beratung und Unterstützung des Sozialarbeiters Hilfe für die im Alltag auftauchenden Probleme erhalten, Hilfe dabei, einen Handlungsansatz zu einem "gelungenen Alltag" (vgl. Thiersch, 1978) zu entwickeln. Probleme des sozialen Alltags ergeben sich zum Beispiel auch durch die jeweilige Lebens- und Wohnform (Abb. 5 und 6) der Patienten.

Gegenwärtiger Familienstand:

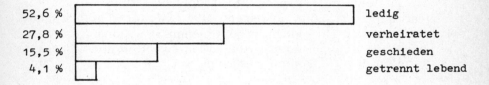

Abbildung 5

Es leben in häuslicher Gemeinschaft:

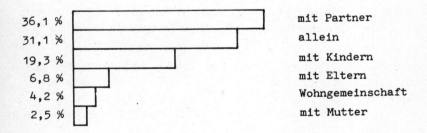

Abbildung 6

Hieraus sich entwickelnde Themenkreise der sozialtherapeutischen Gruppe sind z.B. Wohnsituation, Gestaltung von sozialen Beziehungen im Alltagsfeld, Freizeit. Die Themen werden wahlweise von mir oder den Gruppenmitgliedern angeboten und vorgeschlagen. Im sozialtherapeutischen Gruppengespräch stehen nicht die Aspekte der gestörten, sondern die Aspekte der gesunden Handlungs- und Ausdrucksmöglichkeiten im Vordergrund, die von den Teilnehmern gemeinsam erarbeitet werden.

Im Sinne eines Transfers von Erfahrungen, die in der sozialen Gruppenarbeit gemacht wurden, in Handlungsschritte für den sozialen Alltag versuchte Herr M., soziale Kontakte außerhalb der Tagesklinik aufzunehmen. Er machte dies zunächst gemeinsam mit anderen, dann zunehmend allein. Weitere Erfahrungen mit sozialen Kontaktfeldern in alltäglichen Situationen konnte er durch die Teilnahme an gemeinsamen sozialtherapeutischen Aktivitäten der Tagesklinik sammeln, wie z.B. Besuch von Museum, Café, Kino, Essengehen, gemeinsames Einkaufen und Kochen, Ausflüge. Diese sozialtherapeutischen Aktivitäten außerhalb des tagesklinischen Territoriums sind ein soziales Übungsfeld, das die sozialen Lernmöglichkeiten im Realitätsraum der Tagesklinik erweitert und ergänzt.

Der Umgang mit Normen und Regeln im Realitätsraum der Tagesklinik, wie sie z.B. in der Hausordnung enthalten sind, war für Herrn M. ein wichtiger Bestandteil seiner Behandlung. Bei ihm erfolgte hier eine Entwicklung von sehr schneller, gefügiger und unreflektierter Anpassung über Ausweichen und Opponieren bis hin zur konstruktiven Auseinandersetzung und der Bemühung darum, realitätsgerechte Kompromisse zu finden.

Einem roten Faden gleich zieht sich das Thema "Erkennen von gesellschaftlichen Realitäten und die Möglichkeiten, damit angemessen umzugehen" - unter psychotherapeutischem Aspekt die Einübung der Realitätsprüfungsfunktion - durch nahezu alle sozialtherapeutischen Angebote.

Ein wesentlicher Teil der gesellschaftlichen Realität einer Industriegesellschaft - deren Rahmenbedingungen stark durch ökonomische Faktoren bestimmt sind - ist der komplexe Bereich der Berufs- und Arbeitswelt und damit zunehmend auch das Problem der Arbeitslosigkeit. 36,1 % der bisher in der Tagesklinik behandelten Patienten waren berufstätig (s. Abb. 7).

Berufstätige:

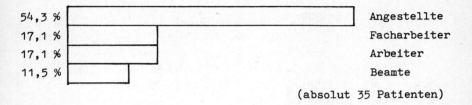

(absolut 35 Patienten)

Abbildung 7

15,4 % der Patienten befanden sich in einer Ausbildungssituation.
33 % der Patienten waren arbeitslos (s. Abb. 8).

Arbeitslose (vorher beschäftigt als)

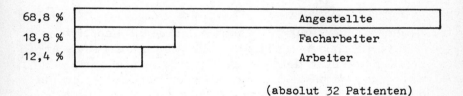

(absolut 32 Patienten)

Abbildung 8

Neben der psychischen Belastung ergeben sich aus dem Zustand
der Arbeitslosigkeit zahlreiche reale Probleme: Arbeitsplatzsuche,
neue berufliche Orientierung, evtl. Umschulung, Klärung der fi-
nanziellen Situation, sozial- und arbeitsrechtliche Fragen, Arbeitsversuche und -erprobung. Oft geht es aber zunächst in Einzelbe-
ratungsgesprächen darum, dem Patienten seine ökonomische Basis
zu sichern, d.h. z.B. Umschulung anbieten zu können. Die Notwendigkeit dazu wird durch die Tatsache verdeutlicht, daß ein
Drittel der arbeitslosen Patienten Schulden in Höhe von 5000 -
120000 DM hatten. Weniger als ein Drittel der arbeitslosen Patien-

ten hatte noch Ansprüche auf Arbeitslosengeld. Die übrigen erhielten die geringere Arbeitslosenhilfe bzw. waren von Sozialhilfe abhängig.

Ein weiteres sozialtherapeutisches Gruppenangebot ist, neben den genannten erforderlichen Einzelberatungen zu diesem Problemkreis, die themenzentrierte Arbeitsgruppe zu Fragen der Berufs- und Arbeitssituation. Hier besteht für die Patienten die Möglichkeit, die konkrete eigene Problematik am Arbeitsplatz und/oder während der Arbeitslosigkeit einzubringen, die Erfahrungen der anderen Gruppenmitglieder anzuhören und hier einen Austausch vorzunehmen. Von meiner Seite kommen zusätzliche Informationen, z.B. sozial- und arbeitsrechtlicher Art hinzu. Während der teilstationären Behandlung befinden sich die Patienten zwar nicht an ihrem Arbeitsplatz und stehen auch nicht als Arbeitslose oder Arbeitssuchende dem Arbeitsmarkt zur Verfügung, doch erfolgen auch in dieser Zeit Einwirkungen aus diesem sozialen Feld, z.B. wenn Arbeitskollegen mit den Patienten Kontakt aufnehmen, wenn sich der Arbeitgeber nach der voraussichtlichen Behandlungsdauer erkundigt, wenn Nachfragen beim oder vom Arbeitsamt erfolgen. An einem konkreten Beispiel möchte ich Inhalt und Arbeitsweise der themenzentrierten Arbeitsgruppe "Berufs- und Arbeitssituation" kurz darstellen:

Während seines Tagesklinikaufenthalts erhält ein Patient, unter mutmaßlich vorgeschobenen Gründen, die Kündigung seines Arbeitsplatzes. Er stellt in der themenzentrierten Arbeitsgruppe das Problem ausführlich dar. Es erfolgt ein Erfahrungs- und Informationsaustausch der Gruppenmitglieder; ich gebe Informationen zum Kündigungsgesetz. Mögliche Handlungsschritte wie Anwaltstermin, Kontakt mit Arbeitgeber und Arbeitsgericht werden diskutiert. Der Patient entscheidet sich für die Einleitung eines Kündigungsschutzprozesses vor dem Arbeitsgericht.

Im sozialen Umfeld, außerhalb der Arbeitsgruppe, ist es diesem Patienten noch nicht in allen Bereichen möglich, die erforderlichen konkreten Handlungsschritte durchzuführen, und so übernehme ich hier zeitweise unterstützende Funktionen, z.B. indem ich den Patienten zu seinem Anwaltstermin begleite. Dies führt zu einer Entlastung des Patienten, läßt ihm dabei gleichzeitig die Möglichkeit des eigenen, selbständigen Handelns offen. Die Ergebnisse der vollzogenen Handlungsschritte werden vom Patienten wieder in die Arbeitsgruppe eingebracht und hier gemeinsam mit den anderen reflektiert. In der Folgezeit bringt der Patient seine Erfahrungen kontinuierlich in die Arbeitsgruppe ein. Vor der anberaumten Gerichtsverhandlung, die ja auch einen konfrontativen Charakter hat, bespricht der Patient seine Unsicherheit in bezug auf diesen Termin. Durch ein spontan entwickeltes Rollenspiel, in dem der Ablauf einer Gerichtsverhandlung mehrfach gespielt wird, kann die Unsicherheit des Patienten teilweise abgebaut werden, psychotherapeutisch betrachtet wiederum durch Einübung der Realitätsprüfungsfunktion. Der erfolgreiche Ablauf der Gerichtsverhandlung war dann ein erfreuliches Resultat.

Ein weiterer sozialtherapeutischer Aufgabenbereich in der Tagesklinik ist die Planung von und Begleitung bei Arbeitsversuchen. Etwa ein Zehntel der Patienten absolvierte bislang Arbeitsversuche im Bereich der Rheinischen Landesklinik Düsseldorf. Die Arbeitsversuche fanden sowohl im Verwaltungsbereich der Klinik, im Pflegebereich als auch in den Handwerksbetrieben, z.B. in der Gärtnerei und der Tischlerei, statt. Studienversuche als besondere Form des Arbeitsversuchs wurden im Bereich der Universität Düsseldorf durchgeführt. Der Zeitrahmen für die Arbeitsversuche beträgt im Durchschnitt zehn bis zwölf Stunden wöchentlich, die möglichst in zwei bis drei zusammenhängende Zeitblöcke aufgeteilt sein sollen. Da eine gewisse Anlaufzeit notwendig ist, haben wir die Dauer von Arbeitsversuchen auf zwei Monate und mehr (in einem Einzelfall bis zu zehn Monaten) festgelegt. Arbeitsversuch als integrierter Bestandteil des Wochentherapieangebots der Tagesklinik sind in Firmen und Verwaltungen bzw. Betrieben außerhalb der Rheinischen Landesklinik im Raum Düsseldorf allein aus zeitlichen Gründen schlecht durchführbar, ganz abgesehen von ökonomischen Hindernissen wie der hohen Arbeitslosigkeit.

Im Gegensatz zur Arbeitstherapie in der Psychiatrie, in Behinderten-Werkstätten und anderen rehabilitativen Einrichtungen, die einübend-trainierenden bzw. zeitstrukturierenden Charakter hat und im Regelfall anstelle von Therapie tritt, sind die Inhalte von Arbeitsversuchen, die einen Teil der psychotherapeutischen teilstationären Behandlung darstellen, anders geartet. Hier geht es einerseits um reale berufliche Belastungserprobung und Sammeln von Erfahrungen im sozialen Kontaktfeld (wie etwa Umgang mit Kollegen und Vorgesetzten) sowie Erproben von Frustrationstoleranz; andererseits bieten Arbeitsversuche, gerade jüngeren Patienten, die bislang keine Berufserfahrung oder Ausbildung hatten, zusätzlich zur theoretischen Auseinandersetzung (Einzelberatungsgespräche mit dem Sozialarbeiter, Literaturstudium) mit dem Thema Berufswahl die Möglichkeit, Berufsfelder praktisch kennenzulernen, d.h., es wird dadurch eine gezielte Berufsfindung möglich.

Der Zeitpunkt für einen Arbeitsversuch, oder anders ausgedrückt: die verlaufsorientierte Indikation dazu, ist sehr wichtig und ergibt sich insbesondere durch die Zusammenarbeit des Sozialarbeiters mit dem Einzelpsychotherapeuten; darüber hinaus erfolgt natürlich eine Abstimmung mit den anderen Kollegen in der Teambesprechung.

> Dazu ein Beispiel: Im Verlauf der Behandlung eines Patienten mit schweren Arbeitsstörungen zeigte sich, daß das Umsetzen und Erproben der in der Psychotherapie gewonnenen Einsichten im Realitätsraum der Tagesklinik nicht mehr ausreichte. Ausprobieren in einer realistischen aktuellen Arbeitssituation erschien notwendig, um in einer weniger geschützten Situation die an den Patienten gestellten Anforderungen (z.B. die Anforderung, seine aggressiven Impulse zu kontrollieren) zu steigern. Die Fortführung der teilstationären Behandlung während eines solchen Arbeitsversuchs war angezeigt, da bei der Schwere der Störung des Patienten das tägliche Durcharbeiten der dabei gemachten Erfahrungen im Therapieraum der Tagesklinik notwendig war und eine ambulante Behandlung dies nicht hätte leisten können. Durch Austausch mit dem Einzelpsychotherapeuten konnte der Sozialarbeiter nach einer Reihe von Einzelberatungsgesprächen mit dem Patienten aktiv werden und einen Arbeitsversuchsplatz im Bereich der Verwaltung der Rheinischen Landesklinik organisieren. Die Gestaltung der Rahmenbedingungen des Arbeitsversuchs, Gespräche mit den zukünftigen "Arbeitskollegen" und die Information des Einzelpsychotherapeuten sind Aufgaben des Sozialarbeiters. Im Rahmen der sozialtherapeutischen Begleitung des Arbeitsversuchs wurden dem Patienten wöchentliche Einzelberatungsgespräche beim Sozialarbeiter und Teilnahme an der themenzentrierten Arbeitsgruppe "Berufs- und Arbeitssituation" angeboten. Sowohl hier als auch in der Einzel- und Gruppenpsychotherapie wurden die Arbeitsversuchs-Erfahrungen von dem Patienten eingebracht, und er hatte so die Möglichkeit vielfältiger Auseinandersetzung mit dieser Thematik und zu deren Bearbeitung. Hierbei standen Autoritätsprobleme, aktualisiert durch den Um-

gang mit einem Vorgesetzten, und das Eingehen auf die Leistungsanforderungen am Arbeitsversuchsplatz im Mittelpunkt.

Noch einmal zurück zum Beispiel des Herrn M.: Im weiteren Verlauf seiner tagesklinischen Behandlung wurde zunehmend das Thema Wohnsituation zum Gegenstand der sozialtherapeutischen Arbeit. Bedingt durch meine Zusammenarbeit mit einer im Raum Düsseldorf gelegenen therapeutischen Wohngemeinschaft konnte ich Herrn M. einen hier frei gewordenen Wohnplatz anbieten. Realitätsbezogen entwickelte Herr M. seine Handlungsplanung, d.h. er klärte finanzielle Fragen mit seinen Eltern ab und vereinbarte einen Besichtigungstermin, um Wohnung und Mitbewohner kennenzulernen. Er verabredete sich dazu mit einem ihm schon flüchtig bekannten Mitglied der Wohngemeinschaft. Zu dem vereinbarten Termin kam dieser etwas verspätet, und anstatt zu der nur wenige Meter entfernten Wohngemeinschaft zu gehen, dort zu klingeln und zu warten, fuhr Herr M. sofort nach Hause und sah diese Wohnmöglichkeit als endgültig gescheitert.

Durch meinen Austausch mit der Einzelpsychotherapeutin wurde deutlich, und Herr M. konnte dies dann auch in der Einzelpsychotherapie bearbeiten, daß mein Angebot von ihm wie ein Angebot seines Vaters wahrgenommen wurde. Dessen Angebote erlebte er immer als Muß und Zwang. Herr M. fühlte sich außerdem zum damaligen Zeitpunkt durch einen weiteren Schritt zur Selbständigkeit, in diesem Falle das Ausziehen aus der elterlichen Wohnung, überfordert. Einige Tage später konnte Herr M. auch mir dieses in einem Gespräch mitteilen.

Vor Beendigung der tagesklinischen Behandlung fanden auf Initiative des Patienten hin gemeinsame Gespräche mit seinen Eltern statt. Herr M. versuchte, bezüglich finanzieller Belange klare Vereinbarungen zu erreichen, die die bisherige unklare Situation und das "Immer-bitten-Müssen" beenden sollten. Herr M. verfügte zu diesem Zeitpunkt über hinreichend sichere soziale Kontakte.

Er äußerte den Wunsch, neben der ambulanten einzelpsychotherapeutischen Weiterbehandlung auch bei mir weiterhin Einzelberatungsgespräche zu haben. Mittlerweile hat er eine tragfähige, von Kontinuität gekennzeichnete Beziehung zu mir entwickelt. Seit meinem ersten Gespräch mit ihm sind nun gut vier Jahre vergangen. Herr M. hat sich entschieden, wieder zur

Schule zu gehen. Er besucht mit guten Erfolgen das Abendgymnasium und steht kurz vor dem Abitur. Anschließend möchte er studieren, und es ist ihm jetzt möglich, sein Studium konkret und realitätsgerecht zu planen. Derzeit ist er auf der Suche nach einer eigenen Wohnung. Wenn Herr M. sich jetzt bei mir meldet, bespricht er mit mir seine Erfahrungen im Alltag, wobei es für ihn meist darum geht, sich bei mir rückzuversichern. Er ist nun in der Lage, seine Angelegenheiten überwiegend selbst zu regeln, und es ist unverkennbar, daß sich seine äußere soziale Lebenssituation günstig entwickelt und stabilisiert hat.

3.3.2 Die therapeutische Bedeutung des Stationslebens in der Tagesklinik

Zu den Aufgaben und Funktionen der Krankenschwester[1]

MARIANNE AUPKE

Ein weiteres wichtiges Element des Gesamtbehandlungsplans unserer Tagesklinik sind die Aktivitäten der Krankenschwester. Diese Aufgaben sind in einer teilstationären psychotherapeutischen Einrichtung vielfältig und nicht immer eindeutig umschrieben und festgelegt. Eine Chance war und ist damit für mich insofern verbunden, als ich aktiv an der Gestaltung und Differenzierung dieser Aufgaben mitarbeiten kann und mich nicht in mehr oder minder festgefügte, vorgegebene Rollenvorstellungen einfügen muß, wie das in vielen Einrichtungen der Krankenversorgung, vor allem denen der somatischen Medizin, der Fall ist. Aber natürlich sind mit der mangelnden Festlegung von Aufgaben und Rollenvorstellungen auch Unsicherheiten verbunden. Unsicherheit kann beispielsweise bei Fragen der Kompetenz entstehen: wie soll ich als Krankenschwester die Interaktionen mit den Patienten ge-

---

[1] Ich danke Herrn Dr. Standke und Frau Henneberg-Mönch für Hinweise und Anregungen.

stalten, wie weit darf ich auf die Patienten eingehen, wann muß ich auf den Psychotherapeuten verweisen und in welcher Form soll dies geschehen?

Natürlich läßt sich ganz allgemein sagen, daß der Schwerpunkt meiner Tätigkeit im sogenannten Realitätsraum der Tagesklinik (siehe dazu Abschnitte 2.4 u. 2.5) liegt. Was das aber im einzelnen praktisch heißt, wie man sich das im Stationsalltag vorstellen muß, diese Fragen sind zunächst sicherlich nicht nur mir einige Zeit unklar geblieben und konnten erst mit den zunehmenden praktischen Erfahrungen inhaltlich geklärt und genauer beantwortet werden. Hinter dieser Unsicherheit verbarg sich auch nicht nur ein Aus- oder Weiterbildungsproblem, sondern es ging eben auch um die Strukturierung der Kooperation zwischen den Mitarbeitern auf der Tagesklinik-Station wie auch um die Zusammenarbeit mit den Therapeuten.

Es war für mich in der Tagesklinik besonders in der Anfangszeit notwendig, mit einer weitgehenden Umorientierung in bezug auf meine Aufgaben und mein Selbstverständnis im Vergleich zu jenem einer Schwester in der Organmedizin fertigzuwerden. Damit wurde ich in ähnlicher Weise konfrontiert wie eine Schwester, die aus einer somatischen Abteilung in die vollstationäre Therapie überwechselt (siehe dazu Rosin, 1981). Die Funktion der Krankenschwester im organmedizinischen Bereich hat mit "Pflegen und Helfen" zu tun; der Patient befindet sich meist in einer recht passiven Rolle. Er läßt im Vertrauen auf den Arzt oder die Pflegekräfte weitgehend mit sich etwas geschehen. Vom Patienten in einer psychotherapeutischen Tagesklinik erwarten wir, daß er sich, soweit ihm das möglich ist, aktiv an seiner Behandlung beteiligt. Dementsprechend kann sich die Aufgabe der Krankenschwester in der Psychotherapie auch nicht mehr in dem genannten alten klassischen Sinne von "Pflegen und Helfen" vollziehen. Es geht hier vielmehr darum, den Patienten dazu anzuregen, sich auf das Angebot der Tagesklinik einzulassen, seine jeweiligen Schwierigkeiten damit auszusprechen sowie mögliche Konsequenzen zu antizipieren. Auch die emotionale Befindlichkeit des Patienten sollte wahrgenommen und angenommen werden können. Das kann für den Patienten auch einmal heißen, sich versorgen zu lassen, sich anvertrauen zu dürfen, sich in der Beziehung zu anderen Menschen zu erproben und mit deren Reaktionen darauf umgehen zu lernen.

Darüber hinaus gibt es, in Abgrenzung zur stationären Psychotherapie, eine Reihe spezifischer Phänomene in der Tagesklinik, wie z.B. das tägliche Kommen und Weggehen der Patienten und das Nebeneinander der Lebensräume innerhalb und außerhalb der Klinik, für die Patienten verbunden mit der Notwendigkeit, dies auseinanderzuhalten und sich selbst dabei als dieselbe Person zu erleben. Henneberg-Mönch weist in ihrem Beitrag (Abschnitt 3.2.2) auf die Notwendigkeit einer Auseinandersetzung mit diesen Besonderheiten hin.

Wenn man den äußeren Rahmen betrachtet, so heißt Tagesklinik, acht Stunden täglich präsent zu sein. Wir beginnen unsere Arbeit um 8.30 Uhr und sind bis 16.30 Uhr mit wenigen Unterbrechungen anwesend (s. Wochenübersichtsplan, Abb. 1). Wenn auch das Kommen und Gehen der Patienten auf den ersten Blick als eine Selbstverständlichkeit erscheinen mag, so hat es doch für den Umgang mit ihnen wesentliche Bedeutung. Da sie nicht über Nacht in der Klinik bleiben, bedeutet es für einige von ihnen, vor allem während der ersten Behandlungswochen, immer wieder eine innere Überwindung, die Absprachen mit der Klinik einzuhalten und pünktlich zu erscheinen oder sich zumindest mit der Anforderung der Pünktlichkeit auseinanderzusetzen. Dies bedarf meiner besonderen Aufmerksamkeit. Es besteht die Vereinbarung, daß die Patienten sich bis 9.00 Uhr telefonisch melden, wenn sie aus irgendwelchen Gründen nicht zur teilstationären Behandlung kommen wollen oder können. Falls ein solcher Anruf nicht erfolgt, melden wir uns unsererseits beim Patienten. Er soll auf diese Weise erleben können, daß wir Absprachen mit ihm ernstnehmen und es uns nicht gleichgültig ist, ob er anwesend ist oder nicht.

In jedem Fall ist es wichtig, den Patienten in seiner besonderen Situation wahrzunehmen, ihm mit Verständnis oder auch mit Bestimmtheit zu begegnen. Ich ermuntere ihn, motiviere und erinnere an Vereinbarungen, bekunde aber auch meinen Unmut, wenn ich bemerke, daß er mit uns gleichgültig, rücksichtslos, gelangweilt, entwertend oder willkürlich umgeht. Das Wegbleiben einzelner Patienten beschäftigt mich aber nicht nur emotional, sondern bedeutet neben den notwendigen Telefonaten eventuell stattfindende Hausbesuche, An- und Abmeldungen in der Verwaltung, Rücksprache mit dem behandelnden Therapeuten und dem Oberarzt, also auch einen erheblichen zeitlichen Mehraufwand. Bisweilen gerät man dabei in die Gefahr, sich wesentlich mehr um die Abwesenden als um die Anwesenden zu kümmern und somit ungewollt die Abwesenheit als Möglichkeit erscheinen zu lassen, umfassende und intensive Zuwendung durch die Krankenschwester oder andere Mitglieder des therapeutischen Teams zu erhalten.

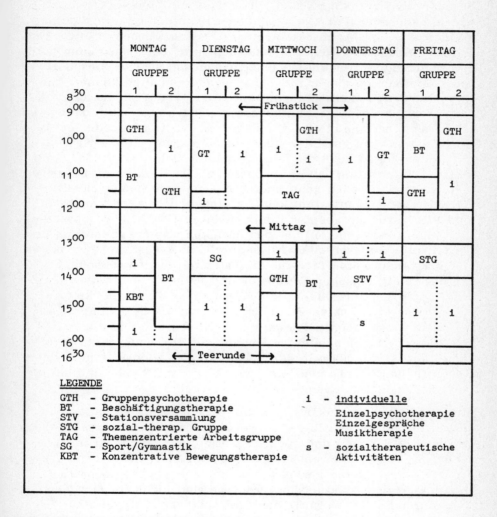

Abbildung 1: Wochenübersichtsplan

In der Tagesklinik beginnen wir den Tag mit einem gemeinsamen Frühstück und schließen ihn mit einer gemeinsamen Kaffee- und Teerunde ab. Patienten wie auch Team verlassen nach diesen acht Stunden die Tagesklinik, und stets bleibt ein bißchen offen, ob und was die Patienten vom Tag innerlich mitnehmen, wie sich das in der Klinik Erlebte in den eigenen privaten Rahmen einfügt, ob es wenigstens ansatzweise verinnerlicht wird oder mehr oder minder verlorengeht. Mit dieser Unsicherheit ist für mich besonders bei Patienten, die nur schwer Absprachen einhalten können, Sorge verbunden, manchmal auch etwas Angst vor dem, was die Patienten außerhalb der Tagesklinik machen werden, vor allem dann, wenn ein Patient am Tage etwas sehr Belastendes, Ängstigendes erlebt hat oder wenn ein Patient wütend die Klinik vorzeitig verlassen hat. Hinzu kommt, daß die Verantwortung nicht, wie in der stationären Einrichtung, an die nächste Schicht wenigstens teilweise weitergegeben werden kann und somit eine regelmäßige Möglichkeit zur eigenen Entlastung entfällt. Daher nehme ich manchmal innere Belastungen aus der Klinik mit nach Hause, z.B. Sorgen und Ungewißheit, die ich bis zum nächsten Tag aushalten und ertragen muß. Andererseits wird dadurch, daß die Krankenschwestern als Ansprechpartner für die Patienten nicht wechseln, in der Beziehung zwischen Schwester und Patient eine gewisse Dauerhaftigkeit gewährleistet, die dem Patienten die Möglichkeit bietet, die verschiedensten Befindlichkeiten in die Beziehung zu immer wieder der gleichen Person einzubringen und allmählich differenziertere Möglichkeiten im Umgang mit dem anderen zu entwickeln. Dies ist vor allem in der Behandlung von vielen schwergestörten Patienten, die sich nur sehr schwer auf Neues und auf Veränderungen einstellen können, von Vorteil.

Aus dem Nebeneinanderbestehen von Erlebnissen der Patienten innerhalb und außerhalb der Tagesklinik ergeben sich immer wieder neue Situationen und auch Probleme. Der Patient ist nicht, wie in der vollstationären Einrichtung, vorübergehend ganz aus seinem sozialen Alltag herausgenommen. Seine partnerschaftlichen und sozial-ökonomischen Probleme sind nicht vorübergehend sekundärer Natur, vielmehr bleibt die tägliche Konfrontation damit erhalten, wenn auch in einem etwas eingeschränkten Umfang. Für das Stationsleben in der Tagesklinik ist es wichtig wahrzunehmen, daß die Patienten durch ihre Erfahrungen außerhalb der Tagesklinik bisweilen stark unter inneren Druck geraten können und sich in dieser Situation oft zunächst an mich wenden, um Entlastung zu finden. Wir sehen in solchen Verhaltensweisen auch ein erstes Signal des Patienten, sich in Situationen der Überforderung, manchmal auch der Reizüberflutung, einem anderen anvertrauen zu wollen und zu können und auf diesem Wege nach Lösungen für Probleme zu suchen. Ist der Patient dabei in Gefahr, sich in seinem Gefühl zu verlieren, so kann ich ordnend und planend mit ihm und vorübergehend auch stellvertretend für ihn daran arbeiten und konkrete erste Schritte, wie z.B. ein Gespräch mit dem Einzelpsychotherapeuten oder dem Sozialarbeiter, einleiten.

Folgendes Beispiel mag dies veranschaulichen: Herr P. wurde am frühen Morgen von einem Mitpatienten, Herrn A., angerufen. Dessen Ehefrau hatte sich in der Nacht einer Notoperation unterziehen müssen. Ohne genau zu wissen, was geschehen war, hatte Herr P. den Wunsch, etwas für Frau A. zu tun, "irgendwie" zu helfen, um es nicht "zum Schlimmsten" kommen zu lassen, wie er aufgeregt sagte. Er duldete hier keinerlei Einwände und keinen Widerspruch. Alle hatten so zu denken wie er, wollten sie sich nicht den Vorwurf der Gefühlskälte, der Unmenschlichkeit, des Sadismus zuziehen. Alle seine Therapietermine sollten abgesagt werden, mich, die Stationsschwester, sah er als diejenige an, die die Möglichkeit hatte, dies zu organisieren. Ich merkte, daß Herr P. zu jener Zeit nicht in der Lage war, die Wirkungen und Konsequenzen seines Verhaltens abzuschätzen, und daß er seine Aufregung nicht ertragen und kontrollieren konnte. Um ihm dabei zu helfen, sagte ich ihm, daß ich mir zunächst überlegen würde, was ich selbst tun könnte, wenn ich Frau A. besuchen wollte. Ich wüßte, daß nach dieser Art Operation ein Patient noch längere Zeit unter Narkose stünde und damit nicht ansprechbar sei, ich versicherte Herrn P. aber auch, daß ich sein Mitgefühl gut begreifen könnte. Es wurde ihm dann nach einigem Hin und Her selbst deutlich, daß er der frisch Operierten zur Zeit überhaupt nicht helfen konnte; ihr Mann war bei ihr, und weiterer Besuch schien im Moment nicht sinnvoll. Es deprimierte den Patienten bei der Konfrontation mit diesen Tatsachen sehr, daß er für den Augenblick völlig ohnmächtig war und überhaupt nichts tun konnte. Wir vereinbarten, daß er zunächst in die Gruppenpsychotherapie gehen sollte und eventuell am frühen Nachmittag kurz bei Frau A. vorbeischauen könnte. Da er sie persönlich kannte, war mir dieser Wunsch recht gut verständlich.

Für das Stationsleben in unserer Tagesklinik ist neben den bisher angesprochenen Faktoren von nicht zu unterschätzender Bedeutung, daß der einzelne Patient sich im Unterschied zu einer vollstationären Einrichtung nicht in ein eigenes oder mit einem Mitpatienten geteiltes Zimmer zurückziehen kann. Für viele der Patienten ist es zunächst schwierig, den ganzen Tag mit anderen Menschen zusammenzusein, sich mit ihnen auseinanderzusetzen, die anderen ertragen zu müssen, also kaum in einen Raum ausweichen zu können, der nur für ihn allein zugänglich ist. Durch die Vielfalt der Konfliktmöglichkeiten sehen manche Patienten für sich häufig zunächst nur im Weglaufen eine Möglichkeit zur Abgrenzung. Ein Weglaufen aus der Klinik kann auch bedeuten, daß der Patient durch Herstellen räumlicher Distanz es gerade noch schafft, seine Impulse und Gefühle zu kontrollieren. In der Tagesklinik sehe ich in bezug auf solches Verhalten meine Aufgabe darin, gemeinsam mit dem Patienten ganz konkret nach anderen Möglichkeiten seiner Selbstregulierung von Nähe und Distanz zu suchen, um ihm die regelmäßige Anwesenheit in der Klinik überhaupt erst einmal zu ermöglichen, das heißt auch, sie ihm erträglich werden zu lassen. Solche Möglichkeiten können Spaziergänge, häufigere kurze Gespräche mit der Krankenschwester oder Arbeiten in der Beschäftigungstherapie sein. Auch die Möglichkeiten der Konzentrativen Bewegungstherapie (siehe dazu Abschnitt 3.2.7) können hier gezielt eingesetzt werden, um dem Patienten zu helfen, sich abgrenzen zu lernen, ohne weglaufen zu müssen. Selbstverständlich werden diese Prozesse des Lernens neuer Möglichkeiten in der Beziehung zu anderen immer auch durch ihre Bearbeitung in der Einzel- und Gruppenpsychotherapie erweitert und differenziert.

So entwickelt sich für den Patienten die Möglichkeit, zu einer inneren Grenze zu finden, zu erleben und zu entscheiden, wieweit und wieviel er mit anderen teilen und wie er sich ihnen vermitteln möchte. Darin liegt seine Chance, Eigenes zu entdecken und ein konturiertes inneres Bild von der eigenen Person in der Beziehung zu anderen zu entwickeln. Vorübergehend kann sich der Versuch eines Patienten, sich in der Gemeinschaft der Tagesklinik abzugrenzen, z.B. darin äußern, daß er "seinen" Sitzplatz beansprucht. In den wöchentlichen Stationsversammlungen diskutieren dann die Patienten darüber, ob es eine "feste Sitzordnung" geben sollte oder nicht. Solche Beobachtungen aus dem tagesklinischen Alltag sind wichtig, um den Verlauf der Behandlung verstehen zu können.

Mit den bislang angesprochenen Besonderheiten der Tagesklinik, wie dem täglichen Kommen und Weggehen, dem Wechsel von Tagesklinik und häuslicher Umgebung, dem Fehlen eigener Räume zugunsten von Gemeinschaftsräumlichkeiten, werden natürlich vor allem jene Aspekte angesprochen, die mir als Stationsschwester wie auch den anderen Mitarbeitern im sogenannten Realitätsraum besonders wichtig sind. Es soll hier darauf verzichtet werden, jene Bedingungen unserer Arbeit zu charakterisieren, die speziell für unsere Tagesklinik als eine Einrichtung der Klinik für Psychotherapie und Psychosomatik der Universität Düsseldorf Gültigkeit haben. Gemeint ist hier vor allem die räumliche und organisatorische Einbettung in die Rheinische Landesklinik und die damit verbundene Nähe zu den psychiatrischen Stationen. Viele Patienten, die bei uns aufgenommen werden, erleben durch diese Tatsache als solche bereits eine soziale Stigmatisierung und Entwertung, die häufig in den ersten Wochen der Behandlung zum Thema werden. Die Begegnung vor allem mit geistig behinderten Patienten in der Umgebung unserer Tagesklinik bietet immer wieder Anlaß, dieses Thema aktuell werden zu lassen und erneut zu reflektieren. Es ist auffallend, daß vielen Patienten bei der unmittelbaren Konfrontation mit diesem Problem bereits gewonnene Einsichten wieder verloren gehen, die eigene Einschätzung der Dinge nicht mehr aufrechterhalten werden kann und alte Vorurteile das Denken bestimmen.

Die Unterscheidung zwischen Realitätsraum und Therapieraum in unserer Einrichtung ist ein wichtiger Bestandteil unseres therapeutischen Konzepts. Mit ist es ein Anliegen, in diesem Beitrag an Beispielen beschreibend darzustellen, was aus der Sicht der Krankenschwester unter dem Begriff Realitätsraum der Tagesklinik zu verstehen ist. Die Unterscheidung zwischen Therapieraum und Realitätsraum wurde in der stationären Psychotherapie entwickelt (siehe dazu Zauner, 1972, 1975, 1978; Heigl, 1978, 1981) und bei der Konzeption der Tagesklinik für die teilstationäre Psychotherapie übernommen (s. Abschnitt 2.4 und 2.5). Der Realitätsraum kann als ein Übungsfeld verstanden werden, das für den Patienten die Chance beinhaltet, das im therapeutischen Raum Erlernte oder zum ersten Mal einsichtig Gewordene, die neu gewonnene Einstellung oder eine neu erworbene Verhaltensweise auszuprobieren und einzuüben. Der Realitätsraum erlaubt dem Patienten ein schnelleres und besseres Durcharbeiten seiner Veränderungsmöglichkeiten, schneller und besser deswegen, weil er das im Therapieraum neu Erlernte in der geschützten sozialen Realität der Klinik gleich und ohne stärkere Sanktionsgefahr ausprobieren und ausüben kann (Heigl, 1978, S.235).

Der Realitätsraum wird bei uns von der Krankenschwester, vom Sozialarbeiter, zum Teil auch von der Beschäftigungstherapeutin und nicht zuletzt von den Patienten verantwortlich gestaltet. Räumlicher Mittelpunkt des Realitätsraums in einem ganz unmittelbaren Sinn ist das Stationszimmer, das seiner zentralen Lage entsprechend stark frequentiert wird, wodurch an manchen Tagen die Schwester kaum einmal zur Ruhe kommt. Darüber hinaus ist das Stationszimmer auch der Raum, in dem viele Informationen, die alle Mitarbeiter betreffen, zusammenlaufen.

Wichtig ist beim Einsatz des Realitätsraumes als Übungsfeld auch, daß der Patient beim Ausprobieren neu erworbener Fähigkeiten und neuer Verhaltensweisen nicht nur das Machbare, sondern auch das Nicht-Machbare erfährt und sich auch damit auseinandersetzt. Ein Teil der formal bestehenden Möglichkeiten und Grenzen ist durch die Hausordnung institutionalisiert. Darauf werde ich noch ausführlicher eingehen.

Für die Patienten bedeutet der durch den Begriff des Übungsfeldes charakterisierte Realitätsraum der Tagesklinik zunächst einmal nichts anderes als üblicher Stationsalltag, der für manche dann eine Belastung werden kann, wenn sie hier für sich nur Leerlauf und Sinnlosigkeit erleben und auf ständig neue Angebote von außen warten. Aber auch mit solchem Erleben muß der Patient sich irgendwann einmal auseinandersetzen. Er sollte bemerken, wie er selbst daran beteiligt ist und was tatsächlich an den äußeren Umständen als unzulänglich gelten kann. Daneben sollte ihn aber auch zunehmend die Frage beschäftigen, wo und wann es im Grunde um Unzufriedenheit mit der eigenen Person geht. Ich kann als Schwester mit dazu beitragen, eine Atmosphäre zu schaffen, die unterstützend ist und das bereitstellt, was einer Weiterentwicklung sowie einer Ich-Stärkung des Patienten dienlich sein kann und die ferner auch Situationen zuläßt, in denen sich die Konflikte des Patienten entfalten können. Das bedeutet, ein möglichst offenes und nicht allzu ängstigendes Klima zu schaffen, eine Stimmung, die jedem einzelnen Patienten Chancen eröffnet, aktiv und aus sich selbst heraus etwas auf der Station in der Beziehung zu anderen zu initiieren.

Für mein Selbstverständnis als Krankenschwester war es wichtig, sowohl eine therapeutische wie auch eine pädagogische Funktion im Rahmen der Tagesklinik wahrzunehmen und zu definieren. Ich bin einerseits als reale Person für die Patienten wahrnehmbar, andererseits bekomme ich von ihnen aber auch Rollen zugewiesen, die beispielsweise an eine sorgende Mutter erinnern oder in denen sich Auseinandersetzungen mit einem Partner widerspiegeln. Für manche Patienten bin ich nicht nur Vertreterin der Hausordnung, sondern ich bin "die Hausordnung". Alle Schwierigkeiten damit werden mit mir ausgetragen, einige Regelungen werden als persönliche Böswilligkeiten meiner Person erlebt, die speziell einzelner Patienten wegen ersonnen worden sind.

Dies sind nur einige Situationen, die deutlich machen, mit welchen vielfältigen Vorstellungen von meiner Person ich mich auseinanderzusetzen habe. Manchmal fällt es mir schwer, die dabei in mir andrängenden Affekte unter Kontrolle zu halten, im Hier und Jetzt mit dem Patienten dessen Wahrnehmung zu überprüfen und korrigierend sowie strukturierend einzuwirken. Gerade dabei fließen immer auch pädagogische Aspekte ein. An einem konkreten Thema, etwa der Frage nach dem für die Hausordnung Verantwortlichen, erarbeite ich zielgerichtet die tatsächlichen Zusammenhänge und kann dem Patienten dazu verhelfen, seine unter zum Teil heftigen Affekten geäußerten Annahmen in Frage zu stellen und vielleicht sogar zu revidieren. Dabei ist es für viele Patienten wichtig, sich mit der Frage auseinandersetzen zu können, ob sie nach dem Zugeben von Irrtümern von mir akzeptiert werden und in der Patientengruppe aufgenommen bleiben oder aber in die Gefahr geraten, sich vor mir oder den anderen lächerlich zu machen. In den meisten Fällen brauchen Patienten die oftmals wiederholte Erfahrung, sich nicht lächerlich zu machen, wenn sie eine Meinung revidieren, ehe sie dies wirklich "glauben" können, d.h. ehe sich ihre Erwartungen an mich und ihre Vorstellungen von mir langsam verändern.

Nicht nur aus der Vielfalt und der Unterschiedlichkeit der mir in der Beziehung zu Patienten begegnenden Situationen, sondern auch aus der Unterschiedlichkeit und Unterschiedenheit der Mitarbeiter im Realitätsraum und deren verschiedenen Funktionen ergeben sich ständig und ungeplant Möglichkeiten, den angebotenen Raum als "Übungsfeld" zu nutzen. Im übrigen dokumentiert sich dieses Angebot im obigen Sinn rein äußerlich dadurch, daß die Schwestern in der Tagesklinik keine Tracht tragen, sondern durch private Kleidung ein Stück weit ihre Individualität, ihren persönlichen Geschmack und vielleicht auch ihre persönlichen Vorstellungen von sich selbst im Unterschied zu allen anderen, also auch zu anderen Mitarbeitern, zum Ausdruck bringen.

Ich möchte nun auf formale und organisatorische Aspekte eingehen, die unsere tägliche Arbeit in der Tagesklinik neben der Arbeit mit den Patienten wesentlich mitbestimmen. Dazu gehören zunächst einmal, wie auf jeder anderen Station auch, Aufgaben wie Kontakte mit der Verwaltung, administrative Aufgaben, kleinere medizinische Verrichtungen in Absprache mit dem Stationsarzt und mit anderen Abteilungen in der Klinik.

Der Aufnahme eines Patienten vorgeschaltet sind sogenannte Konsultationsgespräche, die dann stattfinden, wenn aufgrund der diagnostischen Erhebungen durch einen Psychotherapeuten die Indikation für die Aufnahme in die Tagesklinik gestellt worden ist. Hier bietet sich dem Patienten wie auch den Kollegen auf der Tagesklinik-Station die Möglichkeit eines wechselseitigen Sich-Kennenlernens; der Patient wird mit dem Wochenplan (s. Abb. 1) vertraut gemacht; die Angebote und Möglichkeiten der Klinik werden ihm vorgestellt, und schließlich kann sich der Patient auch noch von den Räumlichkeiten in der Klinik ein eigenes Bild verschaffen, um zu überprüfen, ob er sich eine psychotherapeutische Behandlung in diesem Rahmen vorstellen kann. Ich habe als Schwester die Gelegenheit, mir einen Eindruck von dem Patienten zu machen, und tausche dann meine Vorstellungen und Gedanken mit den Kollegen aus, bevor endgültig über die Aufnahme entschieden wird. Wird ein Patient aufgenommen, führe ich mit ihm mehrere sogenannte Aufnahmegespräche. Hier geht es um das "Aufnehmen und Annehmen" des Patienten in einem sehr wörtlichen Sinne. Ich weise den Patienten ein und helfe ihm dabei, sich in der Tagesklinik zurechtzufinden. So bin ich oft ein erster und damit auch immer wieder gesuchter Ansprechpartner angesichts einer fremden, eventuell sogar ängstigenden Umgebung. Es kann dabei recht hilfreich wirken, wenn ich dem Patienten anfangs häufigere Gespräche anbiete, um ihm zu helfen, die zunächst bestehende Scheu und Angst zu überwinden und leichter mit jenen Patienten ins Gespräch zu kommen, die sich schon länger in der Klinik befinden.

Als eine weitere dauerhafte und persönlich sehr fordernde Aufgabe betrachte ich die Notwendigkeit meiner ständigen Präsenz

auf der Station. Im Gegensatz zu den Psychotherapeuten, die
stundenweise Einzelgespräche und Gruppensitzungen durchführen, bin ich diejenige, die den ganzen Tag auf der Tagesklinik-
Station für die Patienten erreichbar ist und auch erreichbar sein
muß. Diese ständige Anwesenheit im Stationszimmer mag vielleicht
banal erscheinen, doch sie hat für die Patienten dann große Bedeutung, wenn diese unter starken Trennungs- oder Verlust-
ängsten leiden, oder wenn sie sich bei großen Nähe-Wünschen
zugleich vor dieser Nähe fürchten. Durch meine Anwesenheit bekommen sie eine Möglichkeit vermittelt, an der für sie richtigen
und notwendigen Distanz oder Nähe zu arbeiten. Winnicott (1974)
hat dies für mein Empfinden sehr anschaulich und für mich gut
nachfühlbar beschrieben, wenn er die Bedeutung des "Einfach-
da-Seins" der Mutter für die Entwicklung des Kindes herausstellt.
Meine Anwesenheit kann nicht nur für jeden Patienten eine andere
Bedeutung haben, sie kann zu verschiedenen Phasen der Behandlung auch völlig unterschiedlich erlebt werden. Geht es ihm, wie
dies vor allem in der einleitenden Phase der Therapie häufig der
Fall ist, um das Sicherheits- und Geborgenheitsgefühl, so wird
sich dies im Umgang mit mir anders manifestieren, als wenn der
Patient nach seiner Individualität sucht, nach dem, was ihn von
anderen unterscheidet. Ich muß mich natürlich dementsprechend
stets fragen, worum es dem Patienten jeweils geht, und welches
die Hintergründe für seine Vorstellungen sind. Dies kann ich
selbstverständlich nicht ohne die Hilfe der anderen Mitarbeiter im
Realitätsraum wie auch der Psychotherapeuten leisten, und hier
ist für mich die Einbindung meiner Arbeit in den Gesamtbehandlungsplan (siehe dazu Abschnitt 2) von ganz wesentlicher prakti-
scher Bedeutung, weil in den fallzentrierten Teambesprechungen,
die vom Einzelpsychotherapeuten geleitet werden, die Objektbe-
ziehungsangebote des einzelnen Patienten reflektiert werden; dies
kann mir Orientierungshilfe für mein eigenes Verhalten sein.

Mein "Einfach-da-Sein" im Realitätsraum beinhaltet auch, daß ich
mich damit abfinden muß, ständig beobachtet, in meinem Verhalten
nachgeahmt oder kritisiert zu werden. Dieses Beobachtetwerden
betrifft den Umgang mit Kollegen genauso wie den Umgang mit Patienten. Es wird z.B. von seiten der Patienten sehr genau darauf
geachtet, wie ich mit Kritik, Unsicherheit, Angst und anderen Affekten umgehe. Deshalb lebe ich für die Zeit meiner Anwesenheit
auf der Station in ähnlicher Weise dort wie die Patienten, gestalte
mein Zimmer, tue auch etwas für die Gemeinschaft und lasse auch

einmal etwas für mich tun. In diesem Sinne beinhaltet meine Anwesenheit auch so etwas wie ein Angebot zur Nachahmung und Identifizierung oder zumindest zur Auseinandersetzung damit.

Probleme untereinander, Fragen, Planung für Freizeitaktivitäten, Auseinandersetzungen im Zusammenhang mit der bestehenden Hausordnung, Aufnahmen und Entlassungen, all dies und ähnliches mehr wird wöchentlich in der Stationsversammlung besprochen. Sie ist ein fest integrierter Bestandteil des Geschehens in der Tagesklinik; alle Patienten, der Stationsarzt und das im Realitätsraum arbeitende Team nehmen daran teil (s. den Wochenplan, Abb. 1). In der Stationsversammlung kann jeder Teilnehmer, also der Stationsarzt genauso wie der Patient, die Punkte einbringen, die er besprechen möchte. Es bietet sich hier eine wichtige Möglichkeit, Ereignisse und Erlebnisse im Klinikalltag in Worte zu fassen, sie mit etwas Distanz noch einmal in die Vorstellung aller einzubeziehen und die eigene Schwierigkeit damit für alle verstehbar zu machen. Immer wieder ist es für die Patienten eine sehr wichtige Erfahrung festzustellen, daß sie mit bestimmten Formen affektiven Erlebens nicht allein sind, daß sie sich deshalb nicht minderwertig oder kindisch vorkommen müssen, daß man deswegen auch nicht ausgelacht oder "auf den Arm genommen" wird. Andererseits kommt aber auch kaum jemand an der Feststellung vorbei, daß das geschilderte Ereignis und die damit verbundene Schwierigkeit sich in der Erinnerung anderer Patienten auch anders oder zumindest in modifizierter Form gestalten kann. Für viele Patienten erscheint es als etwas vollständig Neues, sich mit der Frage auseinanderzusetzen, wie verschiedene Menschen zu einem anderen Bild oder zu einer anderen Einschätzung genau der gleichen Situation gelangen können. Fragen dieser Art können nicht nur die Beziehung zum anderen, sondern auch das Bild von der eigenen Person und die damit verbundenen Gefühle verändern.

Natürlich ist es für die Patienten nicht von Anfang an leicht, sich in der Stationsversammlung selbst zu vertreten. Hier gilt es, den einzelnen dabei zu unterstützen, sich vor den anderen Teilnehmern verständlich zu machen, ihn dazu zu ermutigen, seine Anliegen in der Stationsversammlung anzusprechen. Gelegentlich wird dies etwa dadurch erleichtert, daß man vorher gemeinsam mit dem betreffenden Patienten versucht, sich den voraussichtlichen Ablauf vorzustellen, die Reaktionen der anderen zu antizipieren und darauf zu achten, wie sich die eigene Befindlichkeit dabei verändert. Die Stationsversammlung ist somit auch ein therapeutisches Medium, wo mit unserer Hilfe im Hier und Jetzt der einzelne gefördert werden kann, wo dazu angeregt wird, Kritik, Unstimmigkeiten, aber auch Vorschläge und Wünsche einzubringen, zu durchdenken und auszumalen. Auch das Team - die Krankenschwester, der Sozialarbeiter und die Gestaltungs- und Beschäftigungstherapeutin - werden in diesem Sinne von dem Patienten miteinbezogen. Dabei wird manchmal an uns kein gutes Haar gelassen, und es ist recht schwierig für viele Patienten, in den Phasen der Kritik und der Vorwürfe auch angenehme Erfahrungen in Beziehung zu mir oder zu anderen Mitgliedern des Teams wieder zu erinnern und in das eigene Verhalten einzubeziehen. Für solche Auseinandersetzungen wird häufig die Solidarität der Mitpatienten gesucht, um sich in den eigenen Äußerungen sicher fühlen zu können. Manchmal bekomme ich dann den Eindruck, ich müsse mich den Patienten fügen und mir werde keine Möglichkeit für einen Kompromiß mehr angeboten.

Ein "beliebtes", immer wiederkehrendes Thema ist der Küchendienst und die Versorgung der Aufenthaltsräume, für die die Patienten arbeitsteilig zuständig sind. Dabei ist auch die Einteilung der Dienste Sache der Patienten, nur wird die damit delegierte Verantwortung nicht immer in der gewünschten Weise übernommen. Für mich als Schwester ist es in diesem Zusammenhang wichtig, Unordnung, Nachlässigkeiten beim Küchendienst, mangelnde Sorgfalt bei der Versorgung der Blumen wahrzunehmen und anzusprechen, aber nicht sofort meinerseits einzugreifen. Der Patient soll darauf aufmerksam gemacht werden, daß seine Handlungsweisen Folgen für andere haben, und er kann damit zugleich erfahren, daß er in der Gemeinschaft der anderen nicht unwichtig ist. Die durch diese Dienste und ihre Ausführung ausgelösten Stimmungen spiegeln sich fast jedesmal in der Stationsversammlung wider und regen dazu an, die Verbindung von Situationen und dazugehörigen Affekten weiter zu entwickeln.

Neben den bislang angesprochenen institutionalisierten Kontaktmöglichkeiten im Realitätsraum wie Konsultationsgespräch, Aufnahmegespräch, ständige Präsenz der Schwester und Stationsversammlung, gibt es auch in unregelmäßigen Abständen vielfältige organisierte wie spontane Aktivitäten, die ich noch kurz charakterisieren möchte. Da kann sich zum Beispiel ein Café-Besuch oder ein Spaziergang ergeben, es werden Kino- oder Theaterbesuche arrangiert, die dann nicht zu den üblichen Tagesklinikzeiten stattfinden und den Patienten Gelegenheit geben, sich gegenseitig in einer anderen Umgebung zu erleben. Wir waren beispielsweise in Museen und Kunstausstellungen, haben Fahrradausflüge organisiert und gemeinsam Feste gefeiert. Immer ist es uns dabei wichtig, daß mehrere, nicht unbedingt alle Patienten, an solchen Unternehmungen beteiligt sind.

Oft auch stellt sich die Frage, wie lassen wir die Woche am Freitagnachmittag ausklingen. Wenn ich eine Idee habe, rege ich an, Vorschläge dazu zu entwickeln, vor allem dann, wenn die Patientengruppe lange Zeit passiv war. Ich will nur anregend und motivierend wirken, aber nicht bestimmend. So kann es aber auch ebenso wichtig sein, keine Anregungen zu geben. Dann können Situationen entstehen, in denen, nach außen sichtbar, scheinbar nichts geschieht. Hier ist es sinnvoll, die Patienten Gefühle der Leere, Passivität deutlicher erleben zu lassen, und diese Gefühle nicht durch eventuelle Überaktivität zu überdecken.

Mit all diesen Aktivitäten sind für den Patienten Ich-Leistungen verbunden, die ihn zur Auseinandersetzung mit sich selbst auffordern, durch die Erlebnishintergründe entstehen, die immer wieder dann auch sprachlich in den Psychotherapien durchgearbeitet und reflektiert werden können. So gibt es ein ständiges Wechselspiel zwischen den Tätigkeiten im Realitätsraum als Übungsfeld und solchen im Therapieraum, beide ergänzen sich und sind im Rahmen der teilstationären Behandlung wechselseitig aufeinander angewiesen.

Die meisten unserer Angebote werden, wie schon gesagt, täglich während unserer üblichen Dienststunden gemacht. Wir haben uns bemüht, dem Tagesablauf insofern einen formalen Rahmen zu geben, als am Morgen und am Abend gemeinsam miteinander Kaffee oder Tee getrunken wird. Auch dieses gemeinsame Beginnen und Beenden des täglichen Aufenthalts in der Tagesklinik halten wir therapeutisch für relevant. Sehr schnell zeigt sich beispielsweise, welche Patienten zusammensitzen wollen, ob sich irgendjemand ständig zurückzieht oder allein sitzt, wie mit neuen Patienten umgegangen wird, ob Änderungen möglich scheinen oder nicht. Ähnliche Beobachtungen habe ich schon in bezug auf die Neuaufnahme von Patienten beschrieben. In diesem Geschehen kann ich die Kontaktschwierigkeiten und Hemmungen der Patienten ansprechen, mich nach den jeweiligen Befindlichkeiten erkundigen, auch einmal für jemanden fragen, ob er oder sie sich zu einer sehr geschlossen wirkenden Runde setzen darf und ähnliches mehr. Es ergeben sich hierbei häufig sehr bald Gespräche, die ganz banal zu sein scheinen; es geht um Handarbeiten, um Kleidung, Autos, Tagesereignisse, Zeitungsberichte, Bücher, um nur einige Beispiele zu nennen. Aber auch neu gewonnene Erfahrungen und Schwierigkeiten außerhalb der Klinik kommen zur Sprache, etwa die Frage nach dem zurückliegenden Wochenende, nach der Befindlichkeit am vergangenen Abend, nach Schwierigkeiten im Umgang mit den Partnern oder den Kindern, so daß aus alledem am Morgen eine erste Orientierung für mich möglich wird. Am Nachmittag bekomme ich Hinweise darauf, wo im Hinblick auf die bevorstehende Zeit, in der der Patient auf sich gestellt ist, Probleme zu erwarten sind. Gegebenenfalls kann ich dann auch noch einmal Rücksprache mit dem Einzelpsychotherapeuten suchen.

Für viele Patienten geht es dabei auch um grundsätzliche Fragen und Ängste, beispielsweise wie das Zusammensein mit anderen Patienten überhaupt hilfreich sein kann, welchen Sinn bestimmte Therapie-Angebote haben, warum man sich ganztags in der Klinik aufhalten soll, wenn doch so viele "freie" Stunden auftreten, die nutzlos oder zumindest wie Leerlauf wirken. Häufig erscheint es dem einzelnen Patienten dann sinnvoller, irgendeiner Beschäftigung nachzugehen oder für Prüfungen zu lernen und sich weiterzubilden als sich mit der eigenen Person auseinanderzusetzen. Im Moment der Konfrontation mit der Klinik erscheint dann alles andere als diese Einrichtung angenehmer und wird vorgezogen. Dabei vergißt der Patient zeitweise ganz, daß er gerade wegen seiner Arbeits- und Beziehungsschwierigkeiten Hilfe in der Klinik gesucht hat. Erst langsam wird ihm bewußt, daß in dem Rahmen der Tagesklinik sich einige seiner Schwierigkeiten wiederholen und damit für ihn die Möglichkeit entsteht, an diesen zu arbeiten und etwas zu verändern. Hier kann er alte Gewohnheiten überdenken, neue Verhaltensweisen ausprobieren, andere Formen des Umgangs einüben. Wir - die Mitarbeiter im Realitätsraum der Klinik - sehen unsere Hauptaufgabe darin, diesen Prozeß nach Kräften zu fördern und zu steuern. Immer wieder identifiziere ich mich als Krankenschwester dabei passager mit dem Patienten, versuche ihn in seiner Art zu verstehen und anzunehmen, herauszufinden, was ich an seiner Stelle benötigen würde, um ihm dabei zu helfen, seine Wünsche und Bedürfnisse wie auch seine Ängste und Hemmungen wahrzunehmen und ihnen Worte zu geben. Solche Gespräche führe ich nach meinen persönlichen Erfahrungen, Kenntnissen und Einfällen. Ich versuche, das einzubeziehen, was in den

Fallbesprechungen mit dem Einzelpsychotherapeuten (siehe dazu Abschnitt 3.2.1) über Angebote und Ziele der weiteren Behandlung eines Patienten jeweils erarbeitet wird. Ich teile dem Patienten mit, wie ich ihn erlebe, und auch, wie ich mich selbst dabei fühle. Er kann spüren, daß sein Verhalten in mir, also in seinem Gegenüber, Empfindungen wie Freude, Zuneigung, aber auch Enttäuschung, Verletzung und Ärger hervorruft; so kann ihm im Hier und Jetzt sein Umgang mit Affekten in der Beziehung zu mir deutlich werden.

So wie es im Rahmen dieses Beitrags doch recht schwierig ist, die Vielfältigkeit und Variabilität des Realitätsraums in allen Facetten zu veranschaulichen, so ist es auch nicht immer einfach, die damit verbundenen Wahrnehmungen aus dem Stationsalltag in unseren Teamsitzungen wiederzugeben.

Als Schwester habe ich all diese Aspekte innerhalb der Tagesklinik mitzuvertreten, während der Sozialarbeiter mehr den sozialen Hintergründen der Erkrankung nachgeht und diese in die Teamsitzungen einbringt (siehe dazu Abschnitt 3.3.1). Mein Erleben bezieht sich auf den einzelnen Patienten wie auf das Zusammenleben in der Stationsgemeinschaft. In den Fallbesprechungen entwickelt jeder, der an der Therapie des Patienten beteiligt ist, für seinen Bereich eigene Schwerpunkte, woraus sich durch intensiven Austausch wieder ein individuelles und integriertes Bild vom Patienten mit seinen Bedürfnissen und Wünschen ergibt. Für mich entwickeln sich aus diesen Fallkonferenzen heraus in bezug auf jeden einzelnen Patienten wichtige Fragen für meine weitere Arbeit. Solche Fragen können sich zum Beispiel darauf beziehen, was zur Zeit auf der Station für den Patienten von wesentlicher Bedeutung ist, welches seine nächsten Schritte sein könnten, was ihm zugemutet werden kann und darf, wo er sich überfordert fühlen könnte, inwieweit er meiner Unterstützung bedarf.

Mit der Entwicklung des Patienten ändern sich auch diese Ansätze und werden insbesondere mit dem Einzelpsychotherapeuten vor dem Hintergrund einer verlaufsorientierten Diagnostik immer wieder besprochen. Das Wissen um diese Hintergründe und das daraus resultierende Verständnis um die innerseelische Situation des Patienten, die in der Tagesklinik-Station in seinem Verhalten manifest wird, kann - wie oben dargestellt - erleichternd und befruchtend für meine Arbeit sein.

Es war mir ein besonderes Anliegen darzustellen, wie wir mit dem Begriff des Realitätsraums in der Praxis der Tagesklinik umgehen. Damit wollte ich auch deutlich werden lassen, daß das Konzept von Realitätsraum und Therapieraum aus meiner Sicht aufeinander bezogen ist und aufeinander bezogen sein muß, wenn therapeutisch sinnvoll gearbeitet werden soll. Mit einer Tätigkeit im Realitätsraum der Klinik ist keine Abwertung oder Geringschätzung der Aufgaben einer in der Psychotherapie arbeitenden Krankenschwester verbunden. Ich betone dies deshalb, weil die mit dieser Vorstellung verbundenen Gefühle von einigen Kollegen aus anderen Einrichtungen immer wieder als belastend und bedrückend dargestellt werden. Wir sind der Meinung, daß mit der Ausgestaltung des Realitätsraums die Tätigkeit der Krankenschwester einen wichtigen und eigenständigen Stellenwert im Gesamtbehandlungsangebot erhält, und wir meinen, daß der Prozeß der Gesamttherapie ein Stück weit von denen mitgeplant werden sollte, die ihn in der täglichen Arbeit zu tragen haben.

Teil IV
Anhang

4.1 Literatur

Abelin, E.L.: Role of the father in the separation-individuation process. In: Mc Devitt, J.B.; Settlage, C.F. (Hrsg.), Separation - Individuation. Essays in Honor of Margaret S. Mahler. Int.Univ.Press, New York 1971.
Alexander, F.: Fundamental concepts of psychosomatic research. Psychosom.Med. 5: 202-210 (1943).
- (1950): Psychosomatische Medizin. De Gruyter, Berlin 1977.
Alexander, F.; French, T.M.: Psychoanalytic therapy. Principles and applications. Ronald Press, New York 1946.
Arendt, H.: Vita activa oder "Vom tätigen Leben". Piper, München 1960.
Argelander, H.: Die Analyse psychischer Prozesse in der Gruppe. Psyche 17: 450-470, 481-515 (1963/1964).
-: Gruppenanalyse unter Anwendung des Strukturmodells. Psyche 22: 913-933 (1968).
-: Das Erstinterview in der Psychotherapie. Wiss. Buchgesellschaft, Darmstadt 1970.
-: Gruppenprozesse. Rowohlt, Reinbek 1972.
Arlow, J.A.; Brenner, Ch.: Grundbegriffe der Psychoanalyse. Die Entwicklung von der topographischen zur strukturellen Theorie des psychischen Systems. Rowohlt, Reinbek 1976.
Bach, O.; Feldes, D.; Thom, A.; Weise, K.: Sozialpsychiatrische Forschung und Praxis. Thieme, Leipzig 1976.
Balint, M. (1968): Therapeutische Aspekte der Regression. Klett, Stuttgart 1970.
Bauer, M.: Streifzüge durch die englische Psychiatrie. Sozialpsychiatr.Inf. 14/14 (1973).
-: Bemerkungen zum Status quo der ambulanten und stationären Psychotherapie in der BRD. Psychiatr.Prax. 2: 13-27 (1975).
-: Sektorisierte Psychiatrie im Rahmen einer Universitätsklinik - Anspruch, Wirklichkeit und praktische Erfahrungen. Enke, Stuttgart 1977.
Beck, D.: Psychodynamische Faktoren der Kurztherapie, dargestellt am Beispiel der funktionellen Herzbeschwerden. Praxis der Psychotherapie 10: 129-134 (1965).
-: Zur Behandlungstechnik der psychoanalytischen Kurztherapie. Z. Psychosom. Med. u. Psychoanal. 14: 125-136 (1968).

Literatur

Beck, D.: Die Kurzpsychotherapie. Eine Einführung unter psychoanalytischem Aspekt. Huber, Bern/Stuttgart/Wien 1974.

Becker, H.: Konzentrative Bewegungstherapie. Integrationsversuch von Körperlichkeit und Handeln in den psychoanalytischen Prozeß. Thieme, Stuttgart/New York 1984.

Bellak, L.; Hurvich, M.; Gediman, H.K.: Ego functions in schizophrenics, neurotics and normals. Wiley and Sons, New York/London/Sydney/Toronto 1973.

Bennett, D.H.: The day hospital. (Maschinenschrift) 1968. In: Finzen, A. (Hrsg.), Die Tagesklinik. Piper, München 1977.

Biniek, E.: Psychotherapie mit gestalterischen Mitteln. Wissenschaftliche Buchgesellschaft, Darmstadt 1983.

Bion, W.R.: Experiences in groups and other papers. Tavistock Publications, London 1961.

Blanck, G.; Blanck, R.: Angewandte Ich-Psychologie. Klett-Cotta, Stuttgart 1978.

-: Ich-Psychologie II. Klett-Cotta, Stuttgart 1980.

Boor, C. de: Widerstände gegen die psychosomatische Behandlung. Psyche 12: 511-520 (1958/59).

-: Zur Frage der psychosomatischen Spezifität unter besonderer Berücksichtigung des Asthma bronchiale. Psyche 15: 801-814 (1961/62).

Boor, C. de; Künzler, E.: Die psychosomatische Klinik und ihre Patienten. Huber/Klett, Bern/Stuttgart 1963.

Bosch, G.; Häfner, H.; Kulenkampff, C.: Sozialpsychiatrische Teilhospitalisierungs- und Übergangseinrichtungen. Ausarbeitung der Expertenkommission im Auftrag des Aktionsausschusses zur Verbesserung der Hilfe für psychisch Kranke. Sozialpsychiatrische Informationen 5: 39-56 (1971).

Bosch, G.; Steinhart, I.: Entwicklung und gegenwärtiger Stand der tagesklinischen Behandlung in der Bundesrepublik Deutschland. In: Bosch, G.; Veltin, A. und Aktion Psychisch Kranke (Hrsg.), Die Tagesklinik als Teil der psychiatrischen Versorgung. Rheinland-Verlag, Köln 1983.

Bosch, G.; Veltin, A. und Aktion Psychisch Kranke: Die Tagesklinik als Teil der psychiatrischen Versorgung. Rheinland-Verlag, Köln 1983.

Brecht, K.; Friedrich, V.; Hermanns, L.M.; Kaminer, I.J.; Juelich, D.H.: "Hier geht das Leben auf eine sehr merkwürdige Weise weiter ...". Zur Geschichte der Psychoanalyse in Deutschland. Verlag Michael Kellner, Hamburg 1985.

Brenner, Ch. (1955): Grundzüge der Psychoanalyse. Fischer, Frankfurt 1976.

Christian, P.: Die soziale Anamnese und ihre Methodik. Der Krankenhausarzt 1: 18-22 (1965).
Chu, F.D.: The nader report: One author's perspective. The American Journal of Psychiatry 131: 875-893 (1974).
Ciompi, L.; Ague, C.; Dauwalder, H.-P.: Ein Forschungsprogramm zur Rehabilitation psychisch Kranker. 1.: Konzepte und methodologische Probleme. Der Nervenarzt 48: 12-18 (1977).
Cohen, J.: Structural consequences of psychic trauma: A new look of "Beyond the pleasure principle". Int.Journal Psychoanal. 61: 421-432 (1980).
Cohn, R.C. (1955): Ein Ansatz zur psychosomatischen Analyse. In: Stolze H. (Hrsg.), Die konzentrative Bewegungstherapie, Erfahrungen und Grundlagen. Verlag Mensch und Leben, Berlin 1984.
Cooper, B., Bickel, H.: Epidemiologie psychischer Störungen: Folgerungen für die psychotherapeutische Versorgung. In: Baumann, U. (Hrsg.), Psychotherapie: Makro-/Mikroperspektive. Verlag für Psychologie, Dr.C.J.Hogrefe, Göttingen 1984.
Cranach, M. von: Extramurale psychiatrische Versorgungssysteme. In: Kisker, K.P.; Meyer, J.-E.; Müller, R.; Strömgren, E. (Hrsg.), Psychiatrie der Gegenwart. Forschung und Praxis. Bd.3: Soziale und angewandte Psychiatrie (2.Aufl.), Springer, Berlin/Heidelberg/New York 1975.
Daniels, R.S.: Day and night hospitals. In: Wolman, B.B. (Hrsg.), International Encyclopedia of Psychiatry, Psychology, Psychoanalysis and Neurology. New York 1977.
Degkwitz, R.: Zur Planung und Verbesserung der Lage psychisch Kranker in der BRD - Planungs-Prinzipien - Synopsis vorliegender Pläne. Der Nervenarzt 44: 509-514 (1973).
Degkwitz, R.; Hermann, K.; Längle, S.; Linden, K.-J.; Riedesser, P.; Schulte, P.W.: Zur Versorgung psychisch Kranker in England. Entwicklungen und Erfahrungen. Der Nervenarzt 44: 509-514 (1973).
Dilling, H.: Gemeindepsychiatrie und Rehabilitation in England. Der Nervenarzt 41: 277-286 (1970).
-: Vergleich der Rehabilitationseinrichtungen in England und der Bundesrepublik Deutschland. In: Dörner, K.; Plog, U. (Hrsg.), Sozialpsychiatrie. Luchterhand, Neuwied/Berlin 1972.
Dilthey, E.: Konzentrative Bewegungstherapie im Rahmen intensivierter analytischer Gruppenpsychotherapie. Prax.Psychother. 16: 124-129 (1971).

Dörner, K.; Plog, U.: Sozialpsychiatrie. Luchterhand, Neuwied/ Berlin 1972.
-: "Irren ist menschlich" - Lehrbuch der Psychiatrie/Psychotherapie. Psychiatrie-Verlag, Wunstorf 1978.
Dorst, B.; Leffers, C.J.: Sozialtherapie - ein neues Handlungsmodell. Gruppenpsychother. Gruppendyn. 15: 91-114 (1980).
Dührssen, A.: Analytische Psychotherapie in Theorie, Praxis und Ergebnissen. Verl. f. Med. Psychol. i. Verlag Vandenhoeck u. Ruprecht, Göttingen 1972.
-: Die biographische Anamnese unter tiefenpsychologischem Aspekt. Verl. f. Med. Psychol. i. Verlag Vandenhoeck u. Ruprecht, Göttingen 1981.
-: "Psychosomatische Medizin und Psychotherapie" - eine Gebietsbezeichnung? Deutsches Ärzteblatt 5: 51-55 (1982).
Eco, U.: Der Name der Rose. Carl Hanser, München/Wien, 1982.
Elhardt, S.: Diskussionsbeitrag zu "Möglichkeiten und Grenzen einer psychosomatischen Klinik". In: Preuß, H. (Hrsg.), Praxis der klinischen Psychotherapie. Urban u. Schwarzenberg, München/Berlin 1965.
Elias, N.: Über den Prozeß der Zivilisation. Soziogenetische und psychogenetische Untersuchungen. 2 Bände. 2.Auflage. Francke, München 1969.
Erhard, H.E.: Perspektiven der heutigen Psychiatrie. Verlag Gerhards, Frankfurt 1972.
Erikson, E.H.: Identität und Lebenszyklus. Suhrkamp, Frankfurt 1981.
Ermann, M.: Die Fixierung in der frühen Triangulierung. Zur Dynamik der Loslösungsprozesse bei Patienten zwischen Dyade und Ödipuskonstellation. Forum Psychoanal. 1: 93-110 (1985).
Eschen, J.Th.: Mentorenkurs Musiktherapie Herdecke. Musiktherapeutische Umschau 3: 255-282 (1982).
-: Assoziative Improvisation. In: Decker Voigt, H.-H. (Hrsg.), Handbuch der Musiktherapie. Verlag Eres, Bremen 1983.
Ezriel, H.: A psychoanalytic approach to group treatmant. Brit. Journal of Medical Psychology 23: 59-74 (1950a).
-: A psychoanalytic approach to the treatment of patients in groups. Journal of Mental Science 92: 774-779 (1950b).
-: Übertragung und psychoanalytische Deutung in der Einzel- und Gruppenpsychotherapie. Psyche 16: 496-523 (1960/61).
Fenichel, O. (1945): Psychoanalytische Neurosenlehre. Walter Verlag, Olten 1974.
Finzen, A.: Hat die Tagesbehandlung in der BRD eine Chance? Psychiatrische Praxis 1: 33-35 (1974).
-: Die Tagesklinik. Psychiatrie als Lebensschule. Piper, München 1977.

Finzen, A.; Schädler-Deininger, H.: "Unter elenden menschenunwürdigen Umständen"; Die Psychiatrie-Enquête. Werkstattschriften zur Sozialpsychiatrie 25. Wunstorf, Rehburg-Loccum 1979.
Fleming, J.: Early object deprivation and transference phenomena: Preoedipal object need. Paper presented to the New Orleans Psychoanalytic Society 1978.
Foulkes, S.H.: Introduction to group-analytic psychotherapy. Heinemann, London 1948.
- (1964): Gruppenanalytische Psychotherapie. Kindler, München 1974.
Fox, V.; Lowe, G.D.: Day hospital treatment of the alcoholic patient. Quar.Journal on the Study of Alcohol 29: 634-641 (1968).
Freud, A. (1936): Das Ich und die Abwehrmechanismen. Kindler, München 1946.
- (1957): Direkte Kinderbeobachtung und Psychoanalyse. Die Schriften der Anna Freud, Bd.VI. Kindler, München 1980.
-: The concept of developmental lines. The Psychoanalytic Study of the Child 8: 245-265 (1963).
- (1965): Wege und Irrwege in der Kinderentwicklung. Die Schriften der Anna Freud, Bd.VIII. Kindler, München 1980.
- (1974): Entwicklungs-Pathologie aus psychoanalytischer Sicht. Die Schriften der Anna Freud, Bd.X. Kindler, München 1980.
Freud, S. (1895): Studien über Hysterie. GW I. Imago, London 1952; S.Fischer, 5.Aufl., Frankfurt 1977.
- (1900): Die Traumdeutung. GW II/III. Imago, London 1942; S.Fischer, 6.Aufl., Frankfurt 1976.
- (1909): Bemerkungen über einen Fall von Zwangsneurose. GW VII. Imago, London 1941; S.Fischer, 6.Aufl., Frankfurt 1976.
- (1909): Analyse der Phobie eines fünfjährigen Knaben. GW VII. Imago, London 1941; S.Fischer, 6.Aufl., Frankfurt 1976.
- (1912): Zur Dynamik der Übertragung. GW VIII. Imago, London 1943; S.Fischer, 7.Aufl., Frankfurt 1978.
- (1913): Die Disposition zur Zwangsneurose. GW VIII. Imago, London 1943; S.Fischer, 7.Aufl., Frankfurt 1978.
- (1914): Zur Einführung des Narzißmus. GW X. Imago, London 1946; S.Fischer, 6.Aufl., Frankfurt 1973.
- (1917-1920): Wege der psychoanalytischen Therapie. GW XII. Imago, London 1947; S.Fischer, 5.Aufl., Frankfurt 1978.
- (1920): Jenseits des Lustprinzps. GW XIII. Imago, London 1940; S.Fischer, 8.Aufl., Frankfurt 1976.
- (1921): Massenpsychologie und Ich-Analyse. GW XIII. Imago, London 1940; S.Fischer, 8.Aufl., Frankfurt 1976.

Freud, S. (1926): Hemmung, Symptom und Angst. GW XIV.
Imago, London 1948; S.Fischer, 5.Aufl., Frankfurt 1976.
- (1930): Vorwort zur Broschüre "Zehn Jahre Berliner Psychoanalytisches Institut". GW XIV. Imago, London 1948;
S.Fischer, 5.Aufl., Frankfurt 1976.
- (1937): Die endliche und die unendliche Analyse. GW XVI.
Imago, London 1950; S.Fischer, 5.Aufl., Frankfurt 1978.
- (1938): Abriß der Psychoanalyse. GW XVII. Imago, London
1941; S.Fischer, 6.Aufl., Frankfurt 1978.
Freud, S.; Abraham, K.: Briefe 1907 bis 1926. S.Fischer,
Frankfurt 1965.
Fürstenau, P.: Die beiden Dimensionen des psychoanalytischen
Umgangs mit strukturell ich-gestörten Patienten. Psyche 31:
197-207 (1977).
-: Paradigmawechsel in der Psychoanalyse (angesichts der strukturellen Ich-Störungen). In: Studt, H.H. (Hrsg.), Psychosomatik in Forschung und Praxis. Urban u. Schwarzenberg,
München 1983a.
-: Einige Bemerkungen zur psychoanalytischen Behandlung basaler leibnaher Störungen. Materialien zur Psychoanalyse und
analytisch orientierten Psychotherapie 9: 40-46 (1983b).
Gindler, E. (1926): Die Gymnastik des Berufsmenschen. In:
Stolze, H. (Hrsg.), Die konzentrative Bewegungstherapie,
Grundlagen und Erfahrungen. Verlag Mensch und Leben, Berlin 1984.
Gräff, CH.: Konzentrative Bewegungstherapie in der Praxis.
Hippokrates, Stuttgart 1983.
Greenson, R.R.: Die Technik und Praxis der Psychoanalyse. Klett,
Stuttgart 1973.
Grinberg, L.; Langer, M.; Rodrigue, E.: Psychoanalytische
Gruppentherapie. Praxis und theoretische Grundlagen. Klett,
Stuttgart 1960.
Groth, .: Sozialarbeit in der Kriseninterventions-Tagesklinik der
Universitätsklinik Hamburg-Eppendorf. In: Waller, H. (Hrsg.),
Sozialarbeit im Gesundheitswesen. Beltz-Verlag, Weinheim/Basel 1982.
Grotjahn, M.: Franz Alexander. In: Evans, J.V. et al. (Hrsg.),
International Encyclopedia of Psychiatry, Psychology, Psychoanalysis and Neurology. Aesculapius Pub., New York 1977.
Haase, H.-J.: Therapie mit Psychopharmaka und anderen seelisches Befinden beeinflussenden Medikamenten. Schattauer,
Stuttgart/New York 1977.

Hartmann, H. (1939): Ich-Psychologie und Anpassungsproblem.
Klett, Stuttgart ²1970.
- (1952): Die gegenseitige Beeinflussung von Ich und Es in ihrer
Entwicklung. In: Hartmann, H., Ich-Psychologie. Klett, Stuttgart 1972.
-: Ich-Psychologie. Studien zur psychoanalytischen Theorie.
Kiett, Stuttgart 1972.
Heigl, F.: Indikation und Prognose in Psychoanalyse und Psychotherapie. 2. neubearbeitete Aufl., Verlag f. Med. Psychol.
i. Verlag Vandenhoeck u. Ruprecht, Göttingen 1978.
-: Psychotherapeutischer Gesamtbehandlungsplan. In: Baumann,
U. (Hrsg.), Indikation zur Psychotherapie. Perspektiven für
Praxis und Forschung. Urban u. Schwarzenberg, München/
Wien/Baltimore 1981.
Heigl, F.; Ibenthal, M.: Der Umgang des Psychotherapeuten mit
sich selbst. Prax.Psychother.Psychosom. 29: 87-97 (1984).
Heigl, F.; Nerenz, K.: Gruppenarbeit in der Neurosenklinik.
Gruppenpsychother.Gruppendyn. 9: 96-105 (1975).
Heigl, F; Neun, H. (Hrsg.): Psychotherapie im Krankenhaus.
Verlag f. Med. Psychol. i. Verlag Vandenhoeck u. Ruprecht,
Göttingen 1981.
Heigl-Evers, A.: Zur Behandlungstechnik in der analytischen
Gruppenpsychotherapie. Zschr. psychosom. Med. 13: 266-276
(1967).
-: Konzepte der analytischen Gruppenpsychotherapie. 2.neubearbeitete Aufl., Vandenhoeck u. Ruprecht, Göttingen 1978.
-: Beziehungsdynamik bei Zwillingen. In: Heigl-Evers, A.;
Schepank, H. (Hrsg.), Ursprünge seelisch bedingter Krankheiten. Bd.II: Ergebnisse. Verlag f. Med. Psychol. i. Verlag
Vandenhoeck u. Ruprecht, Göttingen 1982.
Heigl-Evers, A.; Enke, H.: Der Deutsche Arbeitskreis für Gruppenpsychotherapie und Gruppendynamik (DAGG). Gruppenpsychother. Gruppendyn. 2: 197-201 (1968).
Heigl-Evers, A.; Heigl, F.: Gesichtspunkte zur Indikationsstellung für die analytische Gruppenpsychotherapie. Gruppenpsychother. Gruppendyn. 3: 179-198 (1970).
-: Gruppentherapie: Interaktionell - tiefenpsychologisch fundiert
(analytisch orientiert) - psychoanalytisch. Gruppenpsychother.
Gruppendyn. 7: 132-157 (1973).
-: Zur tiefenpsychologisch fundierten oder analytisch orientierten
Gruppenpsychotherapie des Göttinger Modells. Gruppenpsychother. Gruppendyn. 9: 237-266 (1975).

Heigl-Evers, A,; Heigl, F.: Indikation zur analytischen Gruppenpsychotherapie. In: Heigl, F., Indikation und Prognose in Psychoanalyse und Psychotherapie. 2. neubearbeitete Aufl., Verlag f. Med. Psychol. i. Verlag Vandenhoeck u. Ruprecht, Göttingen 1978.
-: Interaktionelle Gruppenpsychotherapie. Eine gruppentherapeutische Methode der Psychoanalyse nach dem Göttinger Modell. In: Heigl-Evers, A.; Streeck, U. (Hrsg.), Die Psychologie des 20.Jahrhunderts. Bd.8, Lewin und die Folgen, Kindler, Zürich 1979a.
-: Die tiefenpsychologisch fundierte (analytisch orientierte) Gruppenpsychotherapie. In: Heigl-Evers, A.; Streeck, U. (Hrsg.), Die Psychologie des 20.Jahrhunderts, Bd.8, Lewin und die Folgen. Kindler, Zürich 1979b.
-: Zum interaktionellen Prinzip in der Psychoanalyse. Schleswig-Holsteinisches Ärzteblatt 1980a.
-: Zur Bedeutung des therapeutischen Prinzips der Interaktion. In: Haase, H.-J. (Hrsg.), Psychotherapie im Wirkungsbereich des psychiatrischen Krankenhauses. Perimed Verlag, Erlangen 1980b.
-: Tiefenpsychologisch fundierte Psychotherapie. Eigenart und Interventionsstil. Zschr. psychosom. Med. 28: 160-175 (1982a).
-: Angst - Trauma und Signal. Prax. Psychother. Psychosom. 27: 83-96 (1982b).
-: Das interaktionelle Prinzip in der Einzel- und Gruppenpsychotherapie. Zschr. Psychosom. Med. 29: 1-14 (1983a).
-: Was ist tiefenpsychologisch fundierte Psychotherapie? Psychother. med. Psychol. 33: 63-68 (1983b).
-: Was ist tiefenpsychologisch fundierte Psychotherapie? Tiefenpsychologisch fundierte Einzeltherapie - tiefenpsychologisch fundierte Gruppentherapie. Prax. Psychother. Psychosom. 29: 234-244 (1984).
-: Die psychoanalytisch-interaktionelle Therapie - eine Methode zur Behandlung präödipaler Strörungen (im Druck).
Heigl-Evers, A.; Heigl, F.; Beck, W.: Psychoanalytisch-interaktionelle Therapie bei Patienten mit präödipalen Störungsanteilen. Prax. Kinderpsychol. Kinderpsychiat. 34: 288-296 (1985).
Heigl-Evers, A.; Heigl, F.; Münch, J.: Die therapeutische Kleingruppe in der Institution Klinik. Gruppenpsychother. Gruppendyn. 10: 50-63 (1976).
Heigl-Evers, A.; Henneberg-Mönch, U.: Psychoanalytisch-interaktionelle Psychotherapie bei präödipal gestörten Patienten mit Borderline-Strukturen. Prax. Psychother. Psychosom. 30: 227-235 (1985).

Heigl-Evers, A.; Henneberg-Mönch, U.: Psychoanalytisch-interaktionelle Therapie in einer psychotherapeutischen Tagesklinik. Unveröff. Manuskript.
Heigl-Evers, A.; Neuzner, B.: Der Umgang des Psychotherapeuten mit der konkreten und phantasierten Familie des Patienten. Prax.Psychother.Psychosom. 28: 267-276 (1983).
Heigl-Evers, A.; Schulte-Herbrüggen, O.: Zur normativen Verhaltensregulierung in Gruppen. Gruppenpsychother. Gruppendynamik 12: 226-241 (1977).
Heigl-Evers, A.; Standke, G.: Ergebnisse zur Frage der Erblichkeit. Tiefenbrunner Sample. In: Heigl-Evers, A.; Schepank, H. (Hrsg.), Ursprünge seelisch bedingter Krankheiten. Bd.II: Ergebnisse. Verlag f. Med. Psychol. i. Verlag Vandenhoeck u. Ruprecht, Göttingen 1982.
Heigl-Evers, A.; Streeck, U.: Theorie der psychoanalytisch-interaktionellen Therapie. In: Gesamtverband für Suchtkrankenhilfe (Hrsg.), Sozialtherapie in der Praxis - psychoanalytisch-interaktionelle Therapie in der Suchtkrankenhilfe. Nicol-Verlag, Kassel 1983.
-: Psychoanalytisch-interaktionelle Therapie. Psychother. Med. Psychol. 35: 176-182 (1985).
Heinrich, K.: Bleibt die Reform der Krankenhauspsychiatrie stecken? Deutsches Ärzteblatt 76: 449-452 (1979).
-: Aufbruch zu neuen Paradigmen oder Wiederkehr des Gleichen? Zur Entwicklung der psychiatrischen Forschung. Psychother. Psychosom. Med. Psychologie (im Druck).
Heinrich, K.; Müller, U.: Psychiatrisch-soziologische Daten und Thesen zur Reform der Anstaltspsychiatrie als dem Kernstück der Psychiatriereform. Der Nervenarzt 48: 578-585 (1977).
Hempfling, F.: Aspekte der psychosozialen Versorgungsstruktur aus der Sicht niedergelassener Nervenärzte unter besonderer Berücksichtigung teilstationärer und komplementärer Einrichtungen. Med. Dissertation, Würzburg 1980.
Henneberg-Mönch, U.: Einige Überlegungen zur Behandlungstechnik bei Patienten mit Borderline-Störungen. Materialien zur Psychoanalyse und analytisch orientierten Psychotherapie 12: 220-234 (1986).
Hoffmann, S.O.: Die sogenannte frühe Störung oder Versuch, ein trübes, seichtes und gelegentlich auch tiefes Gewässer etwas zu klären. Unveröff. Manuskript.
Hoffmann, S.O.; Brodthage, H.; Trimborn, W.; Stemmer, Th.: Stationäre psychoanalytische Psychotherapie als eigenständige Behandlungsform. In: Heigl, F.; Neun, H. (Hrsg.), Psychotherapie im Krankenhaus. Behandlungskonzepte und Methoden

in der stationären Psychotherapie. Verlag f. Med. Psychol. i.
Verlag Vandenhoeck u. Ruprecht, Göttingen 1981.
Hoffmann, S.O.; Hochapfel, G.: Einführung in die Neurosenlehre
und Psychosomatische Medizin. 2. erweiterte Aufl., Schattauer,
Stuttgart/New York 1984.
Horney-Eckardt, M.: Adaption in a changing world: A historical
perspective. Unveröff. Vortrag auf dem VII. Intern. Forum
für Psychoanalyse, Zürich 1985.
Irle, G.: Eine psycho-geriatrische Tagesstätte. Psychiatrische
Praxis 1: 52-54 (1974).
Janssen, P.L.: Zur Vermittlung von Erfahrung und Einsicht in
der stationären psychoanalytischen Therapie. In: Heigl, F.;
Neun, H. (Hrsg.), Psychotheapie im Krankenhaus. Verlag
f. Med. Psychol. i. Verlag Vandenhoeck u. Ruprecht, Göttingen 1981.
-: Auf dem Wege zu einer analytisch-psychotherapeutischen Krankenhausbehandlung. Forum Psychoanal. 1: 293-307 (1985).
Jones, E.: Sigmund Freud. Leben und Werk. Bd.2. Hans Huber,
Bern/Stuttgart/Wien 1962.
Kappos, L.; Hempfling, F.; Milech, T.: Teilstationäre und komplementäre Einrichtungen aus der Sicht niedergelassener
Nervenärzte. Medizin-Mensch-Gesellschaft 6: 175-184 (1981).
Katschnik, H.: Psychotherapiebedarf. Psychiatrische Praxis 2:
28-34 (1975).
Kernberg, O.F.: Borderline-Störungen und pathologischer Narzißmus. Suhrkamp, Frankfurt 1978.
-: Objektbeziehungen und Praxis der Psychoanalyse. Klett-Cotta,
Stuttgart 1981a.
-: Zur Behandlungstechnik bei Borderline-Persönlichkeitsstörungen. Psyche 35: 497-526 (1981b).
Keupp, H.; Zaumseil, M.: Die gesellschaftliche Organisation psychischen Leidens. Suhrkamp, Frankfurt 1978.
Kisker, K.P.; Meyer, J.E.; Müller, M.; Strömgren, E.: Psychiatrie der Gegenwart. Forschung und Praxis. Bd. III: Soziale
und angewandte Psychiatrie. 2.Aufl., Springer, Berlin/Heidelberg/New York 1975.
König, K.: Arbeitsbeziehungen in der Gruppenpsychotherapie -
Konzepte und Technik. Gruppenpsychother. Gruppendyn. 8:
152-166 (1974).
-: Übertragungsauslöser-Übertragung-Regression in der analytischen Gruppe. Gruppenpsychother. Gruppendyn. 10: 220-232
(1976).

König, K.: Der Therapeut als Beobachter, Interpret, Schrittmacher und Teilnehmer der Gruppe. Praxis der Psychotherapie 12: 249-255 (1977).
-: Le travial thérapeutique dans l'analyse de groupe. Connexions 31: 25-34 (1980).
-: Angst und Persönlichkeit. Verlag f. Med. Psychol. i. Verlag Vandenhoeck u. Ruprecht, Göttingen 1981.
-: Der interaktionelle Anteil der Übertragung in Einzelanalyse und analytischer Gruppenpsychotherapie. Gruppenpsychother. Gruppendyn. 18: 76-83 (1982).
König, K.; Sachsse, U.: Die zeitliche Limitierung in der klinischen Psychotherapie. In: Heigl, F.; Neun, H. (Hrsg.), Psychotherapie im Krankenhaus. Behandlungskonzepte und Methoden in der stationären Psychotherapie. Verlag f. Med. Psychol. i. Verlag Vandenhoeck u. Ruprecht, Göttingen 1981.
Körner, J.; Rosin, U.: Das Problem der Abstinenz in der Psychoanalyse. Forum Psychoanal. 1: 25-47 (1985).
Kohut, H. (1969): Die psychoanalytische Behandlung narzißtischer Persönlichkeitsstörungen. In: Kohut, H., Die Zukunft der Psychoanalyse. Suhrkamp, Frankfurt 1975.
-: Narzißmus. Eine Theorie der psychoanalytischen Behandlung narzißtischer Persönlichkeitsstörungen. Suhrkamp, Frankfurt 1973.
-: Introspektion, Empathie und Psychoanalyse, Suhrkamp, Frankfurt 1977.
- (1977): Die Heilung des Selbst. Suhrkamp, Frankfurt 1979.
Kommer, D.; Sommer, G.: Psychiatriereform und Perspektiven der Gemeindepsychologie. In: Sommer, G.; Ernst, H. (Hrsg.), Gemeindepsychologie. Urban u. Schwarzenberg, München/Wien/Baltimore 1977.
Kost, U.: Konzentrative Bewegungstherapie. Unveröff. Vortragsmanusript für die 30. Lindauer Psychotherapiewochen 1980.
Krause, R.: Zur Onto- und Phylogenese des Affektsystems und ihren Beziehungen zu psychischen Störungen. Psyche 37: 1016-1043 (1983).
Kunze, H.: Psychiatriereform zu Lasten der chronischen Patienten? Der Nervenarzt 48: 83-88 (1977).
Kutter, P.: Methoden psychoanalytischer Gruppenarbeit. Z. Psychother. Med. Psychol. 23: 51-54 (1973).
-: Neue Beiträge der Psychoanalyse zur sozialen Therapie. Neue Praxis 1: 31-38 (1974).
-: Elemente der Gruppentherapie. Vandenhoeck u. Ruprecht, Göttingen 1978.

Lange, H.; Voßberg, H.: Betroffen. Anstoß zum Leben mit Widersprüchen in der Psychiatrie. Psychiatrie-Verlag, Rehburg-Loccum 1984.
Langen, D.: Indikation und Prognose in der klinischen Psychotherapie. Zsch. psychosom. Med. 12: 128-131 (1966).
Langenberg, M.: Grenzenlosigkeit als Verführung. Musiktherapeutische Umschau 4: 117-134 (1983).
-: Vom Handlungsmodell zum Behandlungsmodell. Unveröff. Manuskript.
Laplanche, J.; Pontalis, J.-B. (1967): Das Vokabular der Psychoanalyse. Bd.1 u. 2, Suhrkamp, Frankfurt 1972.
Lechler, H.: Die Fundierung der konzentrativen Bewegungstherapie in der "Bewegungsarbeit" Elsa Gindlers und ihre Weiterentwicklung. In: Stolze, H. (Hrsg.), Die konzentrative Bewegungstherapie, Grundlagen und Erfahrungen. Verlag Mensch und Leben, Berlin 1984.
Lipin, T.: The repetition compulsion and maturational drive-representatives. Int.J.Psychoanal. 44: 389-406 (1963).
Loeb, M.: Community psychiatry: What it is and what it is not. In: Roberts, L.M. (Hrsg.), Community psychiatry. Anchor, New York 1969.
Lorenzen, D.; Reimer, F.: Alternativen für eine vollstationäre Behandlung psychisch Kranker. In: Sommer, G.; Ernst, H. (Hrsg.), Gemeindepsychologie. Urban u. Schwarzenberg, München/Wien/Baltimore 1977.
Lorenzer, A.: Sprachzerstörung und Rekonstruktion. Suhrkamp, Frankfurt 1970.
Mahler, M.S.: Symbiose und Individuation. Klett-Cotta, Stuttgart 1979.
Mahler, M.S.; Pine, F.; Bergman, A.: Die psychische Geburt des Menschen. Fischer, Frankfurt 1978.
Malan, D.H.: Psychoanalytische Kurztherapie. Huber/Klett, Bern/Stuttgart 1967.
Mann, L.: Sozialpsychologie. Beltz, Weinheim/Basel 1972.
Masterson, J.F.: Psychotherapie bei Borderline-Patienten. Klett-Cotta, Stuttgart 1980.
McLachlan, J.F.; Stein, R.L.: Evaluation of a day clinic for alcoholics. J.Stud.Alcohol 43, 3: 261-272 (1982).
Meinhold, M.; Guski, E.: Einzelfallhilfe. In: Eyferth, H.; Otto, H.U.; Thiersch, H. (Hrsg.), Handbuch Sozialarbeit/Sozialpädagogik. Luchterhand, Neuwied/Darmstadt 1984.
Meyers Enzyclopädisches Lexikon, Bd.16, Bibliographisches Institut, 9.Aufl. Mannheim/Wien/Zürich 1976.

Nunberg, H.: Die synthetische Funktion des Ich. Z. Psychoanal. 16: 301-318 (1930).
Odag, C.: Diagnose und Indikation. Vortrag auf der Tagung über teilstationäre Psychotherapie, Düsseldorf 1983.
Ohlmeier, D.: Gruppenpsychotherapie und psychoanalytische Theorie. In: Uchtenhagen, A.; Battegay, R.; Friedemann A. (Hrsg.), Gruppentherapie und soziale Umwelt. Huber, Bern/Stuttgart/Wien 1975.
Pfäfflin, E.; Pfäfflin, J.: Tagesklinik. In: Frießem, D.H. (Hrsg.), Kritische Stichwörter zur Sozialpsychiatrie. Fink, München 1979.
Pohlen, M.: Über das Verhältnis von Therapiezielen und Konzeptualisierungen therapeutischer Prozesse. In: Heigl, F.; Neun, H. (Hrsg.), Psychotherapie im Krankenhaus. Verlag f. Med. Psychol. i. Verlag Vandenhoeck u. Ruprecht, Göttingen 1981.
Priestley, M.: Music therapy in action. Constable, London 1975.
–: Musiktherapeutische Erfahrungen. S.Fischer, Stuttgart 1982.
–: Analytische Musiktherapie. Klett-Cotta, Stuttgart 1983.
Psychiatrie-Enquête. Bericht der Enquête-Kommission über die Lage der Psychiatrie in der Bundesrepublik Deutschland. Deutscher Bundestag, Drucksache 7/4200 und 7/4201, Bonn 1975.
Rapaport, D. (1960): Die Struktur der psychoanalytischen Theorie. Versuch einer Systematik. 3.Aufl., Klett, Stuttgart 1973.
Reimann, H.: Kritische Betrachtung gemeindepsychiatrischer Programme in den USA. In: Dörner, K.; Plog, U. (Hrsg.), Sozialpsychiatrie. Luchterhand, Neuwied/Berlin 1972.
Richter, H.E.: Was ist Sozialtherapie. In: Richter, H.E. (Hrsg.), Engagierte Analysen. Rowohlt, Reinbek 1978.
Rohde-Dachser, Ch. (1979): Das Borderline-Syndrom. Dritte durchgesehene Aufl. Huber, Bern/Stuttgart/Wien 1983.
–: Zum Problem der Nähe-Angst. In: Rüger, U. (Hrsg.), Neurotische und reale Angst. Verlag f. Med. Psychol. i. Verlag Vandenhoeck u. Ruprecht, Göttingen 1984.
Rosenfeld, H.: Zur Psychopathologie und psychoanalytischen Behandlung einiger Borderline-Patienten. Psyche 35: 338-352 (1981).
Rosin, U.: Die psychotherapeutischen Funktionen von Pflegepersonal und Ärzten in der stationären Psychotherapie – Ergänzung und Abgrenzung. In: Heigl, F.; Neun, H. (Hrsg.),

Psychotherapie im Krankenhaus. Verlag f. Med. Psychol. i.
Verlag Vandenhoeck u. Ruprecht, Göttingen 1981.
Rotmann, M.: Über die Bedeutung des Vaters in der "Wiederannäherungsphase". Psyche 32: 1105-1147 (1978).
-: Frühe Triangulierung und Vaterbeziehung. Anmerkungen zur
Arbeit von Michael Ermann. Forum Psychoanal. 1: 308-317
(1985).
Rudolf, G.: Krankheiten im Grenzbereich von Neurose und Psychose. Verlag f. Med. Psychol. i. Verlag Vandenhoeck u..
Ruprecht, Göttingen 1977.
Salber, W.: Wirkungseinheiten. Psychologie von Werbung und
Erziehung. A.Henn Verlag, Kastellaun/Wuppertal 1969.
-: Kunst, Psychologie, Behandlung. Bouvier, Bonn 1977.
Sandler, J.: Sicherheitsgefühl und Wahrnehmungsvorgang.
Psyche 15: 124-131 (1961).
Sandler, J.; Joffe, W.G.: Die Persistenz in der psychischen
Funktion und Entwicklung, mit besonderem Bezug auf die
Prozesse der Fixierung und Regression. Psyche 21: 138-157
(1967).
Sandler, J.; Rosenblatt, B.: The concept of the representational
world. Psychoanal. Study Child 17: 128-145 (1962).
Schafer, R.: Aspects of Internalization. International Universities
Press, New York 1968.
Schindler, R.: Grundprinzipien der Psychodynamik in der Gruppe.
Psyche 11: 308-314 (1957/58).
-: Dynamische Prozesse in der Gruppenpsychotherapie. Gruppenpsychother. Gruppendyn. 2: 9-20 (1968).
-: Das Verhältnis von Soziometrie und Rangordnungsdynamik.
Gruppenpsychother. Gruppendyn. 3: 31-37 (1969).
Schindler, W.: Family pattern in groupformation and therapy.
Int.J.Group Psychotherapy 1: 100-105 (1951).
-: Übertragung und Gegenübertragung in der "Familien"-Gruppentherapie. Prax.Kinderpsychol.Kinderpsychiatrie 4: 101-105
(1955).
Schönfelder, Th.: Die therapeutischen Möglichkeiten der konzentrativen Bewegungstherapie, Grundlagen und Erfahrungen.
Verlag Mensch und Leben, Berlin 1984.
Schwabe, Ch.: Methodik der Musiktherapie und deren theoretischer Grundlagen. Joh. Ambrosius Barth, Leipzig 1978.
Schwidder, W.: Die Behandlung psychisch abnormer Kinder und
Jugendlicher. Prax.Kinderpsychol.Kinderpsychiatrie 3: 81-85
(1954).
-: Die Bedeutung der Psychoanalyse und der aus ihr hervorgegangenen Behandlungsmethoden für die Psychotherapie im Kin-

des- und Jugendalter. Prax.Kinderpsychol.Kinderpsychiatrie 6: 41-47 (1957a).
Schwidder, W.: Klinische Psychotherapie psychosomatischer Störungen. Z.Psychother.Med.Psychol. Sonderheft (1957b).
-: Grundsätzliches zur Entstehung psychosomatischer Krankheitssymptome. Z.Psychosom.Med. 5: 238-245 (1959).
-: Erfahrungen mit klinischer Psychotherapie. Vortrag gehalten auf der 4. Ärztlichen Fortbildungstagung des Landschaftsverbandes Rheinland (1962).
Seifert, Th.: Therapeut und Klinikum im Erlebnisraum des Patienten. In: Beese, F. (Hrsg.), Stationäre Psychotherapie. Verlag f. Med. Psychol. i. Verlag Vandenhoeck u. Ruprecht, Göttingen 1978.
Shields, J.: Monocygotic twins brought up apart and brought up together. Oxford Univ. Press, London 1962.
Spitz, R.A. (1954): Die Entstehung der ersten Objektbeziehungen. Direkte Beobachtungen an Säuglingen während des ersten Lebensjahres. Klett, Stuttgart 1973.
- (1965): Vom Säugling zum Kleinkind. Naturgeschichte der Mutter-Kind-Beziehungen im ersten Lebensjahr. Klett-Cotta, Stuttgart 1985.
Sterba, R.F.: Das Schicksal des Ichs im therapeutischen Verfahren. Int.Z.f.Psychoanal. 20: 66-73 (1934).
Stern, M.S.: Social class and psychiatric treatment of adults in the mental health center. Journal of Health and Social Behaviour 18: 317-325 (1977).
Stock-Whitaker, D.; Lieberman, A.: Psychotherapy through the group process. Tavistock Publ., London 1965.
Stolze, H.: Konzentrative Bewegungstherapie. In: Eicke, D. (Hrsg.), Die Psychologie des 20.Jahrhunderts, Bd.III, Kindler Zürich/München 1977.
- (Hrsg.): Die konzentrative Bewegungstherapie, Grundlagen und Erfahrungen. Verlag Mensch und Leben, Berlin 1984.
Strachey, J.: The nature of the therapeutic action of psychoanalysis. Int.J.Psychoanal. 15: 127-159 (1934).
Streeck, U.: "Definition der Situation", soziale Normen und interaktionelle Gruppenpsychotherapie. Gruppenpsychother. Gruppendynamik 16: 209-221 (1980).
-: Abweichungen vom "fiktiven Normal-Ich": Zum Dilemma der Diagnostik struktureller Ich-Störungen. Zschr.psychosom.Med. 29: 334-349 (1983).
Strotzka, H.: Was ist Psychotherapie? In: Strotzka, H. (Hrsg.), Psychotherapie: Grundlagen, Verfahren, Indikationen, 2:

überarb. u. erw. Aufl. Urban u. Schwarzenberg, München/ Wien/Baltimore 1978.
Stucke-Schramm, G.: Sozialarbeit als Ergänzung zum Therapieangebot einer psychosomatischen Klinik. Psychother.-Psychosom.Med.Psychol. 33, Sonderheft 2: 91-101 (1983).
Thiersch, H.: Zum Verhältnis von Sozialarbeit und Therapie. Neue Praxis, Sonderheft: 6-24 (1978).
Thomä, H.: Die organisch-Kranken in tiefenpsychologischer Diagnostik. Psyche 12: 497-510 (1958/59).
-: Anorexia nervosa. Klett, Stuttgart 1961.
-: Bermerkungen zu neueren Arbeiten über die Theorie der Konversion. Psyche 16: 801-813 (1962/63).
-: Schriften zur Praxis der Psychoanalyse. Vom spiegelnden zum aktiven Psychoanalytiker. Suhrkamp, Frankfurt 1981.
Trimborn, W.: Die Zerstörung des therapeutischen Raumes. Das Dilemma stationärer Psychotherapie bei Borderline-Patienten. Psyche 37: 204-236 (1983).
Trimborn, W.; Brodthage, H.; Hoffmann, S.O.; Stemmer, Th.: Die Bearbeitung von Trennung und Entlassung im Rahmen der stationären Psychotherapie. In: Heigl, F.; Neun, H. (Hrsg.), Psychotherapie im Krankenhaus. Behandlungskonzepte und Methoden in der stationären Psychotherapie. Verlag f. Med. Psychol. i. Verlag Vandenhoeck u. Ruprecht, Göttingen 1981.
Van Veen, B.: Das pädagogische Element in der stationären Psychotherapie. In: Beese, F. (Hrsg.), Stationäre Psychotherapie. Verlag f. Med. Psychol. i. Verlag Vandenhoeck u. Ruprecht, Göttingen 1978.
Verheyden, C.: Angst und mangelnde Sublimierungsfähigkeit bei Borderline-Patienten. In: Rüger, U. (Hrsg.), Neurotische und reale Angst. Verlag f. Med. Psychol. i. Verlag Vandenhoeck u. Ruprecht, Göttingen 1984.
Volkan, V.D.: Psychoanalyse der frühen Objektbeziehungen. Klett-Cotta, Stuttgart 1978.
Wiegmann, H.: Der Neurotiker in der Klinik. Verlag f. Med. Psychol. i. Verlag Vandenhoeck u. Ruprecht, Göttingen 1968.
Winkler, W.T.: Das psychiatrische Krankenhaus; organisatorische und bauliche Planung. In: Kisker, K.P.; Meyer, J.-E.; Müller, M.; Strömgren, E. (Hrsg.), Psychiatrie der Gegenwart. Forschung und Praxis. Bd.III: Soziale und angewandte Psychiatrie. 2.Aufl., Springer, Berlin/Heidelberg/New York 1975.

Winnicott, D.W. (1963): Die Entwicklung der Fähigkeit der Besorgnis. In: Winnicott, D.W., Reifungsprozesse und fördernde Umwelt. Kindler, München 1974.
-: Übergangsobjekte und Übergangsphänomene. Psyche 23: 666-682 (1969).
-: Reifungsprozesse und fördernde Umwelt. Kindler, München 1974.
-: Vom Spiel zur Kreativität. 2.Aufl., Klett-Cotta, Stuttgart 1979.
Yalom, J.D.: Gruppenpsychotherapie: Grundlagen und Methoden. Kindler, München 1974.
Zauner, J.: Zur Problematik des Arbeitsbündnisses (Working Alliance) bei der psychoanalytischen Behandlung schizoider Jugendlicher in der Klinik. Prax. d. Kinderpsychol. Kinderpsychiatrie 20: 113-117 (1971).
-: Analytische Psychotherapie und soziales Lernen in Klinik und Heim. Prax. d. Kinderpsychol. Kinderpsychiatrie 21: 166-170 (1972).
-: Probleme der Adoleszenz. Prax. d. Psychother. Psychosom. 18: 275-282 (1973).
-: Analytische Kindertherapie in der Klinik. In: Hau, Th. (Hrsg.), Klinische Psychotherapie in ihren Grundzügen. Hippokrates/ Vandenhoeck u. Ruprecht, Stuttgart/Göttingen 1975.
-: Das Problem der Regression und die Rolle des Durcharbeitens im Realitätsraum der psychotherapeutischen Klinik. In: Beese, F. (Hrsg.), Stationäre Psychotherapie. Verlag f. Med. Psychol. i. Verlag Vandenhoeck u. Ruprecht, Göttingen 1978.
Zepf, S.: Narzißmus, Trieb und die Produktion von Subjektivität - Stationen auf der Suche nach dem verlorenen Paradies. Springer, Berlin/Heidelberg/New York/Tokio 1985.
Zielke, M.: Indikation zur Gesprächspsychotherapie. Kohlhammer, Stuttgart/Berlin 1979.
Zwiebel, R.: Zur Klinik der projektiven Identifizierung. Materialien Psychoanalyse 10: 111-129 (1984).

4.2 Sachwortverzeichnis

Abstinenz 167
Abwehr 58f
   -mechanismen, primitive 155, 170f
Ängste, archaische 85
Affekte, primäre 58, 62
Affektklarifizierung 62f
Alltagsverhalten 55
Anonymität 167
Anpassung, auto- und alloplastische 49, 55
Arbeits-
   beziehung 156
   bündnis 127
   versuch 217f
Aushandeln von Gruppen-Normen 168f

Beschäftigungstherapie 107ff
Borderline-Störungen 48, 69, 137

Definition der Situation 168f
Diagnostik 51f, 77ff
   struktureller Ich-Störungen 79
Drei-Personen-Beziehung 19, 90
Dyade 170f

Einzelpsychotherapeut, Aufgabe des 95ff
Entdifferenzierungsprozesse 88, 90

Entwicklungspathologie 53, 58, 60, 63, 77, 167
Erbarmen 64, 167
Erinnerungsspuren 139
Expressivität, selektiv-authentische 167
Externalisierung 44

freie Improvisation 177, 180
   Modifikation der 187

Gegenübertragung 52, 64, 79
Gesamtbehandlungsplan 41, 43ff, 47, 50, 71, 96, 116, 152, 187, 192, 210, 220
   Individuumzentriertheit des 44f
   Integriertheit des 47ff
   Realisierung des 50ff
   Verlaufsorientiertheit des 45ff
Gestaltungstherapie 111ff
Göttinger Modell 57, 152
Gruppenfähigkeit 172
Gruppenpsychotherapie 62
   Interventionsstil in der tiefenpsychologisch fundierten 152f
   psychoanalytisch-interaktionelle 166ff
   in der teilstationären Psychotherapie 150ff
   tiefenpsychologisch fundierte 150ff

Hilfs-Ich 65, 81, 99, 169

Ich-
    Funktionen 47f, 61, 65, 90f
    Funktions-Defizit 64, 79,
    130
    Stärke 97
    Störung, strukturelle 66,
    81, 122, 202
Indikation
    zur teilstationären Psycho-
    therapie 69f, 77ff
    zur tiefenpsychologisch
    fundierten Gruppenpsycho-
    therapie 154f

Kombinierte Einzel- und Grup-
    penpsychotherapie 127
Konflikt 59f, 62f
    pathogener 44, 58, 77
    -pathologie 48, 53, 58, 62,
    77
Kontraindikation 92ff
Konzentrative Bewegungsthe-
    rapie 192ff
Krankenschwester, Aufgaben
    der 220ff

Minimalstrukturierung 168
Modifikationen der psychoana-
    lytischen Behandlungstech-
    nik 57, 62
Musiktherapie 176ff
    aktive 177, 179
    rezeptive 178f

Nachentwicklung 195, 197
Nähe-Distanz-
    Regulierung 28, 65, 70, 84,
    86, 123, 142, 192f, 226
    Toleranz/Intoleranz 84f,
    97, 131, 143

Neutralität 167
normative Verhaltensregulie-
    rung 168

Objekt
    verläßliches 131
    -beziehung 44, 58, 60, 64,
    79, 98, 123
    -konstanz 87, 91, 123, 125,
    132f

Panik 60, 85
Partialobjekt-(Teilobjekt-)
    Repräsentanzen 60, 67,
    69, 84, 171
Partialselbst-(Teilselbst-)
    Repräsentanzen 67, 84
Phantasien, archaische 54
Pluralität 154, 170
präödipale Störung 18, 20, 36,
    42, 44, 47, 69, 81, 84, 90
Primärobjekt 58, 60
primäre Ungeschiedenheit 147
Prinzip Antwort 63ff, 125,
    167ff
Prinzip Deutung 166f
Prognose 52
projektive Identifizierung 153
psychoanalytisch-interaktio-
    nelle Therapie 36, 57, 63f,
    125ff, 166ff, 202f
psychosoziale Kompromißbil-
    dung 152f

Rahmenbedingungen der teil-
    stationären Psychothera-
    pie 84, 86, 90, 105, 121ff,
    150, 206f, 222
Realitätsraum 53ff, 66ff, 100,
    150, 204ff, 227ff

Regression 44
  maligne 70, 84f, 124
Reizüberflutung 85, 98f, 144
reziproke Latenzrepräsentanz
  151

Schicksalsanteiligkeit 170
Signalangst 134f
Sozialtherapie 204ff
soziale Diagnose 210
soziale Realität 204ff
soziales Übungsfeld 214
soziales Umfeld 69, 207, 216
Spaltung 48, 67, 70, 84, 171
Stationsversammlung 232f
Struktur-
  Anteile 78
  Defizite 60
  Niveau 77f
Strukturtheorie 58
Suizidalität 93
Supervision 51f

Tagesklinik 13, 20, 22f, 55,
  70, 99
  psychiatrische 21ff
  psychotherapeutische 13,
  25
teilstationäre Psychotherapie
  20, 28, 36, 66, 69, 81, 84,
  121ff
Therapeut als reale Person
  125, 132, 134
Therapieraum 53ff, 57ff, 67f,
  100, 150
Therapieziel 42, 49, 89, 100f
  117, 135f

tiefenpsychologisch fundierte
  (analytisch orientierte)
  Psychotherapie 57, 62, 149ff
Trauma
  Makro- 141
  traumatische Erfahrungen
  132, 138f, 141
Trennung und Wiederannähe-
  rung 69
Trennungsintoleranz 124
Triangulierung, frühe 18ff,
  146

Über-Ich, archaisches 128
Übertragung 44, 60, 62, 102
  multilaterale 153
  primitive 137ff, 146
Übertragungspsychose 147

Variierbarkeit des Behand-
  lungsangebots 96
Verleugnung 81

Wahrnehmungseinstellung, dia-
  gnostische 77
Widerstand 49, 153
  Bearbeitung des 156ff
  Schweigen als 160
Wiederannäherungs-
  krise 89, 123
  phase 89

Zweierbeziehung 90
Zweitsicht 51f

4.3 Herausgeber und Autoren dieses Bandes

Marianne AUPKE, Jg. 1952, Krankenschwester. Seit 1984 Weiterbildung in Konzentrativer Bewegungstherapie.

Wolfgang BECK, Jg. 1945, Dipl.-Sozial-Pädagoge und Analytischer Kinder- und Jugendlichen-Psychotherapeut. Arbeitsschwerpunkt: Behandlung von Patienten mit strukturellen Ich-Störungen.

Franz S. HEIGL, Prof.Dr.med., Ehemaliger Ärztlicher Direktor des Niedersächsischen Landeskrankenhauses Tiefenbrunn. Hainbundstr. 34, 3400 Göttingen.

Annelise HEIGL-EVERS, Jg. 1921, Prof.Dr.med., Inhaberin des Lehrstuhls für Psychotherapie und Psychosomatik der Universität Düsseldorf und Direktorin der Klinik für Psychotherapie und Psychosomatik der Universität Düsseldorf, Rheinische Landesklinik. Lehranalytikerin (DPG/DGPPT) und 1. Vorsitzende des Instituts für Psychoanalyse und Psychotherapie Düsseldorf e.V. Wissenschaftliche Schwerpunkte: Analytische Gruppentherapie, analytische Aus-, Weiter- und Fortbildung, analytische Psychosomatik, analytische Suchttherapie, Psychoanalyse in der Klinik.

Friedhold HEMPFLING, Jg. 1948, Dr.med. Dipl.-Psychologe, Psychotherapie. Seit 1984 in analytischer Weiterbildung am Institut für Psychoanalyse und Psychotherapie Düsseldorf e.V. Wissenschaftliche Schwerpunkte: Evaluationsforschung und Klinische Psychotherapie.

Ursula HENNEBERG-MÖNCH, Jg. 1949, Dipl.-Psychologin, Klinische Psychologin (BDP), Psychoanalytikerin (DPG/DGPPT). Dozentin am Institut für Psychoanalyse und Psychotherapie Düsseldorf e.V. Arbeitsschwerpunkte: Fragen der Behandlungstechnik bei präödipalen Störungen, Konzeptualisierung teilstationärer Psychotherapie.

Klaus HOFFMANN, Jg. 1953, Sozialarbeiter.

Rainer KUKLA, Landesrat der Abteilung Gesundheitspflege, Landschaftsverband Rheinland, Kennedy-Ufer 2, 5000 Köln 21.

Mechtild LANGENBERG, Jg. 1946, Musiktherapeutin und Lehrmusiktherapeutin (DGMT/DBVMT). Musiktherapeutische Behandlung in Klinik und freier Praxis, Lehrtätigkeit und Supervision u.a. an der Fachhochschule Mönchengladbach und der Musikhochschule Hamburg.

Celal ODAG, Dr.med., geb. 1931 in der Türkei, Oberarzt der Tagesklinik für Psychotherapie und Psychosomatik. Psychoanalytiker (DPG/DGPPT) und Lehranalytiker am Institut für Psychoanalyse und Psychotherapie Düsseldorf e.V.

Gerhard STANDKE, Jg. 1948, Dr.phil., Klinischer Psychologe (BDP), Dipl.-Pädagoge, Analytischer Kinder- und Jugendlichen Psychotherapeut (VKJP), Therapeut für Konzentrative Bewegungstherapie (DAKBT). Wissenschaftliche Schwerpunkte: An der Psychoanalyse orientierte Behandlung strukturell ich-gestörter Patienten, speziell Suchtforschung; analytische Kinder- und Jugendlichen Psychotherapie.

Helga TELLBÜSCHER, Jg. 1942, Beschäftigungstherapeutin. Seit 1984 Weiterbildung in Gestaltungstherapie beim Deutschen Arbeitskreis für Gestaltungstherapie Stuttgart e.V.

Anschrift der Herausgeber und Beiträger:

Klinik für Psychotherapie und Psychosomatik der Universität
- Rheinische Landesklinik -
Bergische Landstr. 2
4000 Düsseldorf 12

Psychotherapie in Klinik und Praxis

Band 1 Stationäre Psychotherapie

Modifiziertes psychoanalytisches Behandlungsverfahren und therapeutisch nutzbares Großgruppengeschehen
Herausgegeben von **Friedrich Beese.** 1978. 314 Seiten mit 11 Abbildungen, kartoniert

»Für alle, die in der Psychotherapie, besonders natürlich in der stationären Psychotherapie, tätig sind, gibt dieses Buch einen umfassenden Überblick über die verschiedensten Methoden und die Fortschritte dieser Arbeit in unseren Tagen.«
G. Mentzel, *Zeitschrift für Psychotherapie und medizinische Psychologie*

Band 2 Psychotherapie im Krankenhaus

Behandlungskonzepte und -methoden in der stationären Psychotherapie
Herausgegeben von **Franz Heigl und Heinz Neun,** in Zusammenarbeit mit **Arno Hellwig.** 1981. 302 Seiten, kartoniert

»Die stationäre Psychotherapie profiliert sich in diesem Buch als eigenständige Behandlungsform. Gerade auf dem Hintergrund einer kritischen Diskussion über ihre medizinische und ökonomische Effizienz kommt dem Sammelband daher eine besondere Bedeutung zu. Er ist als Lektüre jedem Interessierten, insbesondere auch dem Kritiker stationärer Psychotherapie, wärmstens zu empfehlen.«
Psychotherapie · Psychosomatik · Medizinische Psychologie

Band 3 Die psychosomatische Kurklinik

Herausgegeben von **Gerhard Mentzel,** unter Mitarbeit von **Andor Harrach, Christoph Kurtz und Uwe Seeger.** 1981. 192 Seiten, kartoniert

»Einen nicht zu unterschätzenden Beitrag zur Therapie von psychosomatischen Krankheiten leisten die Kurkliniken… Recht interessant erscheint die Änderung des Gesundheitsverhaltens der Patienten, die unter Einwirkung des allgemeinen Klimas der Kurklinik erzielt werden kann. Gerade dieses Buch wird sowohl in Fachkreisen als auch bei der immer größer werdenden Gruppe von psychologisch interessierten Organmedizinern Anklang finden.«   *Österreichische Ärztezeitung*

Verlag für Medizinische Psychologie im Verlag Vandenhoeck & Ruprecht · Göttingen/Zürich

Psychoanalyse – Psychotherapie

Indikation und Prognose in Psychoanalyse und Psychotherapie
Für die Praxis des Arztes, Psychotherapeuten und klinischen Psychologen. 2., neubearbeitete Auflage 1978. Von *Franz Heigl*. 284 Seiten, kartoniert

Zwischen Anpassung und Konflikt
Theoretische Probleme der ichpsychologischen Diagnostik. Von *Thea Bauriedl*. 1982. 160 Seiten, kartoniert

Jenseits von Trauer
Beiträge zur Krisenbewältigung und Krankheitsvorbeugung. Von *Erich Lindemann*. Herausgegeben von Peter Kutter. Aus dem Amerikanischen von Dagmar Friedrich. 1985. VIII, 204 Seiten mit 11 Abbildungen, kartoniert

Therapeutische Anwendungen der Psychoanalyse
Herausgegeben von *Theodor F. Hau und Frederick Wyatt*. Mit einem Vorwort von Ina Weigeldt. 1985. 245 Seiten mit 5 Abbildungen, kartoniert

Zur psychoanalytischen Behandlung von schwergestörten Neurosekranken
Von *Heilwig Hellwig*. (Beiheft 8 zur Zeitschrift »Materialien zur Psychoanalyse und analytisch orientierten Psychotherapie«). 1979. II, 137 Seiten, kartoniert

Neurotische und reale Angst
Der Beitrag der Psychoanalyse zur Erkennung, Therapie und Bewältigung von Angst in der klinischen Versorgung und im psychosozialen Feld. Herausgegeben von *Ulrich Rüger*. 1984. 309 Seiten mit 3 Abbildungen, kartoniert

Umgang mit dem Widerstand
Eine anthropologische Studie zur psychotherapeutischen Praxis. Von *Hans Stoffels*. 1986. 216 Seiten, kartoniert

Verlag für Medizinische Psychologie im Verlag Vandenhoeck & Ruprecht · Göttingen/Zürich